2015 年广东高校省级重点平台和重大科研项目青年创新人才类项目（社科类）（项目编号：2015WQNCX079；项目名称：新媒体体育新闻传播与编辑模式研究）

广东省 2015 年高等教育教学改革项目（项目编号：5170080504）

体育新闻与传播专业教材系列

丛书主编　　肖沛雄

丛书副主编　王晓东　刘琨瑛　武学军

张　伟　刘媛媛　著

网络体育新闻传播概论

暨南大学出版社
JINAN UNIVERSITY PRESS

中国·广州

图书在版编目（CIP）数据

网络体育新闻传播概论/张伟，刘媛媛著.—广州：暨南大学出版社，2017.8
（体育新闻与传播专业教材系列）
ISBN 978-7-5668-2184-3

Ⅰ.①网…　Ⅱ.①张…②刘…　Ⅲ.①体育—新闻学—传播学—高等学校—教材　Ⅳ.①G210

中国版本图书馆 CIP 数据核字（2017）第 213788 号

网络体育新闻传播概论
WANGLUO TIYU XINWEN CHUANBO GAILUN
著　者：张　伟　刘媛媛

…………………………………………………………………………………

出 版 人：徐义雄
策划编辑：史学英
责任编辑：黄　斯
责任校对：苏　洁　彭　睿
责任印制：汤慧君　周一丹

出版发行：暨南大学出版社（510630）
电　　话：总编室（8620）85221601
营销部（8620）85225284　85228291　85228292（邮购）
传　　真：（8620）85221583（办公室）　85223774（营销部）
网　　址：http://www.jnupress.com
排　　版：广州良弓广告有限公司
印　　刷：佛山市浩文彩色印刷有限公司
开　　本：787mm×960mm　1/16
印　　张：17.875
字　　数：350 千
版　　次：2017 年 8 月第 1 版
印　　次：2017 年 8 月第 1 次
定　　价：49.80 元

总　序

2012年初，暨南大学出版社策划编辑杜小陆先生盛情邀请我为该社主编一套体育新闻与传播专业的系列教材，由于我之前在该社出版了两本专著，对该社的高瞻远瞩、独到眼光和敬业精神深有体会，所以经过与新闻系的同仁共商后，我们欣然应允。

十二年前广州体育学院主持创办了体育新闻专业（方向)，旨在适应我国作为体育大国和广东作为体育强省与新闻大省对体育新闻人才的迫切需要，培养体育新闻应用型专门人才。从新专业呱呱坠地之日起，我们坚持了“夯实基础，服务社会，实践第一”的办学方针，在中国体育报及省内外各类大小媒体建立了数十个专业教学实践基地；先后从中央电视台、南方日报、广州日报、羊城晚报、广东电视台、香港凤凰卫视和暨南大学等单位聘请了白岩松、孙正平、徐继承、余统浩、李一萍、丘克军、周志伟、黄泰兴、范伯祥、偏正中、王业军、李苗等十多位资深专家为我们的客座教授；组织部分学生直接参加了包括2008年北京奥运会、2010年广州亚运会、2011年深圳世界大学生运动会、2011年贵阳全国少数民族运动会等在内的各类大型体育赛事的新闻报道实习；先后引进和培养了占全系教师人数一半以上的新闻学博士、教授和副教授。我还曾经组织教学骨干编撰并在广东人民出版社出版了一套共6本、具有体育新闻专业特色的新闻学与传播学方面的教材：《新编传播学》《体育媒体通论》《中国体育与信息高速公路》《体育新闻摄影》《广播电视体育新闻》《节目主持人语言传播艺术》等，受到较好评价。清华大学新闻与传播学院副院长、博士生导师陈昌凤教授在他所著的《中美新闻教育传承与流变》一书中，把我系的体育新闻专业课程设置列为全国四大有特色的课程模式之一。

随着我国体育新闻事业、体育事业和体育新闻教育事业的迅猛发展，当前全国已有近30个院系设置体育新闻专业，在校生总计超过3 000人，加上体育新闻专业的研究生和成人教育的体育专业学生则超过4 000人。虽然新闻学与传播学的教材已经出版了很多，还有不少是精品，但体育新闻专业的教学实践证明，一般的新闻学教材无论在理论观念、内容结构上，还是在技能训练上，都跟不上时代发展对体育新闻教学的需要。

我系教授和一批近年成长起来的年轻博士、副教授在这几年中不但先后公开发表了大量体育新闻传播方面有真知灼见的学术论文，承担并完成了一大批涉及体育新闻与传播学方面的国家级、省部级和厅局级的研究项目，而且有机会亲自参与了2008年北京奥运会、2010年广州亚运会和2011年深圳大学生运动会乃至2012年伦敦奥运会的科学报告会和新闻传播实践，收获了关于体育新闻采访、写作、编辑、评论、摄影，体育展示，乃至体育大赛媒体运行、体育新闻服务等方面许多宝贵的丰富信息、知识积累、实践体验和理论认识，这都是原有教材或其他一般新闻专业教材所没有而学生非常需要的教学新内容。

为了更好地促进体育新闻教育的发展，提高体育新闻教学水平和专业人才培养质量，根据教高〔2012〕4号文《教育部关于全面提高高等教育质量的若干意见》中关于"优化学科专业和人才培养结构"、"创新人才培养模式坚持内涵式发展"和"突出学科专业特色和行业特色"的精神，在暨南大学出版社的大力支持下，我们重新编撰的这套体育新闻系列教材涵盖新闻学和传播学两大学科。指导思想为："以我国历史发展新时期对体育新闻人才素质的需求为导向，以教材的建设和创新为驱动，把新闻学、传播学的基础理论和体育新闻专业实践有机结合到教材的策划、研究和著述全过程，体现体育新闻工作岗位理论知识和专业技能的要求、促进学生实践操作能力的培养，从而充分体现体育新闻特色。"

本系列教材在体育新闻学方面，包括体育新闻采写、体育新闻编辑、体育新闻摄影、体育新闻翻译、体育大赛新闻媒体运行和新闻服务、体育展示、节目主持与评论等内容；在传播学方面，包括现代应用传播、体育传播与社会文化、网络体育新闻等内容；还有一本是我系体育新闻专业方向的研究生公开发表的学术论文精选汇编，一共11本。全套教材将于2013年底到2014年上半年间公开出版。期待各位专家学者和读者朋友的批评指正。

肖沛雄

2013年元旦

前言

互联网的发展日新月异。互联网改变了人类的生产和生活方式，技术依赖性较强的新闻传播行业更是被互联网颠覆了既有的发展格局。曾经高高在上的传统媒体早已放下身段，或攀附新媒体平台，或自建网络平台，对于新的网络应用亦步亦趋，力图走上网络媒体的康庄大道，实现新媒体转型。

不管是新闻业界还是学界，早就认识到互联网之于新闻传播的革命性改变。关于网络传播和网络新闻传播的研究著述连篇累牍，"网络传播""网络新闻""新媒体"等领域的研究一时间成为新闻学、传播学研究中的"显学"。不过，在当前，网络新闻的发展尤其是网络新闻采编等业务层面仍然受到政策因素制约，这就决定了网络新闻传播的研究对象不可能是"原生态"的网络新闻。

事实上，从整个新闻传播过程来看，中国大陆互联网上的体育新闻传播相比于时政类等新闻更有活力。一方面，在中国大陆互联网发展早期，网络新闻传播肇始于网络体育新闻传播，新浪网（新浪网的前身四通利方）的论坛中最早出现网络体育新闻传播的萌芽；另一方面，网络媒体在体育新闻采编层面有更大的自主性及更完整的采编队伍，以新浪、搜狐、网易、腾讯为代表的四大商业门户网站的体育新闻报道已经超越新华网、人民网等新闻单位所属网站。因此，把网络新闻传播的研究视角关注到体育新闻不但对于体育新闻研究，乃至对于网络新闻传播的研究都具有典范意义。当前中国网络体育新闻的传播生态，很可能就是将来互联网上时政类等新闻的传播生态。对于业界和学界来说，关注研究网络体育新闻，或可展望政策宽松条件下，包括时政类新闻在内的完整的网络新闻传播状况。

本书名为"网络体育新闻传播概论"，以互联网上的体育新闻为研究对象。本书内容结构以网络传播、网络新闻传播与体育新闻研究为始，以网络应用分类研究新闻网站、网络视频、博客、微博、微信的体育新闻传播。互联网技术更新换代让人目不暇接，新的网络应用倏往倏来层出不穷，或许在本书付梓之际，即会有新的适合网络新闻传播的网络应用席卷互联网。

书名没有使用"新媒体"等更为流行的措辞，是因为学界对于新媒体概念的外延以及新媒体的本质莫衷一是。新媒体囊括范围过于宽泛，过于“前卫”：谓之宽泛是因为新媒体从网络媒体到户外媒体，无所不包，无所不容，有概念泛化之嫌，本书涉猎有限，不敢擅用；谓之“前卫”则是因为“新媒体”一词囊括当下和未来，似乎要将尚未发明的网络应用也包揽进来。笔者认为，判断新媒体的一个重要标准应该是其核心功能是否基于互联网的连接，任何新媒体都不应脱离互联网的本质——连接。故本书以“网络体育新闻传播”命名，也是将某些与互联网关系不大、似是而非的新媒体排除出研究范围。

本书作为“体育新闻与传播专业教材系列”之一，由广州体育学院体育新闻与传播系教师张伟和刘媛媛著作完成。本书几度依据网络体育新闻的最新形势修改书稿，无奈笔者学习钻研、知识更新的速度总是赶不上互联网前进的步伐，书中数据难免陈旧错漏，观点也可能落后于时势，敬请读者不吝赐教。

张　伟
2014年10月于广州

目　录

第一章　网络传播概述

第一节　网络传播

计算机及互联网的发明应用，开辟了人类传播的新时代。短短几十年间，尤其是自20世纪90年代互联网广泛应用以来，人类社会的传播状况发生了翻天覆地的变化。互联网不仅仅给人类增设了一种单一的新式传播载体，而且引发了包括传统媒体在内的人类传播模式的突变，实现了传播领域的又一次革命。

所谓网络传播是指通过计算机网络进行的人类信息（包括新闻、知识等信息）传播活动。在网络传播中的信息，以数字形式存贮在光、磁等介质上，通过计算机网络高速传播，并通过计算机或类似设备阅读使用。网络传播以计算机网络为基础，进行信息传递、交流和利用，从而达到其传播的目的。① 而事实上，在计算机和网络技术日新月异的今天，网络传播的含义已经不局限于以计算机为载体的互联网上的传播，它的外延已经拓展到了包括手机和移动通信网络为代表的所谓新媒体上。自20世纪90年代末以来，从传播学的角度研究人类的网络传播活动逐渐成为一门学科。

一、互联网简史

互联网（Internet），又称“因特网”“英特网”，台湾地区称为“网际网路”。互联网是网络与网络之间所串连成的庞大网络，这些网络以一组通用的协定相连，形成逻辑上的单一巨大国际网络。这种将计算机网络互相连接在一起的方法可称作“网络互联”，在这基础上发展出覆盖全世界的全球性互联网络称互联网，即是互相连接在一起的网络。② 美国联合网络委员会（FNC：The Federal Networking Council）从技术角度定义了互联网：

---

① 匡文波．新媒体概论．北京：中国人民大学出版社，2012：9.

② 维基百科，http：//zh. wikipedia. org/wiki/.

互联网指的是全球性的信息系统：①通过全球唯一的网络逻辑地址在网络媒介基础上逻辑地连接在一起。这个地址是建立在“互联网协议”（IP）或今后其他协议基础之上的。②可以通过“传输控制协议”和“互联网协议”（TCP/IP），或者今后其他接替的协议或与“互联网协议”（IP）兼容的协议来进行通信。③以让公共用户或者私人用户享受现代计算机信息技术带来的高水平、全方位的服务。这种服务是建立在上述通信及相关的基础设施之上的。[①]

计算机和互联网同许多科学技术一样，最早用于军事用途。美国科学技术史作家迈克尔·怀特在其著作《战争的果实：军事冲突如何加速科技创新》一书中如此总结军事与科技之间的关联：为备战而加速科技创新，其方法不一而足。有时候，某一发现会滋生于战场上纷乱中孤立的偶发事件里转瞬即逝的某种想法，没准这一想法随后会历经磨难得以发展。发展方向之一是，几所大学或几个商业中心对其进行公开研究，由此引起军方的关注和鼎力资助，将其作为项目大力开发。其最终成果首先由军方占用，继之才会通过某种途径转为民用。[②]

互联网的起源可以追溯到1957年苏联成功发射第一颗人造卫星“旅伴”(Sputnik)，由此宣告了全球通信时代的到来。为重新确立美国在军事科技应用开发方面的领导地位，1960年，美国国防部高级研究计划署（Advanced Research Projects Agency，ARPA）开始军事和学术方面的研究工作，其研究项目中包括创建一个实验性的计算机网络，并使其能在局部毁于战争的情况下仍旧正常运作。这项工作涉及如何将信息打包分装，并在到达目的地后重组。由于信息包可以通过不同的途径传输，这种方法能够保证即使网络中部分计算机出现了故障，大量的信息还是能发送成功。[③]

互联网的前身是1969年诞生于美国国防部高级研究计划署的阿帕网(ARPANet)。最初的阿帕网由4个节点构成，分别在加州大学洛杉矶分校、斯坦福研究院、加州大学圣巴巴拉分校、犹他大学。1969年底，阿帕网建成投入运行，标志着人类叩开了网络时代的大门。

1973年阿帕网扩展成互联网，第一批接入的有英国和挪威的计算机。1986年，美国国家科学基金会（National Science Foundation）开发了NSFNET，它连接了五个新建的超级计算中心和一系列的地区网络平台，这是互联网发展史上至为关键的里程碑。1990年，阿帕网关闭，但互联网继续发展。1994年，NSFNET

---

① 石磊．新媒体概论．北京：中国传媒大学出版社，2009：20.

② 怀特．战争的果实：军事冲突如何加速科技创新．卢欣渝，译．北京：生活·读书·新知三联书店，2009：1.

③ 鲍勃·富兰克林，等．新闻学关键概念．诸葛蔚东，等译．北京：北京大学出版社，2008：151.

转为商业运营，互联网中也接入了其他商用网络，并全面向公众开放。

1991 年，英国科学家蒂姆·伯纳斯-李（Tim Berners-Lee）创建了万维网（World Wide Web），这是一个由许多互相链接的超文本组成的系统，将图形用户界面和超链接协议引入网络，并通过互联网访问。万维网并不等同于互联网，万维网只是基于超文本相互链接而成的全球性系统，是靠着互联网运行的一项服务。但正是万维网使得互联网上的信息处理变得便捷、高效，大大降低了普通人使用计算机连接互联网的门槛，使得互联网普及成为可能。

普通民众开始喜欢上互联网，大约是在 1995 到 1996 年。[①] 20 世纪 90 年代中后期，互联网在全球迅速蔓延。截至 2000 年，全球信息产业以年均 10% 以上的增长率高速发展，互联网已经连接了 200 多个国家和地区的近 3 万个电脑网络，7 000多万台服务器主机，6 000 多个图书馆，1 万多个数据库，上网用户达 2.59 亿。[②]

1994 年 4 月 20 日，中国互联网正式接入国际互联网络。1995 年 5 月 17 日，邮电部宣布将 ChinaNet 向国内社会开放，提供所有 Internet 服务，这标志着中国的互联网进入商业化阶段。[③] 据中国互联网络信息中心的统计，截至 2000 年 12 月 31 日，中国上网计算机约 892 万台，其中专线上网计算机 141 万台，拨号上网计算机 751 万台。中国上网用户人数约 2 250 万人，其中专线上网用户人数约为 364 万，拨号上网用户人数约为 1 543 万，同时使用专线与拨号的用户人数为 343 万。除计算机外同时使用其他设备（移动终端、信息家电等）上网的用户人数为 92 万。[④]

互联网接入中国 20 年，已经有近半数中国人成为网民，互联网深刻影响着人们的工作和生活。据中国互联网络信息中心最新公布的数据，截至 2016 年 6 月，我国网民规模达 7.1 亿，互联网普及率为 51.7%；我国手机网民规模达 6.56 亿。截至 2016 年 6 月，我国域名总数增至 3 698 万个；中国“.CN”域名总数为 1 950 万，占中国域名总数比例为 52.7%；“.COM”域名总数为 1 094 万，占比为 29.6%；“.中国”域名总数达到 50 万。

---

① 怀特. 战争的果实：军事冲突如何加速科技创新. 卢欣渝，译. 北京：生活·读书·新知三联书店，2009：291.

② 杜骏飞. 网络新闻学. 北京：中国广播出版社，2001：43.

③ 蒋晓丽. 网络新闻编辑学. 北京：高等教育出版社，2012：3.

④ 中国互联网络信息中心. 中国互联网络发展状况统计报告（2001 年 1 月）.

二、互联网诞生的背景与影响

互联网的发明与当时的社会政治经济背景密切相关。人类高效处理海量信息的需求，催生了计算机；而人类对于传递海量信息的需求，催生了互联网。萌生互联网的机构，正是在二十世纪五六十年代两极争霸的国际政治格局中扮演重要角色的美国国防部，发明互联网的最初目的正是军事应用。同人类历史上诸多重大发明一样，互联网最终广为民用，造福人类。计算机和互联网同原子能、空间技术、生物工程等发明和应用一同成为第三次科技革命的标志，极大地推动了人类社会经济、政治、文化领域的变革，影响了人类的生活方式。

（一）互联网诞生的背景

互联网的前身 ARPANet 的发明是出于军事目的，这与冷战时期的国际政治形势直接相关。二十世纪八九十年代互联网广泛地转为商用民用演变为不可阻挡的发展趋势，这与人类社会经济政治发展密切相关。在全球化背景下，各个国家、民族之间，同一国家不同地区之间，各类组织机构、人与人之间的联系越来越密切、广泛，人们在社会生产和生活中对于各类信息交流与传播的需求越来越强烈。传统的信息传播方式如信件等人际传播媒介和报纸等大众传播媒介，越来越无法满足人类生产和生活中对于信息传播的需求。而 ARPANet 最初的连接和传输功能，早已经显示出其在信息传播方面的神奇功能。

20 世纪 90 年代初，当时的参议员、前任美国副总统阿尔·戈尔提出美国信息高速公路法案。1993 年 9 月，美国政府宣布实施“国家信息基础设施”（National Information Infrastructure，简称 NII）。“信息高速公路”的提法形象地表达出美国这一全球最大经济实体对于信息传递速度和容量的渴求。信息高速公路实质上就是以互联网为雏形的高速信息电子网络。

事实上，正是源自人类社会信息传递交换的需求，二十世纪八九十年代移动通信行业才迅猛发展，移动电话的普及也正是在这一时期。只不过在信息交换方面更具影响力的互联网后来居上，以至于原本以通话和短信业务为主的移动电话衍变成了承载移动互联网的工具。

（二）互联网对人类社会的影响

互联网对于人类社会影响之深远，无所不及，甚至已经改变了人类从群体到个体的生活方式和生活状态。每一个使用互联网的人对此都深有感受。不知不觉，人们放弃了通信等传统的人际交往方式，电子邮件、即时通信工具、社交网络成为人们相互联系的工具；从政府到企业，从社会组织到自由群体，乃至整个人类社会的联系，都建构在互联网上。

人们的生活方式和工作方式都发生了翻天覆地的变化，蜗居一隅的所谓"宅男"，一台电脑接入互联网即可闻天下事；人们的工作场所不再限于办公室和车间，家庭、车站、机场、各种交通工具，只要接入互联网，它们都可以成为人们的工作地点。

互联网连接了全球化背景下的大大小小的企业等经济组织，促进人类社会经济的融通，还从宏观上改变了一些国家和地区的经济模式，改变了商业领域的经营模式。互联网行业本身已经成为许多国家重点扶持的朝阳产业，不少互联网领域的巨头企业渗入全球各个国家和地区，财力富可敌国，影响力举足轻重。

美国科学技术史作家迈克尔·怀特如此描述互联网给人类社会带来的改变：互联网深深地融入了社会，有别于以前的所有技术创新。它比电话和电视更为重要。像15世纪印刷的报纸一样，它是社会变革的载体。它的规模之大，超过了太空产业，甚至超过了汽车生产。在现代文明中，它的重要性如同飞机。互联网的触角深入社会的每一个层面，它给人类提供的相互关联，是人类以前从未想到的。①

（三）互联网是一把双刃剑

互联网在人们的惊叹声中快速扩张，几乎触及人类社会的每一个角落。借助智能手机等新的计算机技术，互联网将越来越多的人连接起来。

与此同时，互联网也是一把双刃剑，这一新事物给人类社会带来了新的问题。暴力网络游戏、色情内容等侵害网民尤其是青少年的身心健康，扭曲人们的生活方式；网络盗版侵犯知识产权；电脑病毒、恶意代码、恶意软件等造成个人隐私泄露、个人财产被盗；互联网的安全甚至涉及一个国家的信息安全。

美国著名媒体人安德鲁·基恩在《网民的狂欢：关于互联网弊端的反思》一书中对互联网表达了深深的忧虑："毁掉我们的，不是我们所憎恨的东西，而恰恰是我们所热爱的东西。它让我们的社会产生了频繁接触色情文化的年轻人、从事网络剽窃的盗贼、患有强迫症的网络赌博者以及各种各样的痴迷者；它诱使我们将人类本性中最邪恶、最不正常的一面暴露出来，让我们屈服于社会中最具毁灭性的恶习；它腐蚀和破坏整个民族赖以生存的文化和价值观。"②

---

① 怀特．战争的果实：军事冲突如何加速科技创新．卢欣渝，译．北京：生活·读书·新知三联书店，2009：291－292.

② 安德鲁·基恩．网民的狂欢：关于互联网弊端的反思．丁德良，译．海口：南海出版公司，2010：159.

三、网络传播的类型

传播是人类的一种基本社会功能，按照人类传播活动的形态、结构和功能，人类传播可以分为人内传播、人际传播、组织传播、群体传播和大众传播。

互联网在信息传播方面的强大功能，使其有条件承载并延展人类所有类型的传播。譬如在人际传播和大众传播方面，互联网使人类克服了传播过程中的时空障碍，人类“地球村”的愿景得以实现。人们只要注册登录一款即时通信工具，即可同时参与或实现在互联网上的人内传播、人际传播、组织传播、群体传播、大众传播等几乎所有类型的传播。

（一）人内传播

人内传播也称内向传播、内在传播、自我传播，是指一个人本身的自我信息沟通，或者说是个人在人体内部对接受来自外部的信息进行处理过程中，头脑里的“主我”（I）同“客我”（Me）之间的信息交流活动。它集中反映了人的神经生理和心理机制的反馈现象。信息的传播者和接受者是合为一体的，往往表现为矛盾的统一，互动过程仅限于自己。人内传播属于心理学研究范畴，同个人的认知过程相仿，包括这样几种形式：感觉、直觉、记忆、思维、想象、情绪和感情等。人内传播既是人的自我需要，也是人的社会需要。它是人类最基本的传播活动，是人类一切传播活动的前提和基础。①

互联网发明之后，部分网络应用成了人内传播的媒介，或者说，某些网络应用将人内传播从人的身体感官延伸到了人的体外。实质上，这些网络应用是作为一种媒介，将人的内在的感觉、直觉、记忆、思维、想象、情绪和感情等，主动投射、记录到身外的媒介上。这种人内传播的模式有一种传统的典型代表，即个人的私密日记本。在网络时代，博客、网络日志、微博以及社交网络的部分功能代替了传统的日记本，成为人内传播的新媒介。博客广泛应用以来，其所谓的“自媒体”属性颇为引人瞩目，但事实上，有调查显示，即便在博客盛行之时，33%的博客作者注册博客的原因是记录自己的心情，而有21%的人浏览别人的博客是因为“经常能够产生心灵的共鸣”。艾瑞咨询2011年的调查显示，67.5%的社交网站用户和57.6%的微博用户使用社交网站、微博的主要目的是“记录心情、生活经历”。② 这些数据说明，相当数量甚至占大多数的博客、微博、社交网站等网络应用是被网民当做记录个人心情、生活经历的“日记本”，

---

① 肖沛雄．新编传播学．广州：广东人民出版社，2006：55-56.

② 艾瑞咨询．中国SNS和微博用户行为研究报告简版（2011—2012）.

而不是作为“自媒体”或者是获取资讯的媒体。

人们以网络为媒介进行人内传播，即是“主我—网络—客我”之间信息交流的过程。人们在写作博客、微博的过程以及之后反复阅读所写内容的过程，正是人的心理活动即人内传播的过程，只不过这种人内传播有了网络这种外在媒介的介入。

（二）人际传播

人际传播是指两个或两个以上的人之间借助语言和非语言符号互通信息、交流思想感情的活动。人际传播是传播者与受传者之间的信息互动过程，是人际关系得以建立、维持和发展的润滑剂。[①] 人际传播是人类社会最常见的传播方式，与每个人的生活如影随形。人与人之间谈话聊天、社会交往，人们生活工作中处理人情世故、业务沟通，都离不了人际传播。人际传播既包括人与人面对面的直接传播，也包括借助各类传播媒介进行的间接传播，如借助信函、电话等通信手段进行交流。互联网最早承载的传播类型就是人际传播，初期的网络传播也是以人际传播为主。

1. 电子邮件

1972 年 3 月，BBN 公司的雷·汤林森发明了电子邮件的发送和阅读程序。历史上第一封电子邮件，在他的两台联网电脑之间进行了传递。[②] 从发明之初到如今，电子邮件（电子邮箱）承载的主要是人际传播的功能。2000 年，中国互联网络信息中心进行的调查显示，“用户最常使用的网络服务”是电子邮箱，网民使用率为 95.07%，而排名次席的搜索引擎的网民使用率仅为 66.76%。每个网民平均拥有 3.24 个电子邮箱账户；用户平均每周收到 16.82 份电子邮件，发出 9.05 份电子邮件。一直持续到 2004 年，电子邮件长期位居搜索引擎、即时通信、网络新闻之前，是网民使用率排名第一的网络技术应用。

可以说，电子邮件是最早让普通网民直观地感受到互联网给人类生活带来创新性改变的网络技术应用。与传统的邮政通信、电话电报等远程通信技术相比，电子邮件传输速度快、范围广，传输数据量大，成本低廉，操作简捷，还可以传输图片和视频等多媒体资料，实现一对多传播。特别是在手机等移动通信工具尚未普及的 90 年代，注册使用“伊妹儿”（英文 E-mail 的音译）成为一时风尚，掌握上网基本技能的网民都会注册几个“伊妹儿”与朋友联系。

但是，近年电子邮件的使用率持续走低，2012 年中国网民对各类网络应用的使用排名中，电子邮件以 44.5% 的使用率居第九位，远远落后于排名第一的

---

① 肖沛雄．新编传播学．广州：广东人民出版社，2006：55.

② 李斌．全球新闻传播史（公元 1500—2000 年）．北京：清华大学出版社，2009：351.

即时通信 82.9%的网民使用率；到了 2016 年 6 月，电子邮件的使用率下降到了 36.8%，在各类互联网应用中排名十二。这主要是因为以腾讯 QQ 为代表的即时通信工具功能日益新颖、全面，在互联网的人际传播中越来越受网民欢迎。同时，微博、微信等社交网络应用崛起，并以其强大的交互性和开放性囊括了网络人际传播的功能，使得功能相对单一的电子邮件在网络人际传播方面的作用日渐式微。

2. 网络聊天室

在互联网发展的初期，网络聊天室（Chatroom）也曾风靡一时。第一个在线聊天系统被称为 Talkomatic，由道格·布朗和大卫·伍利在 1974 年创建，仅仅可容纳五人以字符的形式传递信息。第一个面向大众的专门在线聊天服务是由美国的 CompuServe 公司创建于 1980 年。在中国，1999 年，网络聊天室以 25.47%的网民使用率位居用户常用的网络服务第五位，并在随后几年间保持较高的网民使用率。

与电子邮件相比，网络聊天室的特别之处在于，它可以实现人与人同步、即时的远程人际传播，而电子邮件在传播速度和技术特点上都相对滞后。网络聊天室支持网民以文字、符号、图片、语音、视频等多媒体形式相互交流，为网民在线联系交流提供了极大的便利。同时，因为允许匿名、无须注册、高度开放等特点，网络聊天室模糊了网民的真实身份和个体差异，释放了网民的情绪，使网民卸掉了人与人面对面交流可能存在的心理包袱和道德约束，因此网络聊天室里的人际传播极为活跃，网络聊天室成了网民标榜自我、宣泄情绪、倾诉欲望、交友休闲的场所。

随着国外的 MSN、国内的腾讯 QQ 等即时通信工具的发展，以及社交网络的兴起，近年网络聊天室式微，包括 MSN 网络聊天室、网易聊天室等知名网络聊天室服务纷纷关闭。网络聊天室被互联网汹涌澎湃的技术大潮湮没。

3. 即时通信

即时通信，也称作即时通讯，英文名称 Instant Messaging，简称 IM，是一个实时通信系统，允许两人或多人使用网络实时传递文字信息、文件、语音与视频进行交流。最早的即时通信软件是 ICQ，四名以色列青年于 1996 年 7 月成立 Mirabilis 公司，并在 11 月份发布了最初的 ICQ 版本，在六个月内有 85 万用户注册使用。而后雅虎、微软等公司也推出各自的即时聊天工具。在中国拥有最多用户的即时通信软件是腾讯 QQ。腾讯公司成立于 1998 年 11 月。1999 年 2 月，腾讯公司开通即时通信服务，与无线寻呼、GSM 短消息、IP 电话网互联。1999 年 11 月，QQ 用户注册数突破 100 万。截至 2012 年底，QQ 活跃账户达 7.982 亿，最高同时在线账户 1.764 亿。

自各类即时通信工具开发应用以来，即时通信在网民常用的网络应用排行榜上逐渐爬升。2005 年，中国网民的即时通信使用率为 41.9%，排名第四位。2007 年，即时通信使用率短暂下滑，2010 年起有所回升。自 2011 年底，即时通信一跃成为我国第一大上网应用。截至 2016 年 6 月，网民中即时通信用户规模达到6.42 亿，占网民总体的90.4%。其中手机即时通信用户 6.03 亿，占手机网民的 91.9%。[①] 无论是个人电脑还是移动端，即时通信作为网民最基础的网络需求，使用率稳居首位。

即时通信工具除了兼具网络聊天室等前期网络人际交流工具的优势之外，还拥有更完美的人际交流功能。用户注册登录即时聊天工具，即可在任何时间任何地点持同一账号登录使用；可以一对一或一对多、多对多地进行文字、语言、视频对话，并且可以长久保存聊天记录；可以在线或离线传输文件。后期的即时通信工具与移动通信、社交网络交互发展，各取所长，优势互补；其自身高度的开放性，使其兼容网络游戏、网络音乐、电子商务、新闻资讯等网络应用；同时即时通信工具可以以平板电脑和手机为客户端登录，用户使用更加方便。目前，即时通信产品越来越符合人们的需求，用户黏性不断增强，成为人们在互联网上最重要的交流沟通工具。即时通信工具甚至已经颠覆了传统的人际交往模式，即时通信工具以及相关衍生产品已经融入并改变着人们的生活方式和生活习惯。虽然即时通信业务本身是免费的，但是由即时通信平台衍生出的各类互联网增值服务和移动及电信增值服务商机无限。

（三）组织传播

组织是社会中相近或相似的个体有目的地组合，为了达到特定目标而建立明确程序和发生协调行为的群体。一个政党、一家企业、一个工会、一个体育运动项目协会等，都是组织。组织传播也称团体传播，是指组织成员之间或组织与组织之间的信息交流行为。传播是组织结构的轴心，是组织存在的基础，没有传播就没有组织。组织传播的目的在于密切组织成员之间的关系，协调行动，减少摩擦，维持和发展组织的生命力，疏通组织内外渠道，应付外部环境的变化。[②] 组织传播又分为组织内传播和组织外传播。

组织传播的媒介有很多，包括书面媒体、会议、电话、大众传媒等。互联网是最新的组织传播媒介。一家组织的网站是组织对内传播和对外传播最畅通、最高效、最全面的媒介，借助互联网构建的组织内部的邮件系统、无纸化办公系统是组织内传播、组织成员之间沟通、组织传送文件的最佳渠道。另外，即时通信

---

① 中国互联网络信息中心. 中国互联网络发展状况统计报告（2016 年 7 月）.

② 肖沛雄. 新编传播学. 广州：广东人民出版社，2006：58.

工具、社交网络等，也是互联网上开展组织传播的重要平台。

基于互联网的组织传播，大大提高了传播效率，拉近了组织成员间的距离，增强了组织的凝聚力，使组织内部更为紧密，组织外传播更为快速、直观、有效。

（四）群体传播

群体是一个社会学概念，是指具有特定的共同目标和共同归属感、存在着互动关系的复数个人的集合体。群体传播主要是指群体内部或外部的信息传播活动。群体传播就是将共同目标和协作意愿加以连接和实现的过程。这个过程形成群体意识和群体结构，而这种意识和结构一旦形成，又反过来成为群体活动的框架，对个人成员的态度和行为产生制约，以保障群体的共同性。[①]

互联网是群体传播的得力媒介。互联网拉近了群体之间的时空距离，放大了群体传播中“意见领袖”等的效应，为群体传播提供了一个崭新的虚拟平台。在层出不穷的网络应用当中，网络聊天室、BBS 论坛、QQ 群、博客群（群组）、微群以及各类社交网络应用，都在网络群体传播中起了良好的媒介作用。曾经风靡的网络聊天室通常以网民的地域、兴趣、专业等标准划分不同类别的聊天室，所谓“物以类聚，人以群分”，有着共同兴趣或共同目标的网民集聚在网络聊天室里畅所欲言，这是群体成员之间双向性的直接传播的过程。当然，因为网络聊天室临时、松散的特点，这里的网民群体也相对比较松散，成员流动性比较大，这一群体呈现一种弹性聚合的态势。

网络论坛是网络群体传播的另一重要阵地。网络论坛又称 BBS 论坛，BBS 的英文全称是 Bulletin Board System，翻译成中文是“电子公告板”。网络论坛较之于网络聊天室的用户黏度大，经常登录某一网络论坛或相应板块的网民群体相对固定，因为网络论坛里的板块一般以网民的兴趣、主题等来划分。如国内知名的天涯社区论坛，其体育频道以网民兴趣爱好、运动项目为依据，划分为球迷一家、篮球公园、体育贴图、体育聚焦、怡情棋斋、南方体育、神州论彩等板块。网络论坛里的成员有着明确的成员关系，对于论坛有着不同程度的归属感。具体到某一论坛板块，一般有总版主、版主、副版主、实习版主、楼主、论坛注册成员、浏览用户等，他们对于论坛板块的忠诚度和归属感不尽相同。网络论坛有一定的行为准则，如要求成员积极发帖、回帖、顶帖子、禁止恶意“灌水”。

在互联网发展的不同阶段，校友录、QQ 群、博客群（群组）、社交网络、微博的微群、微信朋友圈等网络应用或者相关衍生产品，也在不同程度上承载着互联网上的群体传播。

---

① 郭庆光．传播学教程．北京：中国人民大学出版社，1999：92.

总而言之，互联网上的群体传播既有群体传播的一般共性，也展现出其独有的特性。网络群体传播发扬了互联网的技术特长，使跨地域的群体传播易如反掌，群体成员身份或公开或匿名，在网络虚拟情境中建构了不同于现实社会中的群体成员关系。另外网络论坛为网民提供了一个拥有共同话题、共同兴趣的虚拟语境场所，网友的自由言论更容易得到网络群体的响应和认同。互联网上的群体传播客观上起到了社会安全阀的作用。

（五）大众传播

所谓大众传播，就是专业化的媒介组织运用先进的传播技术和产业化手段，以社会上一般大众为对象而进行的大规模的信息生产和传播活动。①

与之前几种传播类型相比，大众传播无疑是最具影响力的传播形式。从大众传播产生之日到如今，大众传播已经深刻地改变了人类的生活方式，推动了人类社会的变革与进步。在大众传媒高度发达的今天，大众传播随时随地渗透到人们生活工作当中，甚至影响着人类的思维与认知。

大众传播是通过报纸、杂志、书籍、电影、广播、电视等传播工具向相对众多的人传递信息的过程。人们按照传播媒介的不同，把报纸、广播和电视分别称为第一媒体、第二媒体和第三媒体。报纸、广播、电视也被称作传统媒体。互联网出现之后，人们很快认识到互联网除了兼备传统媒体的一般特性，还具备即时性、交互性、多媒体等独特的传播优势，诸多优势使互联网堪称完美的大众传播媒介。

据美国学者沃纳·赛佛林（Werner J. Severin）和小詹姆斯·坦卡德（James W. Tankard）的观点，大众传播可以用三项特征来确定：

（1）它针对较大数量的、异质的和匿名的受众。

（2）消息是公开传播的，在时间安排上通常可以同时到达大多数受众，在特征上是稍纵即逝。

（3）传播者一般是某个复合组织，或者在某个复杂的组织之下运作，这通常需要庞大的开支。②

以这个标准来判断，互联网符合大众传播媒介的特征，甚至在某些方面有所优化——互联网上的信息不会像广播、电视传播的信息那么“稍纵即逝”。互联网作为一种大众传播媒体很快得以正名：1998 年 5 月，时任联合国秘书长安南在联合国新闻委员会上提出，在加强传统的文字和声像传播手段的同时，应利用最先进的第四媒体——互联网（Internet）。自此，“第四媒体”的概念正式得到使用。

---

① 郭庆光．传播学教程．北京：中国人民大学出版社，1999：111.

② 陈力丹，易正林．传播学关键词．北京：北京师范大学出版社，2009：279－280.

在互联网发展初期，其大众传播方面的优势即被媒体人发现，并被付诸实践。美国是互联网的发源地，也是网络新闻最早兴起的国家。1987 年，美国加利福尼亚州的《圣何塞信使报》开始在网上发布新闻；1992 年，该报发布电子报，是全球第一家发展网络新闻业务的媒体。此后短短几年间，世界各地媒体纷纷建立网站提供新闻资讯，专门的新闻网站先后涌现。

从最初的电子邮件传播新闻，到新闻网站，再到最新的微博等社交网络传播新闻，新闻传播成为网络传播的主要功能。时至今日，当前全球 Alexa 排名前十的网站有 5 家主营新闻传播业务，排名前十的中文网站中，腾讯、新浪、网易、搜狐、央视网、人民网 6 家主营新闻传播业务，而百度、优酷网、新浪微博 3 家网站主营的搜索引擎、网络视频、微博业务也与大众传播有着关联。从网民上网需求来看，长期以来，不管是国外还是国内，浏览新闻和获取信息一直是网民上网的主要目的之一。

四、网络传播的特性

互联网将人类传播带进了一个全新的时代。从传播技术、传播模式、传播效果等各个层面比较，网络传播都展现出了无与伦比的特性。

（一）传播快速，无远弗届

从人际传播到大众传播等各类型传播，借助遍布全球的计算机和互联网，网络传播的速度和广度令传统媒体和其他通信工具与媒介无法望其项背。只需接入互联网，全球任何角落的人都可以借助即时通信软件，通过文字、图片、音频、视频等方式在线实时交流。

在大众传播方面，网络传播的速度和时效与传统媒体相比更胜一筹。当传统媒体还处于新闻的采写、编辑、制作环节的时候，通过互联网发布的新闻，已经可以在全球任何地方借助一台电脑或手机浏览了。事实上，从互联网广为民用以来，国内外许多重大新闻事件都是率先通过互联网公之于众的，譬如 20 世纪 90 年代美国总统克林顿的性丑闻事件，2001 年的“9・11”事件。全球各类新闻机构对于重大新闻事件发稿速度的比拼，已经从通讯社电讯、电视新闻播报转移到了媒体网站、新闻网页的发稿。

（二）信息海量，资源共享

互联网诞生之前，世界各地的图书馆可谓人类智慧、思想、知识、文化的宝库，蕴藏着丰富的人类文化遗产。但各地的图书馆毕竟是孤立的，具体到每一家图书馆的藏书、资料等容量也是有限的。互联网以计算机、服务器为枢纽连接起来的庞大网络构成了一个接近无限容量的数据库，承载着并源源不断地接纳着人类赋予它的海量信息。这些海量信息内容无所不包，与以往相比更为神奇的是，网民借助搜索引擎和超链接可以轻易地从海量信息中检索和选择自己真正需要的信息，而不会迷失在海量信息里。

互联网承载海量信息的能力，任何一种传统的媒介都无法与之相媲美。随着计算机技术的发展，一个小小的硬盘就可以存储的文字、图片、音像信息量相当于一家图书馆。就存储信息这一点来说，即便是报纸、广播、电视等大众传播媒体在互联网面前也黯然失色：报纸版面有限、保存较难；广播电视播出时长有限，内容稍纵即逝；唯有互联网的存储容量不断扩增，不间断地收纳着各个终端传上来的信息。据统计，新浪、搜狐、网易、腾讯四大门户网站日均信息更新量均超过 10 000 条，平均每分钟更新信息约 7 条；QQ 空间日均上传照片 2 亿张，平均每分钟约 13. 9 万张；新浪微博、腾讯微博日均微博量约 1 亿条，平均每分钟约 69 000 条。[①] 北京奥运会期间，四大门户网站奥运新闻报道总量排行中腾讯网为 114 376 篇，新浪网为 85 262 篇，搜狐网为 69 019 篇，网易为 50 981 篇；奥运图片新闻发布总量腾讯网为 103 165 张，新浪网为 28 896 张，搜狐网为 15 860张，网易为 46 765 张；奥运视频的发布总量，腾讯网为 21 982 个，新浪网为 11 398 个，搜狐网为 14 221 个，网易为 16 451 个。[②] 这个级别的新闻数量是任何传统媒体都无法望其项背的。

互联网提供海量信息的同时，还展现出了资源共享的特点。开放、分享是业界所倡导的互联网精神的重要内涵。假如互联网上的海量信息资源不能授之于人，那互联网与密闭地下、不见天日的古墓没什么区别。正因为互联网的资源可以共享，才使得互联网上的海量信息体现出其价值。目前，互联网虽然没能把人类所有的书籍、音像资料拷贝到网络上，但已经提供了一个资源共享的媒介和平台，使汇聚整合人类知识文化成为可能。纵观互联网发展历史，开放、分享的精神是互联网能发展到今天的重要原因。正是由于互联网开放包容、资源共享的特点，才催生了一个个网络应用的发明推广；正是由于互联网开放包容、资源共享的特点，人们更便捷地借助网络来联系与交流；正是由于互联网开放包容、资源共享的特点，新闻资讯找到了新的传播平台，大众传播开辟了新的时代；正是由于互联网开放包容、资源共享的特点，人类的文化知识得以借助网络更为便捷地存储、传播，人类文化有了新的载体。

---

① 中国人民大学新闻学院新媒体研究所．中国网络媒体的未来．http：//tech. qq. com/a/20131122/015404. htm#p = 14.

② 腾讯奥运新闻报道总量全面超越同行位居第一．http：//2008. qq. com/a/20080825/000584. htm.

（三）平等互动，即时反馈

在印刷传播时代和电子传播时代的前期，报刊、广播、电视虽然有着超强的传播能力和传播效果，但传播过程中的反馈是一薄弱环节。完整的传播过程包括受传者的反馈。反馈是指“受传者对接收到的讯息的反应或回应，也是受传者对传播者的反作用。获得反馈讯息是传播者的意图和目的，发出反馈讯息是受传者能动性的体现。反馈是体现社会传播的双向性和互动性的重要机制，其速度和质量根据媒介渠道的性质而有所不同，但它总是传播过程不可或缺的要素”①。回顾传统媒体与受众之间的互动与反馈，一般是通过读者来信、热线电话、读者观众座谈会等方式来实现，反馈效果微乎其微，受众在传播过程中始终是被动接受的角色。

相比于传统媒体的单向传播，网络传播是一种传播者与受众交互式传播的模式。在网络传播进行的同时，受众即可同步实现与传播者的交流互动，而传播者也可以根据受众的反馈及时对传播的内容和形式进行修正，以实现最佳的传播效果。网络传播时代诞生的网络应用，几乎都附带了受众交互反馈的功能，如新闻网页后面的评论页面，可以让网友留言评论，表达对于新闻事件的观点，或者网友间相互讨论；另如网络论坛、视频直播、微博、微信等网络应用，由网络媒体传播者主导的实时在线交流，清除了传统媒体置于传播者和受众之间的技术隔阂，使传播者和受众同处一个平台互动，保障了传播过程反馈环节的畅通。

（四）多元媒体，相互交叉

多媒体（Multimedia），是指在计算机系统中，组合两种或两种以上媒体的一种人机交互式信息交流和传播媒体，使用的媒体包括文字、图片、照片、声音（包含音乐、语音旁白、特殊音效）、动画和影片，以及程式所提供的互动功能。简而言之，多媒体几乎将目前人类技术所及的传播手段集纳在一起，我们可以在互联网上看电子报纸、读电子杂志、听在线广播、看网络电视。互联网就是这样以缤纷多彩的样式将传统媒体原汁原味的内容呈现给我们，而且这种多媒体的传播方式还在随着技术的发展而不断创新。

无论是人际传播、群体传播，还是大众传播，互联网多媒体的特点使得受众可以依据自己的上网条件和偏好，自主地选择以文字、图片、音频、视频等方式相互联系交流，获取新闻资讯。网络传播多媒体的特性，提高了受众接受信息的自主性，提升了互联网传播的效力。

---

① 郭庆光．传播学教程．北京：中国人民大学出版社，1999：59.

第二节　网络传播的传播者和受众

互联网有着与生俱来的适合大众传播的特性以及开放性、交互性的特点，具备从大众传播媒介到自媒体的信息传输、文化承传、社会监督、社会交际、发展经济和娱乐身心等多层面、多角度的功能，甚至如同许多人所说的它“一网打尽”各种类型的传播，这也使得互联网包罗万象，互联网的传播者和受众也纷繁复杂。

传播者，又称信源，指的是传播行为的引发者，即以发出讯息的方式主动作用于他人的人。在社会传播中，传播者既可以是个人，也可以是群体或组织。①受众，即社会信息传播行为的接受者，也可称为受传者。受众是信息的“目的地”，又是传播过程的“反馈源”，同时也是积极主动的“觅信者”。②

传统的传播模式中，传播者和受众角色分明，特别是在早期的大众传播中，传播者处于独霸的强势地位。20 世纪 20 年代至 40 年代，西方早期的新闻传播理论盛行“魔弹论”，认为媒介和大众之间是枪弹和靶子之间的关系，在新闻传播过程中，传播者是主动的，而受众则完全被动，对于传播内容全盘接受。“互联网的出现彻底改变了传播者与受众之间的关系。网络传播是一种典型的个性化传播，包括点对面的传播、点对点的传播、多点对多点的传播。网络传播信息的‘互动性’使受众与传播者不仅地位‘平等’，而且能实现身份互换，受众可以成为传播者，传播者也可以成为信息的接收者。”③

网络传播完全打破和颠覆了传统传播学经验学派关于传播主体的理论，广大受众不仅不再是被动、消极的传播接收者，而且作为社会主体的广大公众凭借网络传播的技术条件，已经成为与大众媒体记者、编辑、主持人以及各种媒介管理者平起平坐的“传播者”、舆论调控者和政府、媒介的监督者，就连政府、媒体都无一不是以他们为传播的终极服务对象。

一、网络传播的传播者

（一）网民

因为互联网高度开放、互动性强的特点，普通网民使用互联网发布信息和接

---

① 郭庆光．传播学教程．北京：中国人民大学出版社，1999：58.

② 肖沛雄．新编传播学．广州：广东人民出版社，2006：93.

③ 屠忠俊．网络传播概论．武汉：武汉大学出版社，2007：78－79.

收信息的门槛非常低，这使得几乎所有的网民都身兼网络传播的传播者和受众两种身份。在网络人际传播当中，这种情形显而易见：网民使用QQ等即时通信工具，或者通过微博等社交网络相互交流，因为互联网传播即时性的特点，网民在线联系交流的时候就已经扮演了传播者和受众的角色。特别是博客、微博、微信等网络应用，其功能已经模糊了网络人际传播、群体传播和大众传播的界限，兼容了各类型的传播模式。网民使用这类网络应用时，既可以同步进行人际传播，又同时将之作为接收新闻资讯的大众传播媒介，同时也可以将之作为大众传播媒介发布信息。

截至2016年6月，我国网民规模达7.1亿，手机网民规模达6.56亿。从纯粹传播理论上看，这些网民既是网络传播的受众，也是网络传播的传播者。当然，为数众多的网民作为传播者，主要还是在网络人际传播中发挥作用。在最具传播效力的网络大众传播当中，作为个体的网民一般无力担当传播者的角色，或者说普通网民个体在网络大众传播中的传播效力有限。真正在网络大众传播中起到主导作用的网民多是作为组织中的成员，如传统媒体从业者、政府官员等。

（二）新闻网站

根据2000年11月6日国务院新闻办公室、信息产业部联合发布的《互联网站从事登载新闻业务管理暂行规定》中第五条的规定，新闻网站是指“中央新闻单位、中央国家机关各部门新闻单位以及省、自治区、直辖市和省、自治区人民政府所在地的市直属新闻单位依法建立的互联网站，经批准可以从事登载新闻业务。其他新闻单位不单独建立新闻网站，经批准可以在中央新闻单位或者省、自治区、直辖市直属新闻单位建立的新闻网站建立新闻网页从事登载新闻业务”①。

2005年9月25日国务院新闻办公室、信息产业部联合发布《互联网新闻信息服务管理规定》，规定中“互联网新闻信息服务单位”的提法，相当于这里所说的新闻网站。《互联网新闻信息服务管理规定》将互联网新闻信息服务单位分为三类：①新闻单位设立的登载超出本单位已刊登播发的新闻信息、提供时政类电子公告服务、向公众发送时政类通讯信息的互联网新闻信息服务单位；②非新闻单位设立的转载新闻信息、提供时政类电子公告服务、向公众发送时政类通讯信息的互联网新闻信息服务单位；③新闻单位设立的登载本单位已刊登播发的新

---

① 国务院新闻办公室，信息产业部．互联网站从事登载新闻业务管理暂行规定．http://www.gov.cn/gongbao/content/2001/content_132314.htm.

闻信息的互联网新闻信息服务单位。[①]

从互联网新闻信息服务行业现状来看，按新闻网站所有权属性，新闻网站可分为官方新闻网站和商业门户网站两个大类。

1. 官方新闻网站

官方新闻网站是指由我国新闻单位建立的网站，即《互联网新闻信息服务管理规定》中划分的互联网新闻信息服务单位中的第一类和第三类。《互联网新闻信息服务管理规定》第三十二条专门解释了所谓的“新闻单位”，“是指依法设立的报社、广播电台、电视台和通讯社；其中，中央新闻单位包括中央国家机关各部门设立的新闻单位”[②]。

官方新闻网站又可以分为两类：一类是新华网、人民网等中央级新闻单位网站，相对独立于母体组成的新闻网站“国家队”。这些网站由中央级主要新闻媒体建设，受到政府部门的支持。这些网站是网络新闻的重要新闻源头。另一类是区域性的核心新闻网站，在2000年纷纷推出，以千龙网、东方网、天津北方网为代表，各省重点新闻网站亦随后推出。这些网站由当地政府新闻办公室牵头，整合了区域内主要新闻单位力量，以新闻为核心，提供新闻内容的同时，也提供资讯服务功能，为地方性的综合门户网站，成为传统媒体和主流新闻网站的代表。[③]

iResearch艾瑞咨询的网民连续用户行为研究数据显示，2013年8月，官方新闻网站日均覆盖人数达3 891万。其中，人民网日均覆盖人数达821万人，网民到达率达3.5%，位居第一；新华网日均覆盖人数达739万人，网民到达率达3.2%，位居第二；光明网日均覆盖人数达511万人，网民到达率达2.2%，位居第三。（见表1－1）2013年8月，官方新闻网站有效浏览时间达8 722万小时。其中，人民网有效浏览时间达1 358万小时，占总有效浏览时间的15.6%，位居第一；新华网有效浏览时间达1 286万小时，占总有效浏览时间的14.7%，位居第二；光明网有效浏览时间达591万小时，占总有效浏览时间的6.8%，位居第三。[④]

---

① 国务院新闻办公室，信息产业部．互联网新闻信息服务管理规定．http：//www.gov.cn/flfg/2005－09/29/content_73270.htm.

② 国务院新闻办公室，信息产业部．互联网新闻信息服务管理规定．http：//www.gov.cn/flfg/2005－09/29/content_73270.htm.

③ 陈彤、曾祥雪．新浪之道：门户网站新闻频道的运营．福州：福建人民出版社，2005：43－44.

④ 艾瑞咨询．2013年8月新闻门户网站行业数据．http：//media.iresearch.cn/portal/20130925/213597.shtml.

表 1－1　2013 年 8 月官方新闻网站日均覆盖人数排名

排名	网站	日均覆盖人数	日均网民到达率	排名变化
		万人	%	
1	人民网	821	3.5%	→
2	新华网	739	3.2%	→
3	光明网	511	2.2%	→
4	中国网	455	2.0%	↑
5	中青网	367	1.6%	↑
6	中国新闻网	346	1.5%	↓
7	中国广播网	246	1.1%	↑
8	环球网	216	0.9%	↓
9	ChinaDaily	201	0.9%	→
10	国际在线	171	0.7%	↓

注：日均网民到达率＝该网站日均覆盖人数/所有网站总日均覆盖人数

2. 商业门户网站

商业门户网站，或称门户网站、商业网站、综合性商业网站、综合性非新闻单位网站，是互联网上最早涉足新闻服务的一类网站，属于《互联网新闻信息服务管理规定》中划分的互联网新闻信息服务单位中的第二类：非新闻单位设立的转载新闻信息、提供时政类电子公告服务、向公众发送时政类通信信息的互联网新闻信息服务单位。互联网发展早期，新浪、搜狐、网易被认作三大门户网站。近年腾讯网发展迅猛，流量已经超越上述三家网站，在中国各类网站当中排名第二，新闻类网站排名第一。

《互联网新闻信息服务管理规定》将商业门户网站认定为“非新闻单位”，这也意味着商业门户网站没有新闻采访权，报道的新闻内容严重依赖传统媒体。2010 年新闻出版总署新闻报刊司负责人在接受人民网记者采访时强调：“商业网站不是新闻单位，由于其没有合法采访和首发新闻的资质，经批准的也只有转发新闻的职能，没有自采新闻职能，因此这类网站一律不发放新闻记者证。”① 但从网络新闻传播的现状来看，商业门户网站在传播新闻信息的活动中承担了两种

① 新闻记者证换发将结束　商业网站没有新闻采访权．http：//wz.people.com.cn/GB/139014/146259/11003078.html.

角色：一是转载新闻时是官方认可的专业新闻机构；二是在刊载原创娱乐、体育、科技等新闻时，商业网站是民间业余新闻组织。商业门户网站既可制作非时政类新闻又无采访权的制度悖论，使得它兼具专业新闻机构和民间新闻机构的双重性质。①

从网站流量来看，商业门户网站远远超过官方新闻网站。据中国网站排名网（http：//www. chinarank. org. cn/）的数据，以腾讯网与官方新闻网站中的新华网和人民网相比较，腾讯网 90 日（2013 年 8—10 月）平均独立访问者人数分别是新华网和人民网的 8 倍和 9 倍。

官方新闻网站和商业门户网站是互联网上新闻传播最主要的传播者。官方新闻网站是基于国内各新闻单位发展壮大的，拥有新闻资源、新闻内容方面的巨大优势，是网络新闻信息的主要来源。有的官方新闻网站进行公司化运作，有着接近商业门户网站的经营理念，被认为是互联网新闻传播的主流网站。商业门户网站最早在互联网上进行新闻传播，技术起步早，受众基数大，发展规划远，早早确立了互联网新闻传播的领军地位。特别是当前国内的四大门户网站，在国内各类网站总排名榜上全部跻身前 20 名。截至 2016 年 9 月 11 日 Alexa 中文排名官方数据：腾讯网、新浪网、搜狐网、网易在中国网站排名中分别位列第二、第五、第八、第十九位。

（三）其他网站

互联网海纳百川，网络上不仅有活跃着亿万网民、以新闻服务为己任的新闻网站，还有难以计数的由政府机关、事业单位、企业或其他社会团体等组织创建的网站。截至 2016 年 6 月，我国域名总数为 3 698 万个，网站总数为 454 万个。②这些网站的质量和流量参差不齐，但有一点可以确定的是，它们作为网络传播的主力军，为网络传播提供了海量信息，其中不乏权威、有效的高质量的信息。

---

① 周群．国内商业门户网站新闻来源状况调查——以新浪、网易为例．今传媒，2012（3）：38.

② 中国互联网络信息中心．中国互联网络发展状况统计报告（2016 年 7 月）.

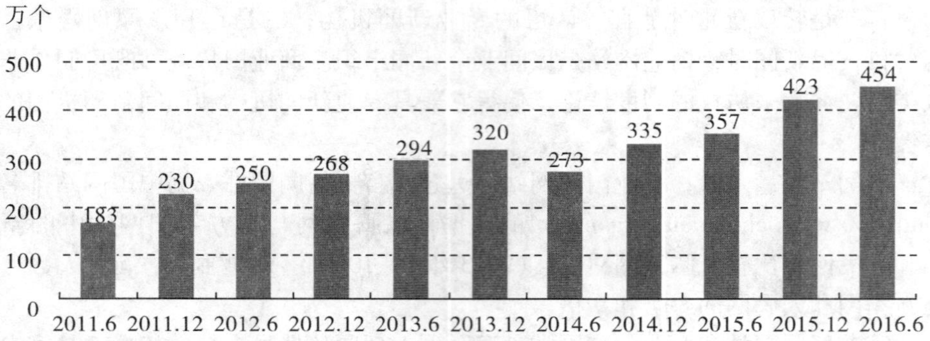

图 1－1　中国网站数量

（注：数据中不包含 . EDU. CN 下网站）

二、网络传播的受众

网络传播的受众是为数众多的网民。中国互联网络信息中心（CNNIC）把“过去半年内使用过互联网的 6 周岁及以上中国居民”（编者注：基于对中国大陆的研究）定义为网民。也有研究以具体的上网时间来界定网民。随着手机应用的创新和无线网络的发展，现阶段所说的网民通常也包括手机网民。“手机网民指过去半年通过手机接入并使用互联网，但不限于仅通过手机接入互联网的网民。”①

（一）网民的数量

根据国际电信联盟（ITU）的最新统计数据，截至 2015 年底，全球上网人数已达 32 亿，占全球人口的 43.4%。② 据中国互联网络信息中心最新发布的《中国互联网络发展状况统计报告（2016 年 7 月）》，截至 2016 年 6 月，我国网民规模达到 7.1 亿，半年共计新增网民 2 132 万人，半年增长率为 3.1%，较 2015 年下半年增长率有所提升。互联网普及率为 51.7%，较 2015 年底提升 1.3 个百分点。（图 1－2）截至 2016 年 6 月，我国手机网民规模达 6.56 亿，较 2015 年底增加 3 656 万人。网民中使用手机上网的比例由 2015 年底的 90.1% 提升至 92.5%，手机在上网设备中的占比居主导地位。同时，仅通过手机上网的网民达到 1.73 亿，占整体网民规模的 24.5%。

---

① 中国互联网络信息中心．中国互联网络发展状况统计报告（2016 年 7 月）．

② 陈建．国际电信联盟发布报告：全球信息社会飞速发展．http：//www. ce. cn/xwzx/gnsz/gdxw/201512/09/t20151209_7407933. shtml.

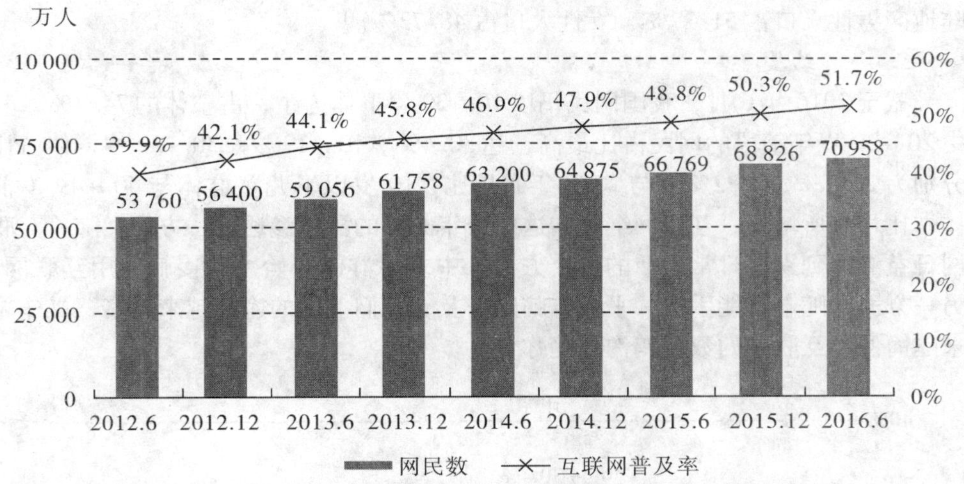

图 1-2 中国网民规模和互联网普及率

（二）网民的属性

1997 年，国家主管部门研究决定由中国互联网络信息中心（CNNIC）牵头组织有关互联网单位共同开展互联网行业发展状况调查，自 1997 年至今，CNNIC 已成功发布了 38 次全国互联网发展统计报告。中国互联网络信息中心的历次报告研究方法科学，数据客观严谨，被认为是国内关于互联网发展研究最为权威的报告。我们以中国互联网络信息中心于 2016 年 7 月发布的最新的《中国互联网络发展状况统计报告（2016 年 7 月）》为参照，分析我国网民的性别结构、年龄结构、学历结构、职业结构、收入结构。

1. 性别结构

截至 2016 年 6 月，中国网民男女比例为 53∶47，同期全国人口男女比例为 51.2∶48.8，网民性别结构趋向均衡，且与人口性别比例基本一致。值得一提的是，在互联网进入中国初期，同样是中国互联网络信息中心的调查显示，1997 年 10 月底我国上网用户数为 62 万，男性占 87.7%，女性占 12.3%。互联网发展初期网民性别比例极不均衡，女性网民比例偏少。互联网较为发达的国家如美国等都存在这种情况。不过，互联网经过近十年的普及，网民性别鸿沟的现象逐渐改观，中国网民基本实现了“男女平等”。男性网民比例稍微偏大，也有我国人口性别比例不均的原因。据 2010 年第六次全国人口普查的数据显示，我国大陆地区男性人口占51.27%，女性人口占48.73%。①

2. 年龄结构

截至2016年6月，我国网民仍以10～39岁群体为主，占整体的74.7%。其中20～29岁年龄段的网民占比最高，达30.4%，10～19岁、30～39岁群体占比分别为20.1%、24.2%。与2015年底相比，10岁以下儿童群体与40～49岁群体占比均有所增长，互联网继续向这两个年龄段的群体渗透。一方面，随着互联网日益渗透到人们日常生活的各个方面，中老年群体开始主动接触使用互联网；另一方面，随着智能手机、平板电脑的普及，人们上网的途径越来越多，操作越来越简便，互联网的数字鸿沟日趋弥合。

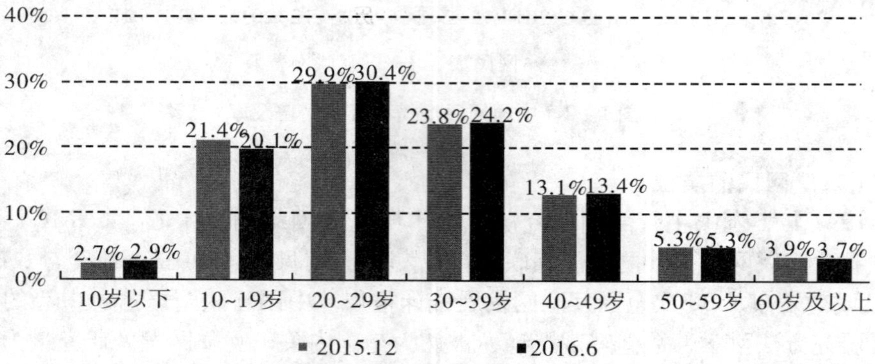

图1－3 中国网民年龄结构②

当然，从整体的统计调查来看，20～29岁年龄段的网民在各年龄段中所占比例最高，其次为30～39岁年龄段和10～19岁年龄段网民。（图1－3）相对于传统媒体的受众，网络传播的受众年龄总体偏低。

3. 学历结构

截至2016年6月，我国网民依然以中等学历群体为主，初中、高中/中专/技校学历的网民占比分别为37.0%、28.2%。与2015年底相比，小学及以下、大专、大学本科及以上学历的网民占比均有所提升。（图1－4）中国网民向低学历人群扩散，初中及以下学历人群是中国网民的主要增长点。高中和大学及以上学历人群中互联网普及率已达到较高水平。

① 中华人民共和国国家统计局．2010年第六次全国人口普查主要数据公报（第1号）．http：//www.stats.gov.cn/tjfx/jdfx/t20110428_402722253.htm.

② 中国互联网络信息中心．中国互联网络发展状况统计报告（2016年7月）．

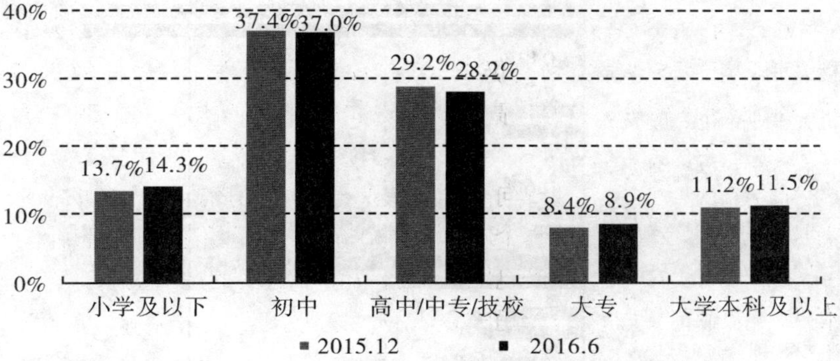

图 1－4　中国网民学历结构①

4. 职业结构

截至 2016 年 6 月，中国网民中学生群体占比仍然最高，为 25.1%；其次为个体户/自由职业者，比例为 21.1%；企业/公司的管理人员和一般职员占比合计达到 13.1%。对比 2015 年底，这三类人群的占比保持相对稳定。（图 1－5）学生依然是中国网民中最大的群体，互联网普及率在该群体中已经处于高位。学生群体因为学习需要和兴趣所在，更善于接受新事物，获取各类资讯，更容易接触并学习各类网络应用。

值得注意的是，退休人员在整体网民中的占比有所上升，在 2015 年 12 月和 2016 年 6 月所占比例分别达到 4.1% 和 3.7%，相比 2013 年 12 月 2.4% 的比例明显提高，这也说明互联网的使用门槛逐渐降低，网民向年龄大的群体扩散。

① 中国互联网络信息中心．中国互联网络发展状况统计报告（2016 年 7 月）．

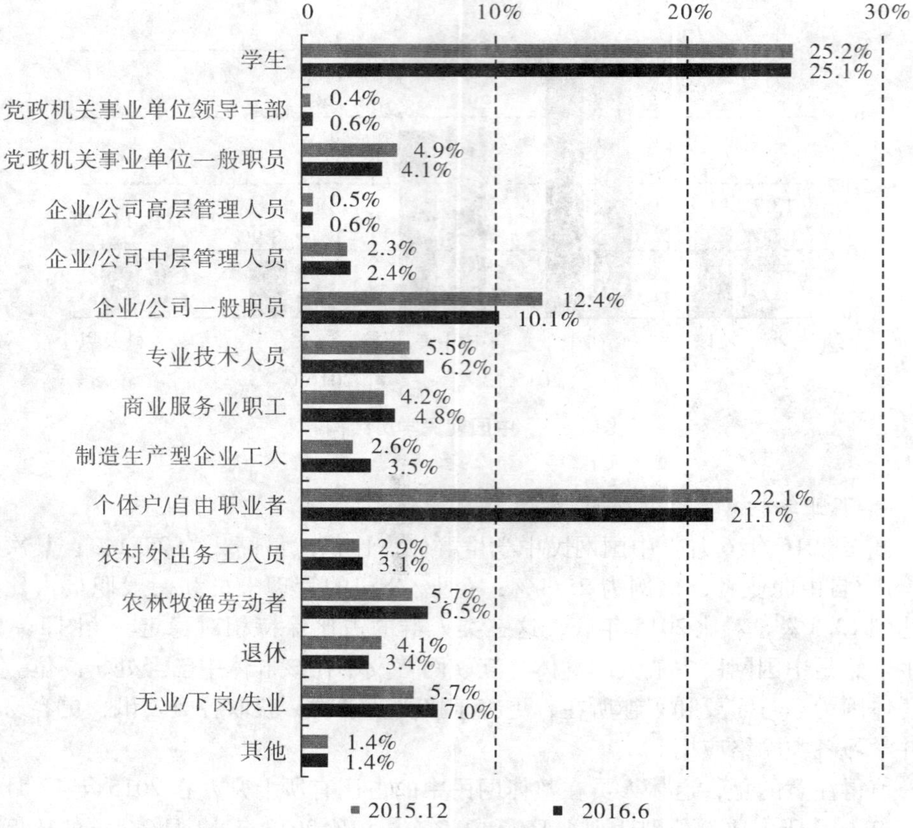

图 1－5 中国网民职业结构①

5. 收入结构

截至 2016 年 6 月，网民中月收入在 2 001～3 000 元及 3 001～5 000 元的群体占比较高，分别为 16.2% 和 22.7%。随着社会经济的不断发展，网民的收入水平也逐年增长，对比 2015 年底，收入在 5 000 元以上的网民人群占比提升了 3.8 个百分点。（图 1－6）

① 中国互联网络信息中心．中国互联网络发展状况统计报告（2016 年 7 月）．

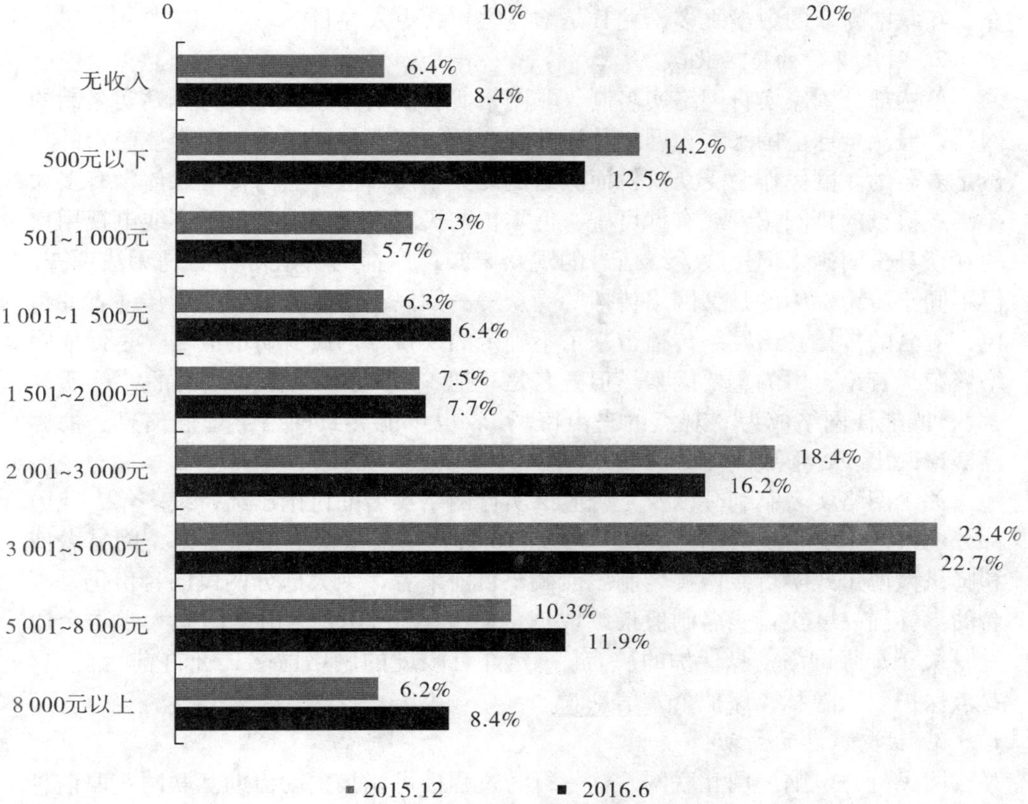

图1－6　中国网民个人月收入结构①

（三）网民的特征

1. 网络受众的普及化

按照美国一些传播学家的定义：一种媒体使用的人数达到全国人口1/5，才能被称为大众传播。在美国达到5 000万人使用的界限标准的大众传播，广播用了38年，电视（无线）用了13年，有线电视用了10年，而因特网只用了5年（1993—1998年）。② 如今，全球使用互联网的人数比例远远超过1/5的比例。2015年底，全球上网人数已达32亿，占全球人口的43.4%。截至2016年6月，中国网民规模达7.1亿，互联网普及率为51.7%。作为一种新生的大众传播媒

① 中国互联网络信息中心．中国互联网络发展状况统计报告（2016年7月）．

② 肖沛雄．新编传播学．广州：广东人民出版社，2006：314．

介，互联网受众的数量之多，尤其是增速之快，令人瞠目。

2. 网民身份的匿名化

虽然部分国家实行网络实名制，非网络实名制的国家也有实行全站实名制的网站，但从全球范围来看，网络传播的受众群体特点是明晰的，但个体受众的身份是匿名的。网民作为受众身份而匿名倒无关紧要，这一点与传统媒体没有多大差别：报纸的订阅读者或有据可查，但零售购买者很难确定身份；有线电视用户的观众身份明确，但接收无线信号的观众未知；广播的听众个体更是无法考查。但不同于传统媒体的是，网络传播的受众——网民，随时可以转变为传播者的角色，匿名的传播者给网络传播带来了不确定的因素。网民身份的匿名，是促成网络繁荣、言论自由的重要因素。但匿名是一把“双刃剑”，匿名网民的“畅所欲言”，既能让网络成为“观点的自由市场”，也可能导致网络上虚假信息、侮辱性言论的出现，形成网络暴力。

关于网络实名制利弊以及是否应该实行网络实名的讨论已经持续多年，我国部分网站已经实行实名制，2012 年 3 月 16 日，新浪微博、搜狐微博、网易微博和腾讯微博正式实行微博实名制。但截至目前来看，绝大部分网民的身份仍是匿名的。韩国一度实行实名制但最终取消，而我国于 2012 年由全国人大常委会通过《关于加强网络信息保护的决定》，允许有限度的网络匿名，允许前台匿名，要求保护个人隐私，保护个人信息。

3. 获取信息的主动性

网民打开电脑使用互联网，这一行为过程极可能是主动借助互联网获取信息的举动。据中国互联网络信息中心 2002 年的调查，网民上网最主要的目的选项中，有 47.6% 的网民选择了“获取信息”；其次是“休闲娱乐”，比例为 18.9%。从 2014 年中国网民对各类网络应用的使用率来看，搜索引擎和网络新闻仅次于即时通信，分别以 80.3% 和 79.6% 的使用率位居第二、第三位。一方面，互联网提供了海量的信息，这为网民搜寻感兴趣的信息提供了可能性；另一方面，互联网上信息的芜杂，也养成了网民获取信息的主动性。

网络新闻作为网民的基础应用，已成为网民获取新闻的主要渠道之一，使用率一直保持在较高水平。近年随着国家相关部门网络信息服务法律法规的完善、网络新闻环境的净化，网络媒体保持着强劲的发展势头。网络媒体在整合专题新闻、融合不同介质媒体新闻方面独具特色，关于任何重大新闻事件的新闻报道，几乎都能从新闻网站上找到全面的报道。另外，随着平板电脑、智能手机新闻客户端的推广，微博、微信等应用的兴起，网民获取网络新闻的渠道增多，浏览网络新闻越来越便捷。

搜索引擎的高使用率，反映了网民上网搜寻信息的主动性。相比于传统媒体，如报纸的有限版面、电视的固定信号，互联网上的信息经年累月不间断地增加。对于网民全体来说，互联网上的海量信息丰富了人们的信息来源，可谓多多益善；但对于网民个体来说，海量信息中的绝大部分与己无关，甚至是搜寻所需信息的障碍。搜索引擎犹如互联网信息海洋里的探测器，帮助网民搜索出想要的信息。特别是近年搜索引擎多元化发展以及移动互联网上移动搜索技术的成熟，满足了不同人在不同场景随时随地搜索信息的需求，使得人们搜索更方便，寻找信息的成本更低。

思考题

1. 简述互联网发明的背景。
2. 如何理解不同类型的网络传播？
3. 在互联网发展初期，承担人际传播的主要网络应用有哪些？
4. 为什么说互联网是群体传播的得力媒介？
5. 为什么说大众传播无疑是互联网上最具影响力的传播形式？
6. 网络传播展示出了哪些特性？
7. 谁是网络传播的传播者？
8. 按新闻网站所有权属性，新闻网站可分为哪些类别？
9. 官方新闻网站何以谓之“官方”？与其他新闻网站有何不同？
10. 为什么《互联网新闻信息服务管理规定》将商业门户网站认定为“非新闻单位”？这样的认定是否正确，是否公正？
11. 网络传播的受众是谁？
12. 网民有哪些共同特征？

第二章　网络新闻传播与体育新闻

第一节　体育与网络新闻传播

一、体育与新闻传播的渊源

（一）体育新闻传播的起源

体育与新闻媒体有着天然的共生互利关系，两者渊源由来已久。基于新闻与信息两个概念的不同，学界对于体育新闻传播与体育信息传播的起源有着较为一致的认识。“新闻是信息，但信息并不一定是新闻。信息的外延要比新闻的外延宽广得多，所有的新闻都是信息，但并不是所有的信息都能够成为新闻。新闻只是信息中的一部分，凡是能够帮助人们消除不确定性的东西都是信息，但只有那些新近发生的具有新意的信息才是新闻。”①

郝勤在《体育新闻学》一书中论述：体育新闻传播的发展是与人类体育活动的发展过程相对应的。体育新闻起源于对人类原始形态体育活动的信息传递和记载。有关体育信息的交流，最早是通过语言进行的。人类有关体育最早的记载，是在欧洲、亚洲、非洲等地发现的原始人类狩猎游戏的岩画遗址。真正意义的体育新闻，其出现可以追溯到公元前 776 年，古希腊人是体育新闻的创始人和早期实践者。在古代奥运会上，每届都会设专门的新闻发布官，由专人以最快的速度向各城邦传递最新的比赛消息。②

王林、饶艳、张宏伟的研究与上述观点一致：关于体育新闻的起源，“公元前 776 年古希腊召开的第 1 届古代奥林匹克运动会中第 1 次传播优胜者的记录和名声，可以看作是最早出现的体育新闻，尽管有着 293 届历史的古奥运会除了一些文物和考证所留下的优胜者的遗迹以外，并没有留下当时体育新闻的记载”③。1766 年，英国人钱德勒首次发现了古希腊宙斯神庙的遗址。此后，经过考古学

---

① 蔡铭泽．新闻传播学．广州：暨南大学出版社，2007：43－44.

② 郝勤．体育新闻学．北京：高等教育出版社，2004：13－14.

③ 王林，饶艳．体育新闻的起源及特征．武汉体育学院学报，2005（5）：114.

家、史学家们对奥林匹亚遗址的勘查和发掘，至 1881 年取得了大量有关古代奥林匹克竞技会的珍贵文物和史料。

在我国，“在云南沧源岩画、内蒙古阴山岩画以及甘肃黑山岩画上，都有射箭行猎图像。这些岩画的时代都在史前时期，最古老的箭术已经出现在中华大地上，并且利用图画的手段进行最初的传播，这是我国体育信息传播活动的开端”①。古代可能用以体育运动的器械如弓箭、石镞等在世界各地都有发掘，如中国于 1963 年在山西朔县发现了旧石器时代晚期的遗址，其中出土的一枚石镞，距今约 3 万年。“跑、跳跃是人类生存的基本能力，在原始社会，无论是追逐野兽，还是进行部落间的争斗，长途跋涉奔跑跳跃，都是不可少的。在许多原始人绘制的岩画中，都可以找到奔跑和跳跃的形象。这类图画在形式上是对人类跑、跳、投等狩猎技能的记录。”② 中国古代的体育信息传播除了岩画，还有《山海经》《列子》等史籍中关于夸父追日、后羿射日等近似神话的体育活动的记载。

上述关于体育新闻的起源，是基于“新闻是新近发生的事实的报道”这一新闻的定义而言的。但是新闻传播学关于新闻的定义仍莫衷一是，有的学者认为：新闻是经由新闻传播媒介传播的为广大受众所关心的新近发生的事实或情况的信息。这一新闻的定义强调了新闻传播的媒介，认为新闻必须经过新闻传播媒介传播，如果没有大众传播媒介的传播，事实本身并不能成为新闻。③ 如果严格遵循这一新闻的定义，那么在“公元前 776 年”，人类社会显然还没有产生大众传播媒介，当时“由专人以最快的速度向各城邦传递最新的比赛消息”，显然不能算是新闻了。所以部分学者论及体育新闻的起源，通常以体育与媒介的关系或者以古代体育传播来切入论述古代奥林匹克运动会，讳言“体育新闻”。

1896 年，第一届现代奥林匹克运动会在雅典举行。此时报纸作为大众传播媒介成熟已久。而现代奥运会从诞生之日起，就与大众传媒紧密关联。“奥林匹克之父顾拜旦本人就是一名体育新闻的好手。早在 1889 年底，他就创办了专业性的体育学术刊物——《体育运动评论》（*Revue Athletique*）。1894 年 7 月，在顾拜旦的主张下，国际奥委会的季刊《通讯》问世，这份专门报道现代奥林匹克运动最新进程，宣传与研究奥林匹克思想的刊物，为大众传媒做出了一个榜样。在顾拜旦的带动和影响下，欧洲各国及美国新闻界积极响应并大力支持，各国报刊相继发表了大量有关奥林匹克的文章和新闻。在首届现代奥运会期间，东道主希腊人为全球大众传媒做出了表率：雅典《信使报》（*Messager*）成为第一份专

---

① 张宏伟．中国体育新闻史研究．苏州：苏州大学，2008：25.

② 张宏伟．中国体育新闻史研究．苏州：苏州大学，2008：25.

③ 蔡铭泽．新闻传播学．广州：暨南大学出版社，2007：52.

门刊登奥运会信息的报纸。它不仅报道奥运会信息，还登载和解释比赛项目的规则。与此同时，欧洲与美国的各大报纸也以极大热情报道了首届奥运会。”①

（二）体育与大众传播媒介结缘

报刊、广播、电视等大众传播媒介先后出现，人类社会进入了大众传播时代。大众传播媒介渗透到人类社会生活的方方面面，自然也包括体育领域。得益于大众传播媒介的强势传播效果，体育运动的激情和魅力从有限的体育场馆辐射到了街头巷尾、千家万户手捧报纸或眼观电视的人们。

体育的功能和精神被大众传播媒介放大并美化，将之与消费社会的商品糅合到一起，并广为传播。体育成了激情、勇气、时尚的代名词；体育精神尤其是奥林匹克精神、口号、格言衍变成了人们在社会生活和工作中为人处世、谋求上进的座右铭；取得佳绩的体育运动员被大众传媒包装成万众瞩目的明星乃至英雄人物。2000 年，南非前总统纳尔逊·曼德拉向球王贝利颁发终身成就奖时说：“体育拥有改变世界的力量。体育的力量无与伦比，它能激励人民，团结人民。要打破种族藩篱，体育的力量胜过各国政府。”联合国教科文组织声称体育是和平的力量，认为体育可以促进宽容平等、社会融合及经济发展，并任命阿尔及利亚著名足球运动员、体育播音员拉巴赫·马杰尔（Rabah Madjer）为教科文组织亲善大使，旨在表彰马杰尔对体育价值观的推动。在当今社会，体育已经远远超过了体育运动的范畴，被各国政府和组织推崇到了特殊的位置，这其中除了体育自身的功能与魅力，也少不了大众传播媒介的功劳。

如今，体育与大众传播媒介相互渗透、相互影响，就像两棵攀缘在一起的橡树和凌霄花，共生共荣。

1. 报纸与体育报道的渊源

据樊海峰、郭忠云《体育新闻传播的媒体形态演变》的研究，在古代两河流域，经过社会的变迁和文化的洗礼，人们开始习惯于将体育运动记录在草纸上，以便后人观赏。通过分析这些传统图画，可以发现早期的体育活动已经被流传下来，并得以完善。最早的手抄体育新闻来自于古罗马时代的《每日纪闻》。②不过，《每日纪闻》是古代罗马政府的手抄官方公报，公布于罗马和各省公共场所，内容为公民投票、官吏任命、政府命令、条约、战争和宗教新闻。《每日纪闻》不是大众传播媒介，不是真正意义上的报纸。

第一份真正的现代型报纸是 1665 年创刊于英国牛津的《牛津公报》（*Oxford*

---

① 刘斌．体育新闻学．北京：中国传媒大学出版社，2010：265－266．

② 樊海峰，郭忠云．体育新闻传播的媒体形态演变．青年记者，2012（10）：84．

Gazette）——后改名《伦敦公报》。[①] 报纸是人类传播史上第一个出现的大众传播媒介，因此现代意义上体育报道的雏形也是在近代报纸产生后才逐渐出现的。[②]

报刊是西方报道现代体育的先行者，而户外运动、现代奥运会、现代足球以及各种各样的体育职业联赛，是西方现代体育媒体繁荣发展的润滑剂。根据威廉·尼克斯等的研究，在美国，平面媒体报道体育新闻要追溯到1773年5月5日，《波士顿公报》（*Boston Gazette*）派一名记者到英格兰去报道一场拳击比赛。1835年，纽约的三家报纸——《太阳报》（*The Sun*）、《纪实报》（*The Transcript*）、《先驱报》（*The Herald*）为读者提供体育信息，大多报道比赛的结果，这种情况一直延续到20世纪。1883年，美国著名报人普利策买下《纽约世界报》（*The New York World*）之后，在该报首设体育新闻部，配备全职体育记者报道体育新闻，由此拉开了体育新闻登上主流新闻媒体的序幕。1895年，普利策的竞争对手赫斯特在《纽约日报》（*NewsDay*）上开辟了第一个体育新闻专版。

1896年4月6日，第一届现代奥运会在雅典召开。雅典的《信使报》（*Messager*）是当时报道奥运信息的主流报纸，不少人就是通过阅读该报信息才自动报名参加奥运会比赛的。在电视诞生之前，报刊是奥运新闻的主要载体。从此以后，媒体与奥运比翼双飞。[③]

2. 广播与体育

1906年圣诞节前夜，美国人费森登和亚历山德逊在纽约附近设立了一个广播站，并进行了有史以来第一次广播。但作为大众传播媒介的真正意义上的广播诞生于20世纪20年代。美国匹兹堡KDKA电台成为世界上第一座领有执照的电台，于1920年11月2日正式开播。在网络媒体强势发展、新媒体层出的当代社会，无线电台仍是世界上普及程度最高的大众媒体，全球95%的人口可以接收到无线广播信号。

几乎与广播的诞生同步，也就在1920年，美国底特律新闻电台（the Western Union）报道了世界职业棒球大赛，同年，德州的一家电台转播了一场橄榄球赛。1921年，美国也是世界上第一家商业广播电台——美国匹兹堡KDKA电台转播职业拳击和棒球比赛。1922年，KDKA电台派出记者在美国职业棒球大联盟赛场，通过电话连接电台演播室的方式，直接向广大听众即时直播了比赛情况，令未能亲赴现场的听众一饱耳福。1930年，当地广播报道了全美16支棒球

---

① 李彬．全球新闻传播史（公元1500—2000年）．北京：清华大学出版社，2009：55－56.

② 张珂，张云，石磊．当代体育与大众传媒．北京：中国传媒大学出版社，2011：57.

③ 张德胜．体育媒体通论．广州：广东人民出版社，2006：23.

大联盟的所有比赛。[①] 广播介入体育新闻的报道，改变了印刷媒体对体育新闻一统天下的局面。

被认为是世界第一运动的足球也很快与广播结缘：1927 年 1 月 22 日，在英国伦敦海布里球场进行的英格兰联赛阿森纳队和谢菲尔德联队之间的比赛，由成立不久的英国广播公司第一次实现了无线电广播对足球比赛的转播。当时的阿森纳队长查理·布坎射进第一个由无线电传播的进球，比赛结果是 1 比 1。但联赛中的保守派和英国足协担心广播的影响，因而禁止了对足球比赛的现场转播。不过四个月之后，阿森纳又参加了由无线电直播的第一场英格兰足总杯决赛，最终阿森纳队以 0 比 1 负于卡迪夫城市队。

3. 电视与体育

电视机最早由英国工程师约翰·洛吉·贝尔德在 1925 年发明。经过多年的技术完善，1936 年，英国广播公司第一次播出了具有较高清晰度的电视图像。

1936 年，电视作为大众传播媒介，尝试报道了德国柏林奥运会，当时只有 3 部摄像机，电视信号覆盖范围半径仅 15 公里，只有 16 万左右电视观众。

1937 年 5 月 12 日，英国广播公司传播了国王乔治六世的加冕仪式，同时体育节目也广泛播放。英国的电视观众第一次见证电视广播的影响是在 1937 年的温布尔登网球公开赛。1937 年 9 月 16 日，英格兰阿森纳俱乐部一线队和预备队之间进行的比赛的一部分由电视直播，这是有史以来第一次由电视直播的足球比赛。虽然之前曾经在电影院播放过在海布里球场的拍摄画面，但这是第一次全英国人可以即时看到一场足球比赛。1938 年 4 月 9 日，在伦敦温布利球场进行的英格兰队和苏格兰队之间的比赛，是第一场由电视直播的国际足球比赛，最终英格兰队 0 比 1 不敌苏格兰队。1954 年，电视首次转播了在瑞士举行第 5 届世界杯足球赛。尽管当时是以录播的形式出现，播出的是欧洲地区的部分场次，但这标志着足球报道新时代的来临。

1964 年，在日本东京奥运会上，全球观众通过美国卫星“辛巴姆”观看奥运会现场直播，先后有近 5 亿观众收看了奥运会赛事直播。卫星电视真正使看台得以延伸，使奥运会的影响呈几何级数扩大。到了 1984 年美国洛杉矶奥运会期间，全世界每天通过电视收看奥运会比赛的人数平均达到 20 亿人次。[②]

1986 年的墨西哥世界杯转播，是中国体育赛事转播的里程碑。中央电视台第一次直播或录播了全部 52 场世界杯比赛。有一个人坚持看完了全部比赛，83 岁的邓小平创造了自己作为球迷的一项纪录。[③] 乌拉圭作家爱德华多·加莱亚诺

---

① 张德胜．体育媒体通论．广州：广东人民出版社，2006：25.

② 张德胜．体育媒体通论．广州：广东人民出版社，2006：27.

③ 电视机普及与“863 计划”．http：//news.163.com/special/00014DRO/worldcup86.html.

在《足球往事》一书中如此评价足球和媒体：谁在控制着1986年世界杯？墨西哥足球联合会？不，拜托，当然是媒体：控制它的是特拉维萨集团的副主席兼该公司国际网络主席的吉列尔莫·卡内多。这届世界杯属于特拉维萨集团，这家私有垄断公司拥有着全墨西哥人民的闲暇时间，也拥有墨西哥足球。对于特拉维萨集团和国际足联而言，没有什么比从出售比赛的欧洲转播权中赚钱更重要了。①

如今，电视是体育传播的媒介，电视转播费也已经成了各体育协会、体育俱乐部等体育组织最重要的收入来源之一。据报道，英格兰足球超级联赛2013至2016赛季的转播权合同价值55亿英镑。2012—2013赛季，曼联因为夺取英超冠军而获得了6 080万英镑的电视转播分成。② 据西班牙数据网 Futolfinanzas. com统计，皇马和巴萨是目前世界上获得电视转播收入最高的两支球队，2013赛季皇家马德里俱乐部的转播收入为1. 784亿欧元，巴塞罗那俱乐部的转播收入为1. 76亿欧元。

奥运会的电视转播收益更是惊人。前任国际奥委会主席罗格在一次国际奥委会会议上提到，2010年至2012年的电视转播权收入总额为39亿美元，2014年到2016年国际奥委会有36亿美元的电视转播合约，这一金额还将会达到并超过40亿美元。国际奥委会还同意把截至2020年的奥运会在美国的转播权以43. 8亿美元出售给美国的全国广播公司。③ 国际奥委会是奥运会全球转播权的拥有者。电视转播不仅传播了奥运会和奥林匹克价值观，电视转播收入直接为奥林匹克运动的推广和奥运会的举办提供资金。

体育赛事转播是电视和体育关系的枢纽，是体育与电视乃至所有大众传播媒介共生互利关系最直接的体现。

二、网络新闻传播与体育新闻

（一）网络新闻传播的起源

互联网与新闻传播并没有与生俱来的联系。互联网的诞生源于军事应用，随后互联网在科研领域的应用也仅限于数据传输，一直到互联网广为民用之后，以人际传播为主要功能的电子邮件在很多年都是居于首位的互联网应用。

---

① 爱德华多·加莱亚诺．足球往事：那些阳光与阴影下的美丽和忧伤．张俊，译．桂林：广西师范大学出版社，2010：222.

② Martyn Ziegler. New Premier League TV deal promises? 100m prize money for next season's title winners. http://www. telegraph. co. uk/sport/football/competitions/premier - league/10072297/New - Premier - League - TV - deal - promises - 100m - prize - money - for - next - seasons - title - winners. html.

③ 金鹏飞．国际奥委会生财有道　转播赞助两项收入持续增加．http://www. chinanews. com/ty/2012/07 - 25/4058381. shtml.

互联网并非先天用以新闻传播。"专门满足军事需求的发明为数不多，互联网是其中之一。它是美国国防部前沿科技项目署实验室的科研人员发明的。究其原因，发明它是出于忧虑和实实在在的恐惧，一旦敌对双方用核武器互相攻击，通信和计算机网络的安全就会出问题。"[①] 1969年阿帕网的发明只是出于军事目的，与新闻传播无关，如同造纸术和印刷术的发明传播了知识，传承了文明，但并不代表人类进入大众传播时代。但是随着互联网的技术发展和广泛应用，尤其是万维网的发明，互联网在信息传播方面展现出的优势与新闻传播的属性犹如磁铁的两极，迅速而紧密地吸附到了一起。互联网从军用转为商用、民用，从发明之初到为新闻传播所用，其间不过短短十几年的时间。在新闻业高度发达的现代社会，新闻工作者很快发现互联网在新闻传播方面潜在的巨大能量。

最初的网络新闻，主要是以电子邮件、邮件列表、电子公告牌、新闻组等表现形式进行传播的。网络新闻的起源，可上溯到电子邮件（E-mail）。[②] 以电子邮件、邮件列表等形式呈现的网络新闻，除了具备网络新闻快速高效、多媒体等优势之外，还因其提供个性化的新闻内容定制，使用户可以自主地定制自己感兴趣的领域的新闻，这改变了传统的被动地全面接受新闻的方式，使得用户获取信息的效率大大提高，订阅新闻的兴趣浓厚，因此这些早期的网络新闻样式受到网民的欢迎。早期的网络新闻传播夹杂在各类信息传播当中，到底哪一份邮件最早传播新闻、哪一个论坛最早发布真正有新闻价值的信息，已经无从可考。如果为网络新闻传播追本溯源，那么从1987年开始在网上发布新闻的来自美国加利福尼亚州的《圣何塞信使报》（*San Jose Mercury News*），无疑是世界上第一家通过互联网传播新闻的媒体。其时该报在互联网上发布的只是文字信息，直到1992年，《圣何塞信使报》发布电子报。

随着互联网的成熟和迅速扩展，尤其是20世纪90年代中期万维网和浏览器的推出，上网用户大幅增加。1994年，互联网作为一种革命性媒介和新闻信息载体开始崭露头角，从这时起，一些通讯社、电视台和报社，如美联社、路透社、美国有线新闻网（CNN）等，都抢先登录互联网，在网上提供新闻和经济信息服务。它们将原本由传统媒体渠道发布的新闻信息也用网络进行传播，并利用网络特有的海量存储和交互性等优势，逐渐形成网络新闻传播的特色，且影响越来越大。[③]

---

① 怀特．战争的果实：军事冲突如何加速科技创新．卢欣渝，译．北京：生活·读书·新知三联书店，2009：289.

② 蒋晓丽．网络新闻编辑学．北京：高等教育出版社，2012：3.

③ 蒋晓丽．网络新闻编辑学．北京：高等教育出版社，2012：2.

在中国，首先进行电子化尝试的是一家地方报纸——《杭州日报》。1993 年 12 月 6 日，《杭州日报·下午版》通过该市的联机服务网络——展望咨询网——进行传输，从而拉开了中国报纸电子化的序幕。当然，在中国尚未与国际互联网络连接的情况下，它在技术上很幼稚，影响十分有限。1995 年 1 月 12 日，由国家教委主办的《神州学人》杂志正式通过互联网发行它的《神州学人周刊》（*CHISA—China Scholars Abroad*）电子版，杂志的封面由鲜艳的五星红旗和醒目的“神州学人”字样组成。《神州学人》是我国第一家走上互联网的媒体。①

自此，互联网好似一张实实在在铺设开来的大网，迅猛地蔓延到地球各个角落，网络新闻也随之传播到全球。虽然近年网络新闻的网民使用率有所下降，失之东隅，收之桑榆，诸如微博、微信等社交网络和搜索引擎等互联网应用融合了互联网上的新闻服务；另外，智能手机、平板电脑等移动终端上的新闻客户端等应用，也丰富了网络新闻的传播样式，拓宽了网络新闻的传播渠道。事实上，网络新闻在网络传播中的比重有增无减。据中国互联网络信息中心的调查显示，截至 2016 年 6 月，我国网络新闻用户规模为 5.79 亿，网民使用比例为 81.6%，在各类网络应用的使用率中排名第三，仅次于即时通信和搜索引擎。网络新闻作为网民的基础应用，已成为网民获取新闻的主要渠道之一，使用率一直保持在较高水平。

（二）网络体育新闻：体育与互联网结缘

如今很难发掘出互联网上第一条报道体育内容的新闻，但重大体育赛事网络传播的历史有迹可循。

1. 世界杯、奥运会试水互联网

1994 年美国世界杯举办之际，互联网还是一个新生事物，那时的互联网主要应用在世界杯的服务和支持系统上，普通球迷还很难通过互联网了解到世界杯的报道。但作为一个新生事物，互联网已为世界杯的举办起到了重要作用。②

奥运会也很快与互联网联系到了一起。早在 1995 年 4 月 11 日，奥运会主办单位就同 IBM 公司合作推出了奥运网站，提供与奥运相关的影音文件、37 个比赛场馆的介绍和立体图像、赛程等。在 1996 年亚特兰大奥运会上，互联网被首次引入比赛组织管理系统和转播中。拥有奥运独家转播权的美国全国广播公司（NBC）也不惜投入重金通过互联网转播比赛。NBC 将奥运的视频、文字等信息发布到互联网上，使奥运迷们首次可以不受时间及空间等因素的限制，随心所欲地观看比赛。事实上，1996 年的互联网仍然处于初期发展阶段，当时无论在基

---

① 彭兰. 中国网络媒体的第一个十年. 北京：清华大学出版社，2005：23-24.

② 吴涛. 世界杯网络传播发展回顾及前景展望. 体育成人教育学刊，2008（4）：13.

础设施、网络环境还是内容提供等方面，互联网都还是一项新技术，大多数人对互联网一无所知。对大众来说，他们更青睐通过传统的媒介观看奥运盛会。尽管如此，亚特兰大还是在市场需求不大的情况下将互联网这个新媒体引入了奥运会。此次应用是一次划时代的尝试，并由此开启了网络奥运的新时代。①

2. 中国的网络体育新闻报道

在中国，互联网报道体育新闻与商业门户网站新浪网的发轫有着密切的关联。1996 年 6 月，新浪网的前身四通利方网站开通；8 月，四通利方体育沙龙 BBS 开通。1997 年，四通利方体育沙龙以帖子的形式报道中国足球甲 A 联赛的比分，体育沙龙的版主和网友把各地比赛的信息发布到论坛上，使得球迷通过互联网就可以即时地获知甲 A 联赛比赛过程和结果，而不必等到晚间播出的电视体育新闻，这弥补了传统媒体报道体育新闻滞后的缺陷，大大提高了体育新闻传播的时效性。一直到今天，论坛都是体育迷讨论体坛热点的自由言论场所，各大论坛的体育板块发布各类小道消息和评论，与主流媒体正统的体育新闻报道相映成趣。论坛在体育新闻传播中的功能不容小觑。

1997 年 9 月 13 日，中国足球队冲击法国世界杯的亚洲区预选赛十强赛的第一场比赛在大连进行，中国队最终 2 比 4 不敌伊朗队。四通利方网站首次用多媒体网上直播体育比赛，开创了网络直播体育比赛的先河。四通利方网站的访问人数陡增，确立了中国第一足球网站的地位。

1997 年 10 月 31 日，中国队在主场大连金州参加世界杯亚洲十强赛，对阵卡塔尔队，该场胜负将决定中国队是否获得进军法国世界杯的资格。结果这支由戚务生带领的球队再次败于主场，中国队第六次冲击世界杯失利。比赛结束之后，无数球迷伤心之至，欲哭无泪。11 月 1 日凌晨 2 点 15 分，网友老榕在四通利方体育沙龙发表了《10 · 31：大连金州没有眼泪》的帖子，这则帖子仅在 48 小时之内就被体育沙龙的读者阅读了两万多次，是中国互联网历史上迄今最有影响的中文帖子之一。它使传统媒体第一次真正意识到了网络、网友和网络文化的存在与影响。这才是真正鲜活的“民间语文”，与多少带有“职业八股”色彩的媒介报道相比，更能让人感到“活生生”的气息。②

1998 年法国世界杯前，互联网技术逐步突破新技术临界点，从实验室走向大众。与历届杯赛不同的是，法国世界杯吸引了国家信息产业界的大规模参与，惠普、法国电信等公司围绕世界杯建成了颇具规模的网上应用系统。法国人建立了世界杯史上第一个官方网站 www. france98. com 或 www. world-cup98. com。网站

① 王晓东. 奥运会网络传播发展的历史回顾及前景展望. 武汉体育学院学报，2006（5）：36.

② 陈彤，曾祥雪. 新浪之道：门户网站新闻频道的运营. 福州：福建人民出版社，2005：17 – 18.

提供持续更新的新闻服务、赛事安排，以及世界杯的历史介绍和世界杯开赛以来所有进球记录。①

法国世界杯期间，互联网上已经出现大量中文世界杯站点。据不完全统计，至少有30家中文站点通过互联网报道法国世界杯。1998年5月，四通利方开通“法国’98足球风暴”网站，并且获得了法国世界杯官方站点承认，成为获得法国世界杯官方站点认可的唯一世界杯中文站点。世界杯期间，四通利方上的世界杯足球赛消息要比很多传统媒体的消息早12个小时到24个小时。四通利方成为世界杯报道中最有影响力的中文网站，网站的影响开始从球迷向媒体迅速蔓延，全国的媒体特别是体育媒体开始纷纷关注这个网站。② 网络媒体不仅体现了自己在体育报道中信息传递更加快捷、方便和互动性强的特点，更把足球这项体育运动的激情、魅力传播至每一个体育爱好者身上，扩大了足球在中国的影响力。在这次网络媒体的报道中，新浪网、中华网、ChinaByte三家媒体表现不俗，被称为“98世界杯网络三剑客”。网络媒体体育新闻传播打破了传统媒体的垄断地位，并且有着光明的发展前景。③

3. 互联网全面报道重大体育赛事

互联网对体育赛事传播的强势介入，一度让国际奥委会等体育组织为手中紧捏的电视转播权益而忧虑。2000年悉尼奥运会，国际奥委会虽然加强了官方网站的建设，支持悉尼奥运会组委会和IBM公司合建以悉尼奥运会为主题的网站，授权NBC创建主要面向美国体育爱好者报道奥运会内容的网站，但是国际奥委会没有授权给其他任何网站报道悉尼奥运会动态画面和声音资料，网络转播比赛更是被严格限制和禁止。因为网络转播会分流一些收看电视转播的观众和电视广告商，这会损害国际奥委会与电视转播机构的关系。

到2004年雅典奥运会，坚冰终于打破！国际奥委会首次准许十多家广播公司在线转播，这是奥运新闻转播的一次重大突破。本次网上直播的时间长度受到严格限制，以保护利润丰厚的广播转播合同。转播奥运会节目的网站必须采取技术手段，以屏蔽本国以外观众看到这些节目。④ 早在1996年互联网已经尝试报道奥运会新闻，但是直到8年后的雅典奥运会，互联网才得以名正言顺地转播奥运赛事，前提是支付高额的转播费用。

随着网络环境与技术条件的不断发展，互联网以其信息传播的即时性以及与

---

① 吴涛．世界杯网络传播发展回顾及前景展望．体育成人教育学刊，2008（4）：13－14.

② 陈彤，曾祥雪．新浪之道：门户网站新闻频道的运营．福州：福建人民出版社，2005：24.

③ 李刚．新浪网体育新闻传播研究．郑州：郑州大学，2013：6.

④ 王晓东．奥运会网络传播发展的历史回顾及前景展望．武汉体育学院学报，2006（5）：36－37.

受众之间的互动性，成为电视之后的新兴媒体。2008 年北京奥运会，国际奥委会首次将奥运会新媒体转播权同电视转播权进行分拆，各自打包进行招标，这标志着体育赛事传播新媒体时代的到来。中央电视台的新媒体平台——央视网，首次成为奥运会官方互联网/移动平台转播机构。

新旧媒介间的壁垒和利益纠葛终究会被互联网的大潮推翻，如今，互联网与电视一样成为包括奥运会和世界杯在内的重大体育赛事传播的主要媒介。重大体育赛事的新媒体转播权与电视转播权或分开销售或捆绑销售，转播权的销售收入是体育组织盈利的主要来源。某些国家和地区职业联赛的新媒体转播收入已经超过了电视转播收入。“中央电视台从国际足联购买 2010 年和 2014 年两届世界杯转播权，花费大约 1.2 亿美元。国际足联授予央视的除了电视转播权还有新媒体转播权。2010 年世界杯前夕，土豆、优酷等 6 家视频网站各以 1 500 万元的代价，获得央视新媒体央视网世界杯视频转播权，借此央视获利近亿元。”[①]

2014 年，央视国际网络有限公司（CNTV.cn /CCTV.com）独家享有在中国大陆地区通过互联网、手机移动、IPTV 等新媒体平台对 2014 年巴西世界杯进行转播的权利。据央视索福瑞统计，在 64 场比赛中，电视端与网络端均吸引了相当规模的观众。平均每场赛事的电视直播（仅首播）观众达到 2 157 万人，网络直播用户规模平均为 376 万人，其中冠军赛德国对阿根廷的网络用户规模达到最高，为 902 万人。电视直播（仅首播）收视率平均为 0.68%，最高收视率出现在冠军赛德国对阿根廷赛事中，为 2.07%；网络直播收视率平均为 0.11%，最高收视率出现在小组赛阿根廷对伊朗赛事中，为 0.40%。从收视时长看，平均每场赛事的电视直播（仅首播）与网络直播的人均收视时长分别达到了 49.2 分钟和 48.3 分钟。德国队和阿根廷队的决赛，最高同时在线人数约为 588 万人，人均收视时长为 92.4 分钟；CNTV 网站当天点播用户规模接近 605 万人，累计点播次数超过 996 万次。[②]

与奥运会、世界杯并称“世界三大体育盛事”的 F1 也向新媒体敞开怀抱。2014 年 7 月，F1 正式授权乐视体育成为其中国大陆地区独家新媒体转播权持有商，这是 F1 在全球首次释放新媒体转播权。

4. 体育与互联网结缘的必然性

我们可以将互联网发展初期国际奥委会、国际足联等体育组织对于体育赛事电视转播权的把控，视为保守势力对于互联网的戒备。而互联网上不断出现的对

---

① 央视世界杯转播能赚多少钱？. http://www.bwchinese.com/article/1013507.html.

② 德国绝杀阿根廷夺冠 世界杯多屏收视创新高. http://www.csm.com.cn/index.php/Home/News/show/id/347.html.

于体育赛事的未经授权的转播，表面上是非法机构利益所驱，实质上是网民对于互联网转播体育赛事的强烈需求，这正反映了互联网对于体育源自内在的渴望。

有调查显示，互联网早已成为体育受众接触体育信息的重要媒体，53.3%的体育受众表示会通过互联网接触体育信息，而且这些互联网选择者中的30%是每天通过互联网接触体育信息。[①] 国际体育商务出版编辑菲尔认为："体育节目中包含所有经典的幻想元素：名人、剧情、宿怨、格斗以及部族忠诚，因此观众从未减少对体育节目的喜爱。"体育与互联网密切关联也正是两者日益发展的大势所趋。随着各类新媒体设备的发展、网络技术的进步以及体育迷观赛习惯的改变，体育组织对于体育赛事的新媒体转播权愈加重视，新媒体转播权也不再是电视转播权的附赠品，其市场价值可能超过电视转播权。

第二节　网络体育新闻传播的渠道

网络新闻传播的形式多种多样，早期的网络新闻以电子邮件、邮件列表、电子公告牌等形式进行传播，随着网络技术应用的发展，网络新闻传播不但有了更多的形式，还开拓了更多的传播渠道。新闻网页一直是网络新闻传播的主要渠道和载体，网络视频以及微博、微信等社交网络则为网络新闻传播提供了新的平台，平板电脑和智能手机等移动终端的新闻客户端则是网络新闻传播的新渠道。

一、新闻网页

网页是网站的基本元素，是承载各种网站应用的平台。网站就是由网页组成的，网民上网打开一家网站直接面对的就是网站的网页。文字与图片是构成网页的最基本的元素。新闻网页除了新闻标题、文字、图片等内容，还包括视频、动画、广告、程序、超链接、导航栏等其他组成元素。

新闻网页可以承载数以万计的文字，插入高像素的精美图片，传递的信息量超过报纸的数个版面。新闻网页的设计可以直接表现网络媒体的视觉形象，卓越的网页版式设计给网友耳目一新的感觉，这对网络媒体提升企业形象、塑造品牌价值、维持受众忠诚度有着重要的意义。在网络新闻编辑过程中，新闻网页尤其是网络专题新闻报道中的一系列网页，既给予了网络新闻编辑发挥主观能动性进

---

① 奥运影响下的中国体育受众变化趋势分析. http://www.csm.com.cn/index.php/knowledge/showArticle/kaid/868.html.

行设计的空间，同时，经过长期编辑实践之后固定并沿袭下来的新闻网页版式，也提高了网络编辑的工作效率，适应了受众浏览网页的习惯。

体育新闻报道通常需要大量的文字对体育赛事前后及比赛过程进行细致的描述，更需要以大量图片展现体育的魅力，万众瞩目的精彩体育赛事必须有赛事直播满足体育迷的观赛需求。大多数报纸体育版版面有限，无法详尽报道各类体育赛事；电视也受播放频道和播放时间限制，转播的体育赛事有限；新闻网页完全打破了传统媒体体育新闻传播所受到的版面和时间上的限制，对于新闻稿件字数几乎没有限制；一个新闻网页即可容纳一组高清新闻图片供网友切换浏览；浏览器安装插件之后，新闻网页可以像电视机一样直播体育比赛。一个看似简单的新闻网页，集纳了人类所发明的一切传播媒介的优势功能。在网络技术日新月异的今天，新闻网页仍是网络新闻报道最为厚实的载体。

图2－1 《恒大2回合3－3压首尔首夺亚冠 创中国足球历史》新闻网页截图（部分）

我们在这里以腾讯体育2013年11月9日一篇《恒大2回合3－3压首尔首夺亚冠　创中国足球历史》的体育新闻报道为例（图2－1），解析一个体育新闻报道的新闻网页的构成元素。《恒大2回合3－3压首尔首夺亚冠　创中国足球历史》全文有1 905字，嵌入网页的体育赛事集锦视频1个，比赛数据分析图片1张，相关新闻的超链接31个，另有网友评论、彩票投注、视频推荐、各类形态的广告以及各类功能应用推荐等。与这条新闻相关的亚冠赛事的新闻、图片、视频等资讯，可以通过这一个新闻网页一网打尽，新闻网页在体育新闻报道中的优势尽显。

网页承载的网络新闻报道并非全部以新闻网页的形式表现出来，另如

BBS 论坛中的网页（如果内容是新闻而不是其他信息）同样可以传播网络新闻，各类社交网站的网页虽不能称作新闻网页，但它们可以同新闻网页一样在互联网上传播新闻。

另外需说明的是，随着网络技术的发展，“网页”这一概念的内涵和外延也在变化，我们在这里论及的网页既是指使用浏览器在电脑上打开的网页，又是指用手机上网打开的各类网页，也包括用平板电脑等移动终端上网打开的网页。事实上，随着移动互联网的发展，人们越来越倾向于选择轻巧的手机等移动终端上网。最新的调查显示，“手机浏览器成为网民接入移动互联网的主要入口，用户使用手机浏览器的频率较高，75.6% 用户每天都使用，其中 63.3% 用户每天使用多次”①。

虽然连接各类网页的网络以及网页的形态不尽相同，但其网络技术本质及其在网络新闻传播中的功用是相同的。

二、新闻客户端

客户端（Client）或称为用户端，是指与服务器相对应，为客户提供本地服务的程序。除了一些只在本地运行的应用程序之外，一般安装在普通的客户机上，需要与服务端互相配合运行。常用的用户端如万维网使用的网页浏览器，收寄电子邮件时的电子邮件客户端，以及即时通讯的客户端软件等。对于这一类应用程序，需要网络中有相应的服务器和服务程序来提供相应的服务，如数据库服务、电子邮件服务等，这样在客户机和服务器端，需要建立特定的通信连接，来保证应用程序的正常运行。

本书所论及的是新闻客户端，主要指移动新闻客户端，即安装于智能手机和平板电脑等移动终端，以传播新闻内容为主要功能的客户端。新闻客户端一般可通过手机下载或电脑下载的方式给智能手机、平板电脑等移动终端设备安装使用，支持当前国内外流行的智能手机、平板电脑的操作系统，如 Android、Symbian、Windows Phone 等系统以及苹果 iPhone 系列手机、iPad 平板电脑等。新闻客户端主要功能是浏览和订阅新闻等内容。新闻客户端传播的内容一般不是单独采编制作，而是来自新闻客户端所属的或合作的各类新闻网站、商业门户网站或传统媒体。新闻客户端只是为原有的新闻内容开辟一个新的传播路径。随着网络技术的发展和用户习惯的改变，新闻客户端的功能也在不断扩增，搜狐新闻客户端、新浪体育客户端等已经整合了体育赛事视频直播功能，未来的新闻客户端有

① 中国互联网络信息中心．中国互联网络发展状况统计报告（2014 年 1 月）．

图 2－2 搜狐新闻客户端的新闻订阅界面

可能将即时通信、社交功能、在线直播、电子商务与传播资讯整合到一起。

（一）新闻客户端的新闻传播特点

1. 使用便捷，更新即时

20 世纪 60 年代，加拿大传播学者马歇尔·麦克卢汉提出过“媒介是人的延伸”的观点，任何媒介都是人的某种功能的延伸，比如书本是人的视觉的延伸，广播是人的听觉的延伸，电子媒介是人的中枢神经系统的延伸。人类通过不断地创造新技术扩展了自己的身体与能力。麦克卢汉对于媒介的定义非常宽泛，媒介既包括我们所熟知的大众传播媒介，也包括服装、住宅、自行车等，媒介可以囊括一切技术。

我们对麦克卢汉关于媒介的定义且不细究，在各类新媒体涌现的现代社会，每个人对“媒介是人的延伸”这一理论都有切身体会。手机、平板电脑等移动终端因其方便携带，功能与电脑趋同，越来越成为人们生活工作中不可或缺的一部分。最新的调查显示，2016 年，94% 的中国用户将手机和平板电脑端作为“获取资讯的途径”，62% 的用户将手机和平板电脑端作为“最常获取资讯的途径”。移动端已经成为人们最重要的资讯来源途径。① 钱包、钥匙、手机是现代社会中的人出门必带的三样物件，而回到家里，人们可以放下钥匙和钱包，但手机仍难离手。即便放下手机，人们也随时可能被手机铃声召唤。顾名思义，“手机”的命名与麦克卢汉所言的“媒介是人的延伸”非常契合——时刻掌控在人类手中的一台轻巧而智能的机器，如同人类身体额外延伸出来的一部分，人类生活已经离不开这台小小的掌控在手中的手机。如果说人们通过报纸、广播、电视获取新闻仍然与这些媒介存在一种空间上的距离感，那么通过手掌里握着的手机浏览新闻，则完全消弭了那种距离感——手机随时随身携带，几乎不受时间和空间所限，人们可以在任何地点、任

① 艾瑞咨询．新闻资讯渠道价值研究报告（2016 年）．

何时间拿出手机获取新闻资讯。

互联网与手机技术的结合，使得手机的功能向电脑靠拢，人们通过手机获取新闻信息的方式也很多，如短信、手机报、手机网页、微博、微信等。但在现阶段，手机报、手机网页等获取资讯的方式已经过时，微博、微信越来越注重社交功能，新闻客户端成为手机用户获取新闻的首选。据最新的调查显示，“68.5%的手机用户在一年内使用过新闻客户端，84.2%的人使用新闻客户端的目的是获取新闻资讯”①。

新闻客户端应用程序的下载、安装及使用更是简单便捷，能够熟练使用智能手机的人都可以轻而易举地学会使用新闻客户端。新闻客户端甚至还弥合了中老年人和电子计算机、互联网之间的数字鸿沟，操作键盘和鼠标或许会让部分中老年人望而却步，以一根食指点击手机或平板电脑的触屏就简单得多。艾瑞咨询的调查显示，75.5%的用户认为选择获取资讯途径最主要的考虑要素就是“资讯获取方便”；相比较而言，仅有37.5%的人认为“内容可信度高”是主要考虑要素。②

人们通过新闻客户端获取新闻的速度在各类网络新闻应用中也首屈一指，一方面是因为新闻客户端的新闻内容更新及时，另一方面正是因为人们手机不离手，或者在听到资讯通知声响后便捷地拿起手机浏览新闻。新闻更新的即时性是新闻客户端用户体验非常重要的衡量标准，目前主流的新闻客户端如搜狐新闻客户端、腾讯新闻客户端、人民新闻客户端等用户满意度都比较高，“整体满意度水平超过60%”③。

2. 碎片化阅读迎合受众阅读习惯

互联网为人们呈现海量的信息，先进的终端设备使人们自由地获取信息，技术的变革潜移默化地改变了人们的生活习惯，包括阅读习惯。随着电子媒介的普及，人们发现自己已经没有耐心静坐一下午读完一本书，宁愿坐在电脑前或握着手机蹉跎时光。传媒技术的发达，网络信息的泛滥，为碎片化阅读创造了条件，因为人们既不可能接受全部海量信息，又不可能对一切信息置若罔闻，所以，利用碎片化的时间进行碎片化的阅读是人们折中的选择。碎片化阅读的利弊我们不在此讨论，但惯用电子媒介的人们已经养成碎片化阅读习惯却是事实，甚至某些人由此患上信息饥渴症——大量时间和精力消耗在电脑、手机上以获取新闻资讯等各类信息，即便这些信息对他们来说可有可无，甚至毫无意义。

---

① 北京赛诺市场研究有限责任公司. 手机新闻客户端用户研究报告（2013年12月）.

② 艾瑞咨询. 新闻资讯渠道价值研究报告（2016年）.

③ 北京赛诺市场研究有限责任公司. 手机新闻客户端用户研究报告（2013年12月）.

受众的碎片化阅读习惯给网络应用市场带来了商机。微博客户端、新闻客户端等应用正是迎合了用户碎片化阅读习惯，人们可以利用在公交、电梯、如厕等一切琐碎的时间，借助客户端应用来打发时间。尤其是包括传统媒体在内的各类媒体纷纷涉足移动互联网，开发新闻客户端，而且新闻客户端日益完善的用户体验，频繁的新闻资讯推送，使受众日渐喜好上这种阅读资讯的模式，以至于原本碎片化时间里的阅读，扩展成了人们利用大块时间来进行碎片化的阅读。

3. 订阅新闻满足受众获取个性化资讯的需求

订阅新闻是新闻客户端必备的功能模块，订阅新闻的多少也意味着新闻客户端新闻内容来源的充实与否。订阅新闻将受众被动阅读新闻的模式变革为受众主动获取感兴趣新闻的模式。新闻客户端订阅的新闻内容宽泛且分类细致。新闻客户端通常将受众阅读新闻的兴趣细分为多个大类，如军事、科技、财经、体育、娱乐、休闲、时尚、汽车等领域，每个新闻领域之下又分列各类媒体提供的新闻内容，比如搜狐新闻客户端提供的体育类新闻资讯有来自：虎扑体育、虎扑篮球、虎扑足球、央视第5频道、U体育、搜狐体育、中超资讯、F1资讯、爆棚足球等，以及知名体育评论员的新闻评论。个性化订阅帮助受众从海量资讯的苦海中逃离，只订阅自己感兴趣的新闻，而且借助新闻客户端细致贴心的设计——最新资讯提醒、订阅新闻提醒、体育赛事提醒等设置，不会让受众错过任何一条感兴趣的新闻或直播。

（二）新闻客户端市场以及体育新闻客户端

1. 新闻客户端市场

新闻客户端种类繁多，且适用于当前多种流行的手机、平板电脑操作系统，我们打开苹果手机中的App Store，其中较受欢迎的免费新闻客户端有搜狐新闻、腾讯新闻、凤凰新闻、网易新闻、新浪新闻、百度新闻、央视新闻、人民日报、南方周末、南方人物周刊、都市快报、21世纪经济报道、华尔街日报—中国、FT中文网、BBC中文网、新加坡联合早报、环球时报、中国日报、参考消息、中新网、胶东在线、爱青岛（青岛市广播电视台）、苏州新闻等，不胜枚举。设有新闻客户端的既有网络媒体也有传统媒体，既有中央媒体，也有地方媒体，既有国内媒体也有国外媒体。

搜狐新闻客户端一度是国内最受欢迎的新闻客户端，也是国内首个用户数过亿的新闻客户端。截至2014年初，搜狐新闻客户端“覆盖用户1.85亿，总订阅量突破8.2亿”①。新闻客户端市场竞争非常激烈，各类客户端的下载量等排名

① 谢睿，卿丹．搜狐发力移动端 欲申请虚拟运营商牌照．南方都市报，2014－01－15（GC09）．

时有变化。艾媒咨询最新发布的调查数据显示，2016 年上半年中国新闻客户端活跃用户分布排行，腾讯新闻、今日头条以 42.8%、32.6% 的占比排名前两位，网易新闻、搜狐新闻、新浪新闻、凤凰新闻、百度新闻依次排列其后。[①]

在新闻内容方面，新闻客户端提供给受众阅读的内容不仅仅局限于母体媒体的新闻，还有来自万千合作媒体以“订阅模式”供受众选择订阅的新闻。以搜狐新闻客户端为例，截至 2013 年 4 月，搜狐新闻客户端全媒体平台合作媒体 550 多家，总订阅量突破 4.5 亿，其中《央视财经》《参考消息》等媒体刊物超过千万订阅量，《南方周末》《人民日报》《意林》《读者》等媒体刊物超过 500 万用户订阅量。到 2014 年初，搜狐新闻客户端入驻媒体和自媒体总数超过6 000 家，其中自媒体已超过 3 000 人。搜狐新闻客户端 2010 年底首创的“搜狐早晚报”，拥有 1 亿订阅用户，而订阅量超过 500 万的刊物数量已经达到数十家。入驻搜狐新闻客户端的自媒体活跃度也持续增加，发布文章超过 5 万篇。

2. 体育新闻客户端

体育新闻是新闻客户端新闻传播的重要内容。如同新闻网站的频道设置，几乎所有知名的新闻客户端都有体育频道。另外，新闻客户端的新闻订阅中也少不了各类体育媒体的体育新闻内容。如前文所述的搜狐新闻客户端订阅新闻的来源有：虎扑体育、央视第 5 频道、U 体育等。腾讯新闻客户端中的新闻订阅来源有：NBA 星播客、体坛周报、十事谈、深度、虎扑体育网等。

专门的体育新闻客户端也有不少。擅长体育新闻报道的新浪网在这方面走在了前列，新浪体育有 4 个体育类客户端：新浪体育客户端、足球中国客户端、英超视频客户端和欧冠视频客户端。据易观智库的调查，2013 年 12 月移动体育资讯类 App 活跃用户数排名中，新浪体育客户端以 370.4 万活跃用户位居榜首。[②]新浪体育客户端全面报道体育新闻；视频新闻涵盖集锦、录播、策划、进球等 10 余种类型，视频直播点播赛事覆盖 NBA、欧冠、英超、意甲、西甲、中超、亚冠、足协杯、英格兰足总杯、欧洲超级杯；还有丰富的比赛数据，每项赛事提供全部球队排名，涵盖足球、篮球等 10 余单项榜单，每场比赛提供全面数据统计，平均每个球员提供 10 余项数据统计。（图 2－3）足球中国、英超视频、欧冠视频客户端分别包括中超、亚冠、足协杯视频直播及点播，英格兰超级联赛视频直播及点播，欧洲冠军联赛全程视频直播及点播。

① 艾媒咨询集团.2016 上半年中国手机新闻客户端市场研究报告.

② 易观智库.体育品牌大年即将来临　体育 App 迎来契机.http：//weibo.com/1716314577.

图 2－3　新浪体育客户端页面截图

另外，商业门户网站如腾讯网有腾讯体育、企鹅直播等体育类客户端。搜狐网没有特设体育类客户端，但搜狐新闻客户端集万千内容于一身，有搜狐体育、搜狐篮球、搜狐足球、搜狐网球、搜狐高尔夫、中超资讯、F1 资讯等可供订阅的体育类新闻内容。

专业体育网站如虎扑体育有 3 个客户端——虎扑体育客户端、虎扑看球客户端、虎扑新声客户端，支持 Android 系统和苹果系列手机、平板电脑。虎扑体育客户端的主要功能有：随时浏览论坛帖子；发布回帖，点亮回帖；通过“我的版块”快速访问自己常去的版面。虎扑看球客户端的主要功能有：提供 NBA、中超、欧冠、五大联赛直播、新闻、视频等，用户看直播的同时参与即时竞猜，赢取奖品；还可以设置关注球队，可接收所关注比赛的赛况通知；同时从用户体验出发，采用智能增量更新模式，流量耗费比同类软件节省 80% 以上。虎扑新声客户端的主要功能有：跟踪报道 NBA、CBA、足球、F1、网球等赛事新闻；直播知名运动员的 Twitter、微博更新；提供热门体育事件的深度专题、专栏；与好友线上互动交流。

中央电视台体育频道在 App Store 有 5 款客户端：央视体育、CNTV5 + VIP、直播大全、体坛快讯、CNTV－篮球公园，其中后两者是收费客户端，价格是6元人民币。《篮球公园》是中央电视台主办的以篮球为主题的体育节目，节目内容涵盖娱乐篮球、NBA篮球、世界篮球等；体坛快讯客户端则是央视体育频道一档体育新闻栏目——《体坛快讯》的新闻客户端应用，提供《体坛快讯》栏目的点播服务，但不包括直播服务。据易观智库的调查数据，2013年12月移动体育资讯类App活跃用户数排名中，央视体育客户端以62.9万活跃用户位居第二。

由其他媒体或个人制作发布的体育类新闻客户端有中国乒乓、爱看体育、足球直播、2012年欧洲杯、意大利足球甲级联赛、欧洲冠军联赛、欢呼中超客户端等。

三、微博、微信等社交类应用

社交网站是指狭义的社交网站，即与美国的Facebook网站形态和功能类似的、基于用户真实社交关系从而为用户提供一个沟通、交流平台的社交网站，这些网站一般鼓励用户尽可能提供真实信息。在中国这类网站主要包括QQ空间、朋友网、人人网、开心网、豆瓣网、微视、啪啪等。社交类应用是泛指以社交功能为基础的互联网应用，包括狭义的社交网站、微博、即时通信工具、博客等互联网垂直应用。① 社交类应用产生至今，一直是互联网应用主角，并且在不断变化发展之中。简而言之，社交网站为网友在互联网上提供一个交流沟通的平台，它的主要功能是社交，但这不是它唯一的功能。

（一）作为新闻传播渠道的社交类应用

在三大类社交应用中，整体网民覆盖率最高的为即时通信，其次为社交网站，最后为微博。即时通信在整体网民中的覆盖率达到了89.3%，社交网站（包含QQ空间）覆盖率为61.7%，微博覆盖率为43.6%。覆盖率是指过去半年使用过某互联网应用的人数占整体网民数的百分比。② 如此高的网民覆盖率意味着社交类应用有着数量庞大的用户。在互联网上，有网民有人气，也就意味着有流量有市场，社交类应用也就吸引了包括传统媒体在内的各类新闻媒体的进驻，成为网络新闻传播的新渠道。

社交类应用开发的初衷并不是用以传播新闻，直至现在社交类应用自身也不采编新闻，譬如网民在社交网站上使用较多的是分享或转发信息、看视频、听音

---

① 中国互联网络信息中心．2014年中国社交类应用用户行为研究报告．

② 中国互联网络信息中心．2014年中国社交类应用用户行为研究报告．

乐、发布日志或评论、上传照片等；微信用户的主要目的是与他人交流沟通，网民在微信上使用较多的内容分别为文字聊天、语音聊天，二者使用比例达到90%以上；但这不影响这些网络应用用以传播新闻：社交网站分享或转发的信息包括媒体发布的新闻类信息；微信公众平台设有订阅号，“为媒体和个人提供一种新的信息传播方式，构建与读者之间更好的沟通与管理模式”，网友关注的订阅号发布的多是新闻类信息。与其他社交类应用相比，微博承载的新闻传播的功能尤为明显，甚至可以说微博已经成为一个大众舆论平台，是网民重要的信息来源之一。70%的微博网民通过微博搜索新闻、热点话题，微博是人们了解新近热点信息的主要渠道之一。不但新闻媒体借以传播新闻，政府、企业、公众人物也纷纷使用微博进行营销或舆论引导。

中国互联网络信息中心于2013年11月发布的《2013年中国社交类应用用户行为研究报告》中的数据很好地诠释了社交类应用在新闻传播过程中的作用，本章引述于此：

社交类应用普及后，网民网上收看新闻资讯的渠道发生了变化。从单一的新闻资讯类媒体转变成以新闻资讯类网站为主体，微信、微博、社交网站并存的格局。当用户网上浏览新闻资讯时，除了新闻资讯类网站以及新闻客户端外，41.4%的网民会通过微信接触新闻，30.7%的网民会通过微博关注新闻，21.2%的网民会通过社交网站关注时下发生的热点问题。（图2-4）

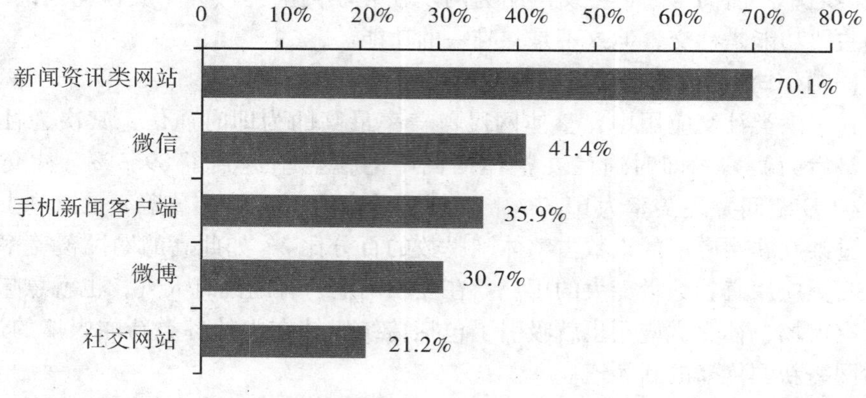

图2-4 网民网上获取新闻资讯的渠道

网民之所以使用社交类应用收看新闻资讯，是因为社交类应用能从多方面满足网民接触新闻的需求。首先，74.1%的网民表示“喜欢看大家都关注的热点新闻”，社交类应用的属性决定了很多热点话题必然首先在社交类应用出现，如微博搜索热点、微信朋友圈推荐、社交网站热点话题推荐等，网民通过这些渠道能更快地接触到正在发生的热点事件。其次，60.4%的网民喜欢看短新闻，微博能很好地满足网民此类需求。最后，还有35.7%的网民喜欢看别人转发的新闻，25.4%的网民喜欢看新闻后做评论，22.5%的人喜欢看到新闻后转发到社交类应用上面，而社交类应用能很好地满足网民这些需求。

自微博在中国发展起来以后，早期社交网站的使用率下跌，开心网、人人网等社交网站的活跃用户骤减，曾经在社交网站开通账号的媒体也随之沉寂下来。体育媒体如《体坛周报》《全体育》等在人人网的公共主页已经停止更新，南方报业集团下的《南方都市报》《南方周刊》等媒体的开心网的公共主页仍在更新，但留言评论者寥寥无几。微博自2010年以来保持了迅猛的发展势头。虽然在2013—2014年间微博用户规模一度下降，但到了2016年6月，微博用户规模逐渐回升，达到2.42亿，使用率为34%。① 中国互联网络信息中心的调查显示，72.4%的用户使用微博的主要目的是“及时了解新闻热点”。② 以微信为代表的社交类应用偏重社交功能，微信朋友圈传播的新闻内容较少，但微信订阅号中的媒体账号以传播新闻内容为主，成为人们关注新闻的新渠道。50.2%的用户使用微信的主要目的是“及时了解新闻热点”。③ 微博、微信连同新闻客户端并称为“两微一端”，成为传统媒体主动转型、与新媒体融合的前站。

互联网技术发展日新月异，互联网产品更新快，旧的社交类应用没落，随之也会有新发明的或类似的社交类应用诞生。社交类应用既然有沟通交流、积聚人气的功能，那么它们同样可以用以传播新闻。特别是社交类应用网站专门为移动终端推出的客户端，如微博、微信的客户端兼备即时通信、社交网络、资讯浏览功能，在新闻传播方面的功能类似于新闻客户端，尤其适合移动互联网大潮下网民的使用和阅读习惯，越来越受到网民的欢迎。可以预见，社交类应用及其移动终端客户端在未来的网络新闻传播中还将扮演重要的角色。

（二）社交类应用新闻传播的模式：短文字、小照片、超链接

社交类应用虽然不像新闻客户端那样有着明确的新闻传播目的和功用，但不可否认的是，社交类应用也是网络新闻传播环节中的一个重要渠道，而且在网络新闻传播实践中形成了特定的传播模式和编辑特点。

1. 社交类应用的新闻传播模式

社交类应用一般会为新闻媒体开设特别的媒体账号或公共主页，其操作使用

---

① 中国互联网络信息中心．中国互联网络发展状况统计报告（2016年7月）．

② 中国互联网络信息中心．2015年中国社交应用用户行为研究报告．

③ 中国互联网络信息中心．2015年中国社交应用用户行为研究报告．

方式与普通用户账号有所区别，以方便各类媒体发布新闻，网友浏览新闻。例如在开心网（http：//www.kaixin001.com/）上，媒体可申请开通公共主页，关注的粉丝可以实时看见媒体公共主页在“日记”中发布的新闻；新浪微博设有媒体版微博，媒体可设置节目单、管理粉丝服务平台，粉丝可通过私信订阅新闻；微信也有适合媒体信息传播的订阅号。

新闻网站通过新闻网页进行的新闻传播，是一种由点到面的粗犷型的传播模式，新闻网站是传播过程最初环节的一“点”，“面”则是指所有网民。事实上，这里的“点”与“面”之间是断裂的，网民需要主动访问新闻网站才能浏览新闻。而社交类应用传播新闻信息是以一种点到点的定向的分众化的传播模式进行的，新闻由媒体账号这一“点”直接传播给一定数量的粉丝形成的多个“点”。一旦粉丝关注媒体账号，媒体即可通过社交类应用这一渠道持续向这些“点”传播新闻。传播方向精准，定位明确，受众接收信息的意愿和目的性强，传播效果显著。更为关键的是，借助社交类应用这一传播渠道，受众可以逆向“由点及面”——通过社交类应用上发布的链接，追寻到新闻媒体网站，而不是止步于社交类应用。媒体网站也借助社交类应用这一渠道实现了进一步的更多内容的新闻传播。

另外，社交类应用自身技术特点和功能定位决定了其新闻传播模式的局限。社交类应用作为新闻传播的渠道、平台，展现了新的技术条件下、新的媒介环境下网络新闻传播的新颖的传播过程，但社交类应用在新闻传播过程中扮演的角色更像是超市里展示商品的货架，而不是存储商品的仓库。社交类应用自身并不生产新闻，承载的多是直观的、简要的、碎片化的新闻，受众通过社交类应用阅读新闻还须周转到网站的新闻网页。简而言之，社交类应用的新闻传播强在渠道传播，弱在内容生产。

2. 社交类应用的新闻编辑特点

社交类应用网站用户通过登录网站或者客户端浏览新闻，呈现在他们面前的界面不同于打开新闻网站时的页面，所以社交类应用的新闻编辑也不同于新闻网页的编辑。我们可以用三个短语来概括社交类应用网站的新闻编辑的特点：短文字，小照片，超链接。这种特点是由社交类应用网站的特点、用户的浏览习惯以及当前互联网条件决定的。

社交类应用大多有发布字数的限制，如微博的140个字数限制，这就必然要求媒体控制发布新闻的字数，将长篇新闻报道概述成短文发布。事实上在网民习惯了社交类应用碎片化阅读的今天，网民对于长篇大论的文字会感到厌倦。据调查，60.4%的网民喜欢看短新闻，而微博等社交类应用恰好满足网民的这一习惯。另外，媒体在社交类应用发布新闻的条数也应有限度，过多的新闻数量会给订阅用户造成刷屏的感觉，传播效果适得其反。使用微信订阅号的媒体，编辑的新闻内容一般只有标题和图片，没有具体新闻内容概述，而且一般每天只推送一次新闻，以免信息过多引起用户反感。

图片相比于文字更有视觉冲击力，更易吸引读者眼球。图片的使用既使内容生动活泼，也迎合了受众快速阅读的习惯；社交类应用发布的新闻自然也少不了图片。不过图片虽不可或缺，但也要注意发布图片的技巧。如今越来越多的网民习惯使用移动互联网上网，上网须付费且流量有限，像素太高的图片可能在网友点击瞬间消耗大量流量。所以社交类应用发布的新闻图片一般要注意图片大小，或是加注提醒或链接，由用户自主选择浏览。

超链接是社交类应用发布新闻必不可少的元素。只有通过超链接，网民才能从社交类应用所见的有限图文信息，转入新闻网站详细的新闻报道；社交类应用才真正联动新闻媒体进行新闻传播；新闻网站才能借助社交类应用在互联网上实现新闻内容的二次传播；传统媒体才能通过微博、微信等社交网络牵线搭桥，将传统的媒介与自办网站等融入新媒体新技术的发展浪潮。

思考题

1. 体育与大众传播媒介是如何连接到一起的？
2. 最初的网络新闻主要是以什么形式进行传播的？
3. 在中国，互联网从何时、以何种方式开始体育新闻传播？
4. 国家奥委会等体育组织为什么一度限制互联网介入体育赛事的传播？
5. 网络体育新闻传播的渠道有哪些？
6. 为什么说新闻网页一直是网络新闻传播的主要渠道和载体？
7. 列举几款新闻客户端，并结合你常用的一款新闻客户端，谈谈新闻客户端新闻传播的特点。
8. 列举几款当前较为流行的体育新闻客户端。
9. 微博、微信等社交类应用在网络新闻传播过程中主要承担什么角色？
10. 结合实例论述社交类应用新闻传播的模式。
11. 社交类应用的新闻编辑特点是什么？
12. 对于传统媒体来说，“两微一端”三者孰轻孰重？

第三章　网络体育新闻采写编辑

网络体育新闻的采访写作与传统媒体的新闻采访写作没有本质的区别，但是因为网络媒体的特性以及体育新闻报道的特点，网络体育新闻的采访写作在获取信息源的手段、采访方式、发布渠道、时效性方面有着很大的变革。由于网络新闻的多媒体特征、媒介和渠道的多样性特点，网络体育新闻在新闻的编辑制作各环节与传统媒体有着根本的不同。与传统媒体相比，网络新闻从编辑到发布省去了许多冗繁复杂的环节，网络新闻不必像报纸那样排版、印刷直至发行，也无须像广播电视新闻那样严密地配音、剪辑、制作、播出，但网络新闻编辑又面临新的挑战，譬如网络新闻专题的策划、网络新闻中图片和视频的编辑制作等，不同形式的网络新闻有着简繁不一的编辑方法。

第一节　网络体育新闻的采写

网络体育新闻的采访写作与其他新闻相比既有普遍性的规范，也有着独有的技巧和要求。在时效性方面，网络体育新闻必须把网络新闻固有的时效性上的优势发挥到极致；随着网络新闻管理的完善、网络体育新闻采编队伍的成熟，网络体育新闻必须严格坚守真实性原则；在新闻采访层面，媒介环境的改变以及新技术新设备的应用要求体育记者善于利用多种新闻资源、技术手段完成新闻采访；在发布渠道方面，体育记者不仅要掌握采访写作的技能，还要及时学会使用微博等网络应用、各类新媒体。

新闻写作必须以采访为基础，采访决定写作。一个记者不论他的文字能力有多强，如果没有接触到事实，如果不拥有足够的事实，也就是说没有进行成功的采访，他就不能进行新闻写作。[①] 网络媒体诞生之初，新闻内容大多转载自传统媒体，原创的体育新闻非常少。但近年网络媒体已经今非昔比，网络媒体培养了成熟的体育新闻采编队伍，网络媒体在各大体育赛事的采访中已经占有一席之

---

① 刘明华，徐泓，张征．新闻写作教程．北京：中国人民大学出版社，2002：6.

地。随着各类新媒体的应用，关于记者“采访”已经不再局限于传统的面对面采访或者电话采访等方式，而是演变出了借助各类工具、各种渠道的多种采访方式。较之于传统的以获取一手新闻素材为目的、强调动态过程的“采访”，本章对于“采访”更精准的诠释是记者获取新闻资源和新闻材料的过程。

一、体育比赛现场的采访

体育比赛现场是体育新闻采访写作的最前沿阵地。体育比赛对于体育迷来说是一场盛会，但对于体育记者来说如同一场战役，从体育比赛之前的报名准备工作到体育比赛现场的采访，体育记者的劳动强度和精神压力不比体育场上运动员小多少。任何专业的体育媒体、体育记者都不会缺席国内外重要的体育赛事，如奥运会、足球世界杯等大型体育赛事。电视转播体育比赛呈现给观众的只是荧屏大小的画面，相比之下，记者在体育比赛现场获得的信息是丰富、全面的。进入体育场和坐在记者席上的体育记者可以凭自己的职业素养和新闻敏感辨析比赛现场纷繁复杂的信息，有所取舍，发掘最有新闻价值的信息，见诸笔端和镜头呈现给受众。网络媒体的记者可以借助微博等网络应用，直接发布比赛现场采写的新闻。亲临现场体育记者采写发布的新闻时效性比肩电视直播。

特别是以四大门户网站为代表的网络媒体，在近年的国内外赛场上都派出了强大的采编阵容，对于重大体育赛事的现场的关注远远超过传统媒体。对于体育记者来说，亲临现场采访国内外重大体育赛事，既是他们的工作职责，也是他们新闻职业生涯中莫大的荣耀。各类重大体育赛事举办过程中，亲临现场采访报道比赛的记者越来越多。以奥运会为例，从 1976 年的蒙特利尔奥运会开始，采访报道的记者人数开始超过运动员，当时运动员人数仅为 6 153 人，而记者人数却为 7 886 人。近几届奥运会记者人数也越来越多。从 2004 年雅典奥运会的21 500 人，到北京奥运会的 24 000 人，再到 2012 年伦敦奥运会的 26 000 人左右。在 2012 年伦敦奥运会上，作为东道主媒体，英国广播公司共有 765 人参与奥运会报道，人数超过英国奥运代表团。2014 年索契冬奥会注册记者达 13 000 名，远超来自 85 个国家和地区的 2 000 多名运动员人数，运动员与记者比例达到 1：6.5，创下历届之最。①

体育记者到体育比赛现场采访比赛，可以获得多方面的新闻资源、新闻题材，采访也更便利：观看体育比赛、采访运动员；使用记者工作席位（图 3 - 1）；获取赛事主办方提供的各类资讯（如赛事简介、赛事赛程、出场名单、裁

① 奥运报道：一场关于记者的战争 . http：//www. jizhezhan. net/sharedetail. php？ id =681.

判员名单等)；免费使用电脑设备、互联网、资料库等；免费饮食、乘坐交通工具等。特别是随着体育赛事主办方对媒体的重视，赛事组织方和主办方委托专业的机构进行媒体运行和新闻服务，还会出台专门的规章制度以保障体育记者现场采访的权利，如中超联赛有限责任公司赛事运行部制定的《中国足球协会超级联赛赛事新闻组织运行手册》等。如今不管是大型体育赛事还是常规的职业体育赛事，到现场采访比赛的注册记者一般都会获得周到的接待，顺利地完成采访任务。我国近年承办的大型体育赛事如北京奥运会、广州亚运会的媒体运行都取得了成功，国内职业联赛部分赛区的新闻服务也有进步，其中中国男子篮球职业联赛佛山龙狮篮球俱乐部主场的媒体运行模式备受到场采访记者的称赞。

图 3－1　佛山岭南明珠体育馆中国男子篮球职业联赛文字记者席

二、新闻中心、新闻发布会厅、混合采访区、训练场馆等场合的采访

大型体育赛事根据需要一般会设立新闻中心，作为整项赛事组织必不可少的组成部分。新闻中心主要为媒体提供相应的场所、设置和服务，并对媒体记者进行管理、协调，营造良好舒适的环境和氛围。新闻中心的职能可以概括为四个方面：布置环境和策划方案；记者接待；发布信息；树立权威，平衡舆论。新闻中心通过召开各类新闻发布会、记者招待会、通气会以及信息通报、发放手册资料

等多种渠道、手段向新闻媒体传递信息。[①] 成熟的职业联赛也会设有新闻中心，比如中国足球超级联赛要求各赛区设立新闻中心，主要职能是“向注册的文字记者和摄影记者提供直接从体育场编辑、传输他们的报道或图片所需要的设施和服务，新闻记者在此区域进行登记并领取记者背心和相关证件”[②]。新闻中心是体育记者在体育赛事一线采访的主要工作场合，一般位于比赛场馆附近。新闻中心可以为记者采访工作提供很多便利，大型体育赛事以及职业联赛对新闻中心的设施和条件都有明确的规定。本章以中超联赛赛事运行部对于各赛区新闻中心的设施和工作要求为例，一窥新闻中心的功能：

· 新闻中心应该在比赛前 2 小时开放，以给记者留出足够的时间来检查设备、网络等通信设施，并一直开放到比赛结束后 2 小时，以给文字记者充分的时间到混合区采访和参加新闻发布会，并编写新闻稿件。

· 面积 100 平方米大开间，50 个以上工位，布局要合理，记者可以在新闻中心自由移动而不打扰别人。

· 每个工位要提供 2 个国内标准电源接口。

· 每个工位都能通过电视看到比赛实况转播。

· 设置专门的接待桌供记者赛前领取记者背心使用。

· 设立成绩公告栏，张贴打印的出场名单、成绩等相关信息。

· 摆放信息材料桌，摆放出场名单、赛后统计表等材料供记者自取。

· 建议设置服务台，提供语言服务和技术支持（亚冠联赛时）。

· 安置空调、供应饮水。工作间保持安静整洁。

· 为记者提供免费的 WIFI 服务或者网络端口。

· 建议有条件的赛区提供一台一体机。[③]

混合采访区一般位于比赛场地到休息室之间的通道上，或者从运动员休息室到场馆出口的通道上。混合采访区以栅栏或隔离带分隔开运动员通道和媒体区域，是运动员赛后必经的区域，记者可以在此自由采访经过的运动员——前提是运动员有接受采访的意愿。体育记者在混合采访区可以近距离接触运动员，通常可以在此获得颇有新闻价值的信息，比如运动员接受采访的言词可以用作新闻稿件的直接引语，记者可以近距离拍摄运动员照片（有的大型体育赛事出于维护转播商权益考虑，禁止记者在混合采访区摄像和拍照）。即便运动员拒绝在混合采访区接受采访，敏锐的体育记者也能捕捉到有价值的新闻。譬如在 2012 年伦

---

① 易剑东．大型赛事报道与媒体运行．杭州：浙江大学出版社，2008：202.

② 中超联赛有限责任公司赛事运行部．中国足球协会超级联赛赛事新闻组织运行手册，2011（5）：8.

③ 中超联赛有限责任公司赛事运行部．中国足球协会超级联赛赛事新闻组织运行手册，2011（5）：8.

敦奥运会网球女子双打四分之一决赛中，中国选手郑洁/彭帅以 1 比 2 不敌俄罗斯组合彼得罗娃/基里连科，无缘半决赛。比赛结束后郑洁和彭帅经过混合采访区时，面对记者的提问，泪如雨下，不能自持。虽然无法在混合采访区完成进一步的采访，但此情此景同样值得一书，新华网记者王集旻、梁金雄为此专门撰写了一条新闻——《郑洁/彭帅双打失利　泪洒混合采访区》。

新闻发布会与新闻中心、混合采访区同属体育赛事媒体运行和新闻服务的范畴，体育记者在新闻发布会之前一般会接到赛事主办方的通知或通告。大型体育赛事和职业联赛设有固定的新闻发布会厅，起码在赛前和赛后各召开一次新闻发布会。新闻发布会厅一般在新闻中心附近，或者设置在体育场馆。因其他体育事务召开的新闻发布会也可能在体育协会、体育俱乐部等体育组织所在地召开，或者在运动队下榻的酒店召开。体育记者可以在新闻发布会上向运动员和教练自由提问，但因为参与媒体众多，记者很难在新闻发布会上采访到独家新闻。另外，部分新闻发布会的内容对于体育组织来说可能有宣传价值和广告价值，但对于体育记者来说并没有多少新闻价值。

专业的体育记者不会忽略运动员、教练员几乎每天都会集体亮相的场合——训练场。许多独家新闻是体育记者在训练场发现并采访到的。2009 年 9 月，广州的《信息时报》《羊城晚报》和搜狐体育等媒体报道了一起发生在训练场上的新闻事件：广州医药足球队队长徐亮在一次训练中与队友卢琳发生口角，并飞踹后者脸部导致其右脸留下伤痕。这起斗殴事件引起广州球迷和媒体的关注。可惜当时训练场边没有记者，只有球迷。几家媒体的新闻都是通过采访当时场边观看训练的球迷得来的。这又引发了当事人徐亮的不满，他在随后的一场联赛结束后面对电视台的镜头说："我就说一句啊，这个球献给那些比较喜欢落井下石的记者，愿他们每天早上出门的时候安全一点吧。"几天后接受采访时他解释说："最大的不满是某些文章不顾事实，有些完全是个人凭空想象。他们根本没有采访我本人。"① 徐亮的说辞固然有对记者的不满和狡辩的意图，但是，如果当时训练场边有记者亲眼看见球员斗殴的场面，并且及时跟进采访，那样采写出来的新闻想必无可辩驳，当事人也会心服口服。

训练场不像比赛场馆那样激情四溢，但是真正专业、精于业务的体育记者，可以从训练场馆获知许多有价值的信息，虽然这些信息不一定具备翌日见报的新闻价值，但记者在训练场边对于运动队伍训练以及教练员执教的观察和了解，可以为记者生涯积累丰厚的新闻素材。运动队常规性的训练较为开放，允许记者和

---

① 李斌．徐亮发飙后首次开口：向受到伤害的媒体表歉意．http：//news. dayoo. com/sports/200909/30/53870_10922625. htm.

球迷观看，熟悉的跟队记者甚至可以进入训练场与运动员和俱乐部工作人员攀谈。比赛期间的训练较为森严，媒体不能随意进入训练场所采访，但赛事主办方或运动队一般会指定一段开放训练的时间，允许记者在指定区域观看训练、摄影摄像。不是所有的运动队的训练场都允许体育记者进入，但是老练的体育记者总可以想尽一切办法进入训练场或观看到训练，比如与场内工作人员建立良好的私人关系、穿过某条隐秘的后门小道。

当然，新闻采访绝不局限于某时某地，而是应该因人因时因地制宜。能够约定采访对象面对面专访固然是最好的采访方式，但记者的采访意愿未必都能实现，炙手可热的运动员很难一一应付众多媒体的采访。这就要求体育记者善于把握一切时间和机会接触采访对象并完成采访，新闻发布会厅之外、训练场边、酒店大厅甚至与运动队同行的飞机或大巴上，记者都可以伺机而动，进行采访。新华社知名记者杨明 1996 年亚特兰大奥运会期间发出了《奥林匹克公园大爆炸》这一体育新闻史上的名篇，获得当年的“中国新闻奖”。这篇新闻看似“妙手偶得之”：杨明于凌晨结束一天的采访回到新闻中心，忽然听到外面一声轰响，接着看到一部警车飞快地驶向奥林匹克公园的一个角落。他随即以百米冲刺的速度跟随警车一同奔向出事地点，目睹了奥林匹克公园爆炸现场。杨明发出报道的时间与美国本土的美联社完全同步，并列奥林匹克公园爆炸事件报道速度的第一。

三、专访

“专访”既是指一种获取独家新闻的采访方法，也是指一种与消息、通讯、特写并列的新闻文体。作为一种采访方法，既为专访，则要求记者专门针对被访者或事件进行独家的有特定新闻价值的采访；作为一种新闻文体，专访一般以对话体或是散文对话体的形式将记者与被访者一对一的交流表述出来。专访能够体现一家媒体和记者的新闻资源及人脉关系，真实、直观地反映记者的采访意图和被访者的观点，给读者以真实、亲切的现场感。任何专业的体育记者都以获得对知名运动员独家专访的机会为能事。一次专访通常会配以图片和特殊的字体并且占据报纸的一个甚至数个版面，或者剪辑制作成一期电视体育专题节目。传统媒体如报纸上的专访通常有两项显著标志：一是一问一答的采访方式和对话体的写作；二是记者与被访者的合影，颇有立此存照的意味。

近年，随着网络媒体体育新闻采编实力的增强，越来越多的专访出自网络媒体记者之手。除了专访这种文体固有的特点，网络媒体的专访又有新的特点：网络媒体编辑通常以专题报道的形式处理专访，在体育频道首页乃至网站首页推荐，以突出新闻的重要性；发挥网络媒体多媒体、超链接优势，为专访配以图片、视频、往日新闻、运动员资料数据等背景材料，充实专访的报道内容；把专访内容分割为多个主题，以增加点击浏览量。

下面是2013年腾讯体育对前广州恒大队球员孔卡的专访——《独家专访孔卡：必离开中国　我与恒大的N个真相》。记者以散文对话体的形式将采访内容呈现给读者，专访中被访者孔卡的言论全部是直接引语，整篇专访很有感染力和人情味，读者既能感受到记者与孔卡开诚布公对话的场景，又如同身临其境与孔卡直接对话聊天；加之行文之间配有的采访现场照片，整篇专访给读者的现场感极强。同时，记者在行文中穿插了大量新闻背景材料，使得读者对孔卡访谈中谈及的话题有全面的了解。

本章摘引这篇专访的部分内容：

独家专访孔卡：必离开中国　我与恒大的N个真相①

腾讯体育8月29日广州讯（记者 许可）　北京时间昨天下午，广州恒大外援孔卡在位于珠江新城的家中接受了腾讯体育的独家专访，这也是孔卡自从加盟中超以来首次接受门户网站的独家专访。以往总是三缄其口的孔卡缘何突然有了诉说的冲动？原来，阿根廷人在上周的广州德比战中再次被广州球迷所感动，他觉得是站出来让球迷知道所有真相的时候了。

在过去的6场比赛中，孔卡场场进球，俨然成为广州恒大不可或缺的关键先生。无论是一马平川的中超赛场，还是暗流涌动的亚冠赛场，孔卡都用出色的表现赢得了球迷们的赞誉。近来，有关孔卡主动要求降薪续约的传言甚嚣尘上。对此，孔卡予以了坚决的否认，不过，他的初衷并非是为了与传言做斗争，而是不想让一直喜爱和支持自己的球迷被蒙在鼓里。

“现在是时候告诉大家我的决定了，赛季结束之后我将会离开广州恒大，离开中国，而我的首选还是回到巴西。我知道不少的球迷一直对我有所期盼，但是我不想让他们最后时刻才知道我的决定，那样会伤害他们的感情。离开广州，我最不舍的就是这里的球迷。”孔卡说。

关于小纸条风波

上赛季结束之后，帮助广州恒大蝉联联赛冠军的孔卡，一度因“小纸条风波”而被传欲不辞而别，证据则是那张从未公开过的小纸条和所谓的人去楼空。

不过，球队新赛季集结伊始，孔卡却“出人意料”地回到了广州。尽管阿根廷人已经用实际行动粉碎了一切的谣言，但是他万万没有想到谣言并非止于智

---

① 许可．独家专访孔卡：必离开中国　我与恒大的N个真相．http：//sports.qq.com/a/20130830/000199_all.htm#page1．

者，而止于下一个谣言：孔卡之所以回到广州，是因为没有俱乐部买得起他。

对于数月之前的“小纸条风波”，孔卡此前一度保持缄默，直到今天下午才首次面对腾讯体育，将风波的始末进行了一次还原。“小纸条完全就是子虚乌有的东西，如果真的有那张小纸条，那么我想问一下为何至今这张小纸条从未被公开过?”孔卡忿忿地说。

孔卡对腾讯体育表示，自己去年从广州临走前曾给俱乐部发了一封邮件，说明了自己在巴西有紧急事情需要马上回去处理，“我从来没写过什么小纸条，因为我觉得小纸条解决不了什么问题。如果小纸条是真的，那么为什么没有人展示过这张小纸条？回到巴西一段时间后，我才通过一些渠道了解到了这件事情，我至今都不知道是谁编造了这个谎言。今天，我想通过腾讯体育声明这张纸条根本不存在。事实上，那张纸条最终也没出现，如果我真的不想回来，就会面对面地告诉俱乐部，告诉媒体，没有必要只是写一张小纸条”。

至于所谓的人去楼空，孔卡更是哭笑不得，“我承认，去年我确实有一批东西打包寄回了巴西，但那是去年9月份的事情了。当时的情况是这样的，因为我从御景半岛的别墅搬到了珠江新城，而原来的别墅是一套非常大的房子，搬家后我住在一家酒店公寓的房子里边，这里的面积比御景半岛的别墅小很多，而且还是带家具的，所以我原来的一些家具就没地方放了。而那个时候我巴西的新家正好也需要家具，于是我就打包将它们运回了巴西。而之所以赛季结束离开广州回家的时候要退掉房子，是因为酒店公寓的租金很贵，而我又有一个月的时间不在广州住，于是我就退了房子。即便是等我回到这里，原来的房子被别人租了，我也可以租住其他的房子，仅此而已”。

为何要搬离俱乐部安排的别墅

去年9月，孔卡毅然决然地做出了一个决定，就是搬离俱乐部在恒大御景半岛花园为自己安排的别墅。放着环境优雅、宽敞明亮的别墅不住，孔卡为何会想到搬家呢?

原来，孔卡来到广州入住俱乐部安排的别墅后，不到三个月别墅旁边就有了新的工程，而且直到现在这些新工程还在不断地加班加点中。“如果不相信，你可以找天去亲自看看，看看周围是不是还有工程在建。”孔卡略显激动地说。

“这些新建工程每天都要工作到很晚，而且噪音很大，灰尘很多，最为让人无法忍受的是，我住的房子还经常因为工程而断水断电。当时本杰明出生没几个月，经常都是刚睡着就被吵醒了，而我和妻子也没办法安静入睡，无奈只能住到外面的酒店里。后来我们合计了一下，与其这样还不如到外面租房子住。”孔卡说。

据孔卡透露，自己为了房子的事情，也曾经通过律师和俱乐部进行过交涉，但是俱乐部的答复是，“只有这么一栋别墅，住不住是你自己的问题”。后来，孔卡想着与其这样还不如自己搬走。

对于来到中国踢球，孔卡坦言巨大的地域文化差异，让自己一度很难适应在广州的生活。加上俱乐部给自己安排的别墅外部环境嘈杂，也让孔卡放慢了对新环境的适应。所有的一切夹杂在一起后，让孔卡的心情一度糟糕透了。

“就像我刚才说的，我和俱乐部之间的确存在一些问题。事实上，在我同意来到恒大效力之前，恒大俱乐部向我承诺了很多东西，比如说给我提供专车，为我的家人配备翻译等。可是这些东西等我来了之后并未兑现，现在的汽车是我自己买的，翻译也是我自己聘请的。”

“里皮从未劝我留下”

去年，里皮刚刚接手球队之际，孔卡曾主动向俱乐部表达了去意。尽管这个想法没有获得俱乐部的支持，但是有关孔卡要走的消息不胫而走，在一些媒体的报道中更被演绎为“阿根廷人吵着要走”。

2012 年 7 月 10 日，腾讯体育记者独家拍摄到了里皮与孔卡在训练场边促膝长谈 20 分钟的一幕。对于那次谈话，外界普遍的猜测都认为是里皮在给孔卡做思想工作，而这才是让孔卡安心留在广州恒大继续效力的关键原因所在。

对此，孔卡今天在接受腾讯体育独家专访时予以了否认。他表示，当时因为里皮刚刚来到球队，需要和球员之间进行深入的沟通和交流，那次谈话只是教练和球员之间一次普通的谈话而已，“里皮没和我说过让我留下来的话，当天的谈话内容是有关我的近况和足球的东西，这是一次很普通的对话。事实上，我的去留和里皮没有任何关系，之所以继续在训练和比赛中表现出最好的一面，那是因为我还有一份合同在面前，我必须努力地完成合同，做到尽心尽力”。事实上，孔卡的回答也击碎了此前有关孔卡去留由主教练决定的论断。

对于如果离开恒大，是否意味着放弃 700 万美元的高薪时，孔卡笑着说道：“至于我赚多少钱，外界有很多猜测，真相只有我和俱乐部知道。如果继续留下来，俱乐部是削减我的薪水还是给我提薪水我也不知道，但是我要说明我的去留和钱是没有关系的。就算俱乐部给我加很多钱，我也不会留下来的。”

……

四、电话、短信采访

电话采访省时省力，既能直接与被采访人对话，又能减少面对面采访的环节和采访成本，一直是记者采访的重要手段。在网络通信极为发达的今天，网络媒体记者仍然比较多地选择使用电话、手机进行采访，因为电话采访实时呼叫、直截了当、简单易行，没有烦琐的程序，无须昂贵的设备。电话采访还可以录音存证，这是保障新闻真实性、维护媒体和记者采访权益的重要手段。相比于面对面采访和网络即时通信工具等采访方式，电话采访可以直接联系到采访对象，采访周期短，获得反馈及时，可以快速地完成采访任务。当然，电话采访的前提是记者有着一定的人脉资源，存有或者能够获悉采访对象的手机号码，并且以专业的采访技巧顺利地完成采访。

五、电子邮件、即时通信软件采访

互联网诞生之初，记者通过电子邮件将采访提纲和问题发送给采访对象进行采访，一度成为一种时髦的采访方式。在移动电话尚未普及的20世纪90年代，电子邮件搭载记者的问题穿越时空，打破了传统的面对面采访的局限，也节省长途电话费，提高了记者采访的效率，拓宽了采访对象的范围。即便在今天，与即时通信软件相比，电子邮件采访仍显得更为正式、严谨，采访效果近似于白纸黑字的书面采访。同时，借助电子邮件的附件功能，记者还可以向采访对象索要图片、视频等资料，这些都是新闻写作不可或缺的素材；尤其在体育新闻报道中，几张采访对象的照片、相关体育新闻事件的资料能够充实新闻报道内容，增加新闻的可信度和可读性。国内记者对于国外知名运动员的采访，其中就有许多通过这种方式完成采访。记者通过电子邮件将采访提纲、问题发往运动员个人或经纪人、经纪公司，在等候一段时间之后收到电子邮件回复，也算是成功地完成一次颇有新闻价值的独家采访。

QQ、MSN、微信等即时通信软件是互联网人际传播的主要网络应用。QQ、微信、微博私信同电话一样成为网络媒体记者联系采访对象、进行采访的重要工具和手段。

六、运动员博客、微博等社交网络以及体育组织官方网站发布信息的收集

运动员在各类社交网络上发布的信息是体育媒体必须时刻关注的，因为其中可能不时出现有价值的新闻线索。有的运动员通过社交网络发布的信息可能就是一条爆炸性的新闻，其新闻价值不言而喻。2014年5月19日，在梅西与巴塞罗那俱乐部续约谈判的关键时期，梅西在腾讯微博以中文和西班牙语发布了一条长微博，其中文内容如下：

确实，本赛季事情并不像我们期待的那样进展顺利，从个人和团队的角度而言，这都是艰难的一年。在最后一场比赛中，我们有实现一个目标的机会，但却未能抓住。在此，我要向所有巴塞罗那球迷道歉，并且承诺，下赛季我们将重回这支俱乐部应有的高度，并且将会赢得重要的收获。关于我自己，正如我始终所说的那样，我仍然为能够继续待在家里而感到幸福。也许这一年不是我们所期待的那样，也许它不是我表现最出色的一年。但我深信，就像整个球队那样，今后我个人的情况也可能会不同。巴塞罗那的人们将决定我的未来，但我的选择是继续留在这里，因为我仍然可以感到他们给予我的一如既往的热爱。但如果不是这样，我将寻找一个解决方案，因为我永远都会把最好的祝愿献给这家俱乐部。

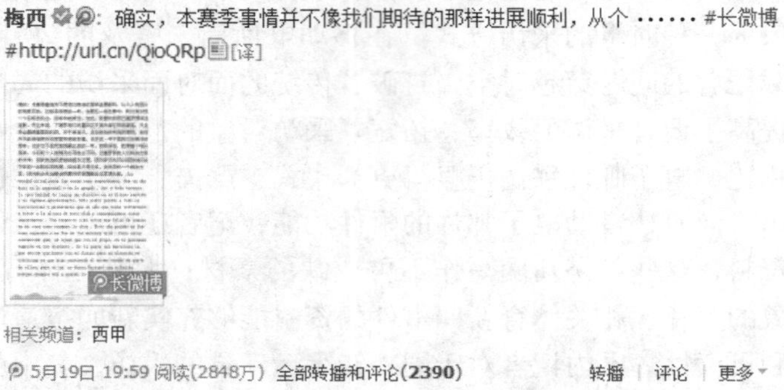

图 3-2　梅西在腾讯微博发布的长微博

这篇看似简单的微博，实则暗藏玄机，引起了国内外体育媒体的广泛关注。国内专业体育报纸《体坛周报》记者专门撰文《梅西中文微博的秘密》，对梅西发布的微博进行解读。

梅西中文微博的秘密①

记者滨岩西班牙报道　19 日，梅西与巴塞罗那俱乐部的续约终于完成，但与以往不同，巴塞罗那媒体反应平平，巴萨球迷更是没有了以往留下瑰宝的感受。更多人在议论：为什么梅西会在续约之前通过微博，而且还是中文微博发了一长段耐人寻味的话？有一些巴萨球迷甚至不理解梅西为什么只向中国的巴萨球迷表达歉意和心声？为什么明明已经看到了续约合同，却在签字之前发出了“如果巴萨不爱我，就……”的威胁之词。

---

① 滨岩．梅西中文微博的秘密．http：//p. t. qq. com/longweibo/index. php？lid＝3926021140505907675.

本报通过联系梅西中文微博的负责人了解到，最后一场联赛被马竞逼平后，梅西非常沮丧，不仅仅是因为失去了联赛冠军，而是诺坎普传出的噪音，那些明确针对梅西的嘘声深深刺痛了梅西，作为替巴萨夺得20多个冠军荣耀的主角，他第一次感觉到巴萨球迷不再像过去一样爱他了。

接下来的事情更让梅西愤怒，巴塞罗那媒体开始为梅西续约制造各类消极论调，西班牙经济危机、梅西一个赛季的低迷、队友们不服气等理由开始充斥媒介。5月19日上午，梅西情绪很坏，梅西的团队意识到，不让梅西发声就匆匆签署续约合同，不会让球员本人开心。但情况很复杂，梅西不愿意跟任何一名巴塞罗那记者交流，实际上是不相信当地记者，他唯一的“武器”就是通过他的中文微博发声。中午，微博负责人拉米罗根据梅西口述拟定了长微博，梅西不满意，又修改了几次，一直到下午才发出。

微博发出后，瞬间在国际足坛引发轩然大波，马德里媒体醒目标题登出“梅西有可能放弃巴萨”，皇马内部也是一片叫好，但仅仅几个小时之后，梅西与巴塞罗那俱乐部续约成功。西班牙媒体透露，梅西的年薪将从1 300万欧元涨到税后2 000万欧元左右，但新合同的毁约金（2.5亿欧元）和年限（2018年到期）都不会改变。梅西和他的团队成功了，他们在明知必定续约的前提下抛出了一个悬念，那就是续约并非唯一选择。巴萨俱乐部也很满意，这一风波让他们有了说服会员的强有力依据：必须续约梅西，必须付出巨大代价。

但再智慧的场外运作都不能改变事实：巴萨整整一个赛季竞技方面的彻底失败是无法掩盖的。梅西新合同的巨额代价可用出色的商业运作补足，但梅西本赛季之前的风驰电掣该用什么来恢复呢？作为世界上最红的球星之一，梅西不能参加巴西世界杯的经济损失是数千万欧元，哪怕他在巴萨没有全力以赴，马蒂诺依旧不敢换下他，新帅路易斯·恩里克敢吗？现在俱乐部要清洗的名单，两年前瓜迪奥拉就提出过，谁来为这耽误的两年买单呢？

一条微博，因为其敏感的发布时机、微妙的信息内容，可能暗示了一位体育明星、一家豪门俱乐部不为人道的隐秘。通常情况下，这些赛场外的信息更具新闻价值，更能满足体育迷对于球星、豪门资讯的渴望。事实上，在社交网络如此发达的今天，越来越多的体育组织、运动员通过社交网络账号发布重要信息，而不是在面对记者采访时口吐心声。从社交网络上发现新闻线索、发掘独家新闻，体育记者必须具备这样的新闻敏感。对于体育媒体来说，来源于运动员社交网络的信息，其真实性最为可靠，媒体只需做到“白纸黑字”或截图为证，无须担心遭遇虚假新闻的恶名。

体育组织官方网站无疑是最为可靠的新闻来源。诸如赛事公告、成绩排名、转会信息、奖惩情况、伤病情况等资讯，体育媒体都可以从体育组织官方网站获取。随着2014年巴西世界杯日益临近，参加世界杯决赛圈的各国球队的名单成为媒体热议的焦点。无论媒体如何判断、猜测，各国球队的最终参赛名单应该是由各国的足协来公布。譬如西班牙足协于2014年5月31日在官方网站发布消息——《官方消息：代表我们前往巴西的23人名单》。这条消息一经发布，新闻媒体关于西班牙队参赛人选的争论宣告终止，到底哪些球员有实力、有资格参加世界杯再无争论的意义。

图3-3　西班牙足协官方网站发布的《官方消息：代表我们前往巴西的23人名单》

官方消息固然权威，但在很多情况下，官方消息也意味着信息的迟滞，体育记者很难从官方消息当中找到独家新闻。真正有价值的体育新闻在官方正式公布之前，可能已经广为新闻媒体报道，体育组织官方网站发布的信息可能只是证实或证伪媒体新闻而已。

七、国外媒体新闻的翻译转载

国内的网络媒体对于体育新闻的报道偏重国际赛场，尤其对于欧洲足球五大联赛、NBA 赛事的报道最多。但是因为条件所限，国内媒体直接到一线采访的国际体育赛事新闻较少，网友读到的许多国际体育新闻是由国内网络媒体直接从国外媒体网站翻译而来的。注重转载规范的媒体会注明转载新闻的来源，大部分媒体直接拷贝、编辑国外媒体的新闻内容，或者在新闻中将国外的来源媒体一笔带过。

虎扑体育网站的虎扑新声频道专事翻译来自国外体育新闻报道，翻译转载的新闻来源包括国外知名新闻媒体的报道和知名运动员、媒体人、球迷的 Twitter、Facebook、Instagram 更新内容等。不过虎扑体育的编辑会在每一条新闻前面标明新闻的来源媒体，并且链接到登载新闻的原网页，使每一条新闻的出处有据可查，这是对新闻真实性的保障，也是对新闻来源媒体的尊重。

转载自国外媒体的新闻，一般是国内媒体很难采访到的体育赛事之外的新闻，譬如有关体育明星的专访、体育明星赛场外的言论和活动、运动员转会新闻等。这类新闻较之于体育赛事新闻更为专业，更为精细。对于资深体育迷来说，他们仰慕的体育明星的只言片语都会被奉为圭臬，囿于不同语言，他们无法直接从国外媒体阅览新闻，因此国内网络媒体翻译的新闻就满足了他们对于此类资讯的渴求。本章列举几条登载于虎扑新声的此类新闻标题。例如：《国际足联高官涉嫌收受卡塔尔贿赂》（新闻来源：BBC）、《蒙托利沃热身赛重伤憾别世界杯》（新闻来源：Football - Italia）、《前世界冠军面见德国队：是时候拿第四冠了!》（新闻来源：图片报）、《蒂亚戈—席尔瓦：内马尔将震惊世界杯》（新闻来源：《世界体育报》）、《阿森纳考虑激活法布雷加斯回购条款》（新闻来源：《每日邮报》）、《韦德谈再次对阵马刺：就是要这样》（新闻来源：《太阳哨兵报》）、《加索尔：会考虑所有报价，马刺是夺冠热门》（新闻来源：Eurobasket）等。下面这条体育新闻是由虎扑体育翻译转载自天空体育（http：//www. sky. com/），原新闻标题是“Transfer news：David Villa to leave Atletico Madrid，with New York City FC reportedly chasing”，虎扑体育编译后拟定的标题是“比利亚确认将与纽约城签约：合同无法抗拒”。

比利亚确认将与纽约城签约：合同无法抗拒

来源：天空体育　2014－06－01　21：07：36

西班牙射手比利亚宣布他将会离开西甲冠军马竞，加盟美国职业大联盟的纽约城队，因为他收到的合同是“无法抗拒”的。

周六，比利亚出现在曼彻斯特的布里奇沃特医院，他自称是前往曼城的卫星球队之前的例行检查。比利亚在马竞官网上告诉球迷：“这对我和我的家庭来说是无法抗拒的，真是非常、非常好，它是关于足球的，我不得不接受它。我一生都会是马竞的球迷，因为今年他们给了我很多。”

据英媒报道，如果比利亚前往纽约城队，他潜在的队友之一就是切尔西中场兰帕德，兰帕德在今夏将会跳出合同，他也还未和切尔西续约。兰帕德被认为正在权衡选择，拥有雄厚资金的纽约城是他的选择之一。

比利亚已经进入了西班牙的世界杯23人名单，他加盟马竞后和迭戈·科斯塔搭档帮助球队获得了球队自1996年以来的首个西甲冠军，并且差一步就获得了欧冠冠军。

比利亚补充道：“现在我将面临一个新的挑战，我想要感谢马竞和那些试图说服我留下的人，比如说西蒙尼和其他教练组成员。”

（编辑：王莫聪）

这类体育新闻一般由网站编辑重新拟写标题、导语，内容则全盘翻译或者部分翻译国外媒体新闻。有时，国内编辑还会连同原新闻网页上的国外网友的评论一起翻译过来以飨读者，甚至国外网友对于某一新闻事件的评论本身，都可以翻译编辑成为一条新闻。

第二节　体育记者与信息源以及批评性报道

一、新闻信息源和批评性报道

《宣传舆论学大辞典》中对于信息源的解释是：构成传播过程的要素之一，指信息发源地，即传播过程的始发端。一般包括两层含义：一是传播过程的始发端，即信息的发送者，包括传播者和机械装置。二是泛指信息产生的策源地，即事件发生的现场以及有关事件的知情者、传播者（记者、编辑）。董璐编著的《传播学核心理论与概念》一书中对于信息源的解释是：在记者—信源关系模式中，信源（信息源）特指从混乱的社会事件或事物中选择信息、作有意图的传播的个人或组织。[①] 本章论及的信息源是指新闻事件的亲历者、相关知情人或组

---

① 董璐．传播学核心理论与概念．北京：北京大学出版社，2008：45.

织机构，也称作新闻信息源，具体到提供信息的人，一般也称作知情人、当事人、信息提供者。从信息来源渠道看，新闻传播中的信息源可以分为个人信息源和组织信息源。个人信息源是指作为个人的相关新闻事件的亲历者、知情者；组织信息源是指涉及或了解相关新闻事件的各类组织机构。

批评性报道是每位新闻工作者意会，但尚无统一定义的一个概念，甚至关于“批评性报道”的提法，学界也有争议，有学者认为此类报道应该称作“调查性报道”或“揭露性报道”。本章无意深究概念，仍使用“批评性报道”这一约定俗成的说法。根据李中华的研究，批评性报道是记者通过深入调查发掘某些隐藏的违法事实，被歪曲了的真相，或一些尚未引起重视的问题的报道。其实质是对批评对象依法实施舆论监督。

二、批评性报道的新闻风险

新闻是新近发生（或发现）的事实的报道。事实是新闻的本源，尤其是批评性报道，新闻的真实性更是不容丝毫马虎。但事实上，无论其报道的内容完全真实还是部分失实，批评性报道都存在着新闻风险，都存在引发各种纠纷的可能性，从而导致记者失去信息源，影响日后的采访工作，甚至给新闻单位招致官司。

一方面，体育新闻不同于时政新闻，体育领域新闻报道的禁忌较少，新闻控制比较松，体育新闻的批评性报道通常不会涉及政治等敏感话题。另一方面，较之时政新闻、社会新闻、财经新闻，体育新闻的信息源相对固定、狭窄，体育记者对于个人信息源和组织信息源更为依赖。这就导致体育媒体、体育记者容易受制于信息源，在采写、编辑批评性报道时不能指名道姓，发表批评性报道更是顾虑重重，既怕新闻事实无确凿证据自卫，又怕因此失去信息源，新闻工作相当被动。体育记者因为批评性报道而与信息源反目的案例不少。2004 年 1 月 7 日，《足球》报在其当天出版的报纸上刊登《“国资委”阻击中国足球》，报道称国务院国有资产监督管理委员会已经将中国足球列为“不良资产”，因而明确指示国有企业应将其完全剥离。中国足协认为，《足球》的报道失实，不仅要求《足球》报赔礼道歉，还宣布取消广州《足球》对中国足协主办、承办的所有赛事和活动的采访资格。中国足协是否有权力“取消”一家媒体的采访资格暂且不论，这一事件使以报道足球为主的《足球》记者的采访活动一时间极为被动。1998 年，广州《羊城体育》因为刊登一篇揭露足坛黑哨的批评性报道而招致官司，最终报社公开道歉赔款。类似因批评性报道引发的官司，在体育新闻界时有发生。2014 年 5 月，《体坛周报》一篇针对山东鲁能队主教练库卡有关训练内容和球队内部混乱的报道，惹恼了山东鲁能俱乐部。双方利用各自媒体、网站以及社交网络相互指责。

三、体育记者如何处理批评性报道与信息源的关系

在我国，体育媒体与体育组织之间尚未建立一套成熟、合理的合作机制，体育组织的新闻发言人制度尚不健全，新闻发布会重在单向的新闻发布与宣传，而不是体育组织与媒体的双向交流，媒体与体育组织之间甚至时有摩擦。在这种情况下，体育记者个人掌握的信息源就是体育媒体获得相关体育新闻的主要渠道。媒体对于体育组织或运动员的正面采访与宣传，相关体育人士自然是乐观其成；但媒体对于体育组织的批评性报道，则涉及体育记者与信息源的关系问题了。

英国学者沃伦·吉尔伯（Warren Greber）与瓦尔特·约翰逊（Walter Johnson）在《市政厅抢新闻：记者与信源角色的研究》中提出了三种可供选择的记者一信源关系模式：分离的关系；合作的关系；同化的关系。[①] 不难看出，在这三种模式中，从分离关系到同化关系，记者和信息源的关系趋于紧密，记者的独立性越来越弱，记者对于信息源的依赖性越来越强；在这种情况下，记者采写批评性报道的可行性、监督性、批判力、可信度也越来越低。我们认为，体育记者和个人信息源之间应该保持一种相互信任的合作关系，体育记者与组织信息源之间应该保持一种相互独立合作的关系。这样，体育记者在采写批评性报道时，应该注意以下几点来协调与信息源的关系：

（一）批评性报道须采访多渠道的信息源，并收集采访证据

采写批评性报道务必保证新闻事实的真实性，在采写新闻时注意收集证据，如采访录音、采访照片、采访视频等，这样既保证了新闻报道的严肃性，也是维护新闻媒体、记者公信力的必要手段。采访证据也是对信息源的一种震慑，提醒信息提供者对其所透露信息的真实性负责。

体育记者采写批评性报道，必须从多渠道的信息源获得新闻线索，一篇批评性报道绝不能完全依据孤立的个人信息源所提供的新闻线索。因为个体的信息提供者在向记者提供相关新闻信息时，难免夹杂个人声誉、利益等因素的考虑，厚己薄人，从而误导记者，使批评性报道偏离事实。孤立的个人信息源可靠性不强，有可能在受到某种压力的情况下，矢口否认先前接受采访时的说辞，使批评性报道失去依托。这样的案例为数不少。1998 年 3 月 24 日，当时广州的专业体育报之一《羊城体育》刊登一篇批评性报道《“首尾”之战场外音》，文章披露

---

① 董璐．传播学核心理论与概念．北京：北京大学出版社，2008：45.

该场比赛主裁判陆俊在赛前收受客队大连万达俱乐部20万元贿赂款，在比赛中偏袒客队，致使主队广州松日输球。随后陆俊状告《羊城体育》，而《羊城体育》因为缺乏关键证据而输掉官司，并公开致歉、赔偿。《羊城体育》记者采写的《“首尾”之战场外音》这篇报道中有一句话，“对于比赛中大连队得到的那个点球，松日俱乐部赛后还一直耿耿于怀。当晚，该俱乐部的一位负责人致电本报及其他新闻单位，要求记者在文章中反映此球是裁判的误判。他还投诉，赛前这位主裁判收了客队20万现金，希望新闻界能予以曝光”。这几句招惹官司的话语，来源于广州松日俱乐部副总经理利彪的主动爆料。但在新闻报道见报之后，广州松日俱乐部和利彪本人矢口否认接受过采访，更拒绝出庭作证，《羊城体育》败诉在所难免。自此，中国足坛假球黑哨日益嚣张，媒体监督谨小慎微，这既是一家报社批评性报道的失策，也是体育媒体舆论监督的一次历史性的挫折。

时过境迁，2012年2月16日，辽宁省丹东市中级人民法院审理查明，“1999年至2003年，被告人陆俊利用执裁足球比赛的职务之便，为相关足球俱乐部及相关人员牟取不正当利益，先后7次非法收受他人财物共计人民币81万元”，“被告人陆俊犯非国家工作人员受贿罪，判处有期徒刑5年零6个月，并处没收财产人民币10万元”。[①] 可见当年《羊城体育》的报道绝非捕风捉影。但当时《羊城体育》记者在采访中既没有留下录音等采访证据，也没有从多渠道联系其他知情人寻找旁证、佐证，最终因这篇批评性报道招致官司并败诉。

事实上，即便媒体在报道一般性体育新闻的时候，也应当多方求证，采访多渠道的信息源，不能听风是雨，为了抢发新闻而罔顾新闻的真实性和媒体声誉。例如，2014年6月5日，《中国经营报》官方微博在报道阿里巴巴收购广州恒大足球俱乐部50%股权的新闻时，求证了两个信息源，并且在新闻稿中着重强调了这一点，以增强新闻的可信度。《中国经营报》官方微博原文如下：

【快讯：阿里巴巴12亿收购恒大足球俱乐部50%股权】《中国经营报》记者获悉，阿里巴巴已经与恒大达成协议，将与恒大集团在恒大足球俱乐部层面展开合作。接近交易的两个独立消息源证实，阿里将向恒大方面支付12亿元，用以购买恒大足球俱乐部50%股权。相关消息将在今日上午11时11分左右正式公布。[②]

---

① 足球反腐首批案件一审宣判. http://video.sina.com.cn/p/sports/c/v/2012-02-16/104861667373.html.

② 李乐. 快讯：阿里巴巴12亿收购恒大足球俱乐部50%股权. http://weibo.com/1650111241/B7zaavbP2.

《中国经营报》的这条微博发布于6月5日上午9时33分，比阿里巴巴和广州恒大俱乐部正式发布消息提早一个半小时。也正是因为有“接近交易的两个独立消息源证实”，《中国经营报》才敢于提前发布如此重磅的新闻。

（二）批评性报道写作应多用引语，并隐讳信息源

批评性报道的写作除了叙述新闻事实，还应多加引述来自信息源的话语，用事实说话，让当事人、知情人说话。因为新闻报道中的引语，能明确报道的真实性，彰显报道的权威性，特别是直接引语更能真切地体现批评性报道的批判力和说服力，让当事人、知情人的观点直观地呈现在读者面前。引语的使用，比记者任何妙笔生花的评述更有说服力。记者引述个人信息源引语的同时，还应注意隐讳他们的个人信息，以免给他们日后的生活工作带来不便；避免其身份暴露，否则记者可能失去这一信息源。担任过《密尔沃基前哨报》特别赛事报道主管的马克·塞伯加克在论述如何对待信息源时提出，体育记者要关注两个问题，一是跟信息提供者保持合作关系，二是要保护他们。[①] 例如，《辽沈晚报》2009年11月9日体育版一篇《神秘赌球人为啥要“做掉”老大?》的报道中，记者张松赴上海与赌球“线人”联系采访、取证，报道中直接引述个人信息源的话语，但以“举报人Z”代之，大量的直接引语既彰显了报道的真实性，同时记者撰稿时也刻意隐讳了“举报人Z”的真实姓名。

（三）与信息源保持合适的距离，提高批评性报道的客观性

内容涉及某些俱乐部、协会等体育组织的批评性报道，体育记者既要从该组织信息源了解相关新闻事件原委，又要实事求是、客观公正地进行舆论监督。新华社体育部副主任许基仁曾这样描述媒体与体育组织之间的关系：两者之间既不是零距离，也不是远距离，而是近距离。不少体育记者为了与信息源建立巩固的关系，跟他们称兄道弟，对于他们的负面新闻，进行隐瞒甚至歪曲报道。即便在反赌风暴刮得满城风雨之时，仍有许多“黑幕”没有被揭出。这一方面是因为某些消息虽然已被信息源亲口承认，但记者并不掌握确凿的证据，为了避免惹上官司而选择不予报道；另一方面，在面对某一新闻事件时，某些记者因为与涉案的个人私交甚笃，出于朋友义气或长远的新闻采访需要而不予揭露报道。这样，读者的知情权无形中受到侵害，新闻媒体的舆论监督功能被大大削减。

当然，如果与信息源的关系过于疏离，那将会导致信息不畅，更无从获得独家新闻。在这种情况下，想要进行批评性报道，恐怕很难令人信服，也容易造成新闻失实。因此，对于记者来说，与信息源之间保持合适的距离是十分重要的。

---

① 布鲁斯·加里森，马克·塞伯加克．体育新闻报道．郝勤，等译．北京：华夏出版社，2002：35.

太远了看不清真相，太近了又容易掺杂个人感情，很难保证批评性报道的真实性和客观性。同时，作为记者应该清楚，客观公正的舆论监督是职业道德的要求，受众有权知道事实的真相，为了巩固信息源而放弃批评性报道，只能沦为某些机构和个人的“传声筒”。

第三节　网络体育新闻的新闻价值要素

《国安 4 比 0 狂胜绿城　剑指恒大》《伊巴卡宣布伤别西部决赛》《欧冠决赛预测首发：BBC 组合出战》《里皮发布会当众发飙：这是中国最差裁判》《新帅恩里克三把火打造梦四队》《北京挑战赛：谢文骏 13 秒 31 摘金》……世界上每时每刻发生的体育新闻事件不胜枚举，虽然网络新闻报道以海量见长，但如何将无限的体育新闻布置在有限的网站频道首页上，如何选择某条置顶凸显的体育新闻，这是网站体育频道编辑每天都要面对的工作，也是网络体育新闻价值判断和新闻选择的话题。

根据李良荣的研究，对任何新闻媒介来说，新闻定义、新闻价值、宣传价值、新闻法则是新闻选择的四项主要标准。[①] 其中，对于新闻选择影响最大、自身变化最多的无疑是新闻价值，新闻价值的大小直接决定着新闻选择的方向。随着时代和各类媒体自身的发展，体育新闻的新闻价值也在不断地被重新认识，表现在具体的新闻操作中，新闻选择的标准也在悄然发生着变化。而且，采访、写作、编辑的各个环节都和新闻选择有着密切关系，本章探讨的是第三个环节，即编辑环节。对于一家网站的体育新闻编辑来说，他们所要选择的不仅仅是记者采写的某时某地的体育新闻，同时也包括发布于各类媒体上铺天盖地的来自全世界的体育新闻。而体育新闻也正是经过编辑的选择、处理，最终呈现在网友面前。

一、新闻价值

新闻选择就是“对现实生活中发生的事实加以鉴别，选出新闻媒介值得传播的事实”。哪些新闻事实值得媒体传播？毫无疑问，自然是受众所关心的、能够引起“共同兴趣”的新闻。而所谓“共同兴趣”是指每一家新闻媒介要提供自己的受众共同感兴趣的内容。各种新闻媒介各有各的受众群，共同兴趣的具体

---

① 李良荣. 新闻学概论. 上海：复旦大学出版社，2013：340.

内容当然各不相同。[1] 体育新闻，相比于一般性的社会新闻，其受众具有一定的特殊性。而不同类别新闻网站的受众对于体育新闻又有着不尽相同的“共同兴趣”。那么，什么样的体育新闻才能最大限度地满足受众需求，吸引他们的注意力呢？新闻价值就是解决究竟选择什么事实才会引起公众兴趣这个问题的。新闻价值就是事实本身包含的引起社会各种人共同兴趣的素质。

新闻价值实质上是由新闻的定义和意义衍生而来的。新闻的价值没有固定的条条框框，却存在于新闻工作者的意识和经验之中。也有人对新闻价值进行了总结概括。英国《卫报》的前主编阿利斯泰尔·赫瑟林顿曾把新闻价值总结为：重要性（significance），戏剧性（drama），轰动性（surprise），名人（personalities），性、丑闻和犯罪（sex，scandal and crime），报道的数量和规模（numbers，magnitude of the story），密切性（proximity）。哈尔卡普和奥尼尔提出了十项新闻价值作为事件成为“新闻”所必须满足的条件：涉及权力精英（reference to the power elite，包括个人、组织和国家）；涉及名流（reference to celebrity）；娱乐性（entertainment，例如性、人性喜好和戏剧）；轰动性（surprise）；好消息（good news，例如获救、个人成功）；坏消息（bad news，例如悲剧和事故）；规模性（magnitude）；相关性（relevance，包括文化密切性和政治重要性）；后续报道（follow-up stories）；报纸的议程（the newspaper's agenda，既包括政治因素，也包括该文体的结构因素）。[2]

网络体育新闻在新闻价值方面既包含了所有新闻的共性，也体现出自身的特性。

二、网络体育新闻的新闻价值构成要素

为了研究网络体育新闻的新闻价值构成要素，我们对我国四大门户网站以及两家地方性新闻门户网站的体育频道在首页重点推荐的309条体育新闻进行了统计分析。

表3-1　六家网站体育频道首页推荐新闻数量统计（按运动项目分类）

	足球	篮球	网球	羽毛球	排球	田径	其他	合计
新浪体育	26	18	1	5	1	1	6	58
腾讯体育	23	13	0	2	0	2	0	40

① 李良荣．新闻学概论．上海：复旦大学出版社，2013：351.

② 鲍勃·富兰克林，等．新闻学关键概念．诸葛蔚东，等译．北京：北京大学出版社，2008：228-230.

（续上表）

	足球	篮球	网球	羽毛球	排球	田径	其他	合计
搜狐体育	38	20	0	4	0	1	8	71
网易体育	33	26	0	2	0	5	5	71
大洋网体育频道	8	2	3	1	1	0	7	22
东方网体育频道	22	10	0	5	0	4	6	47
合计	150	89	4	19	2	13	32	309

表 3－2　六家网站体育频道首页推荐新闻数量统计（按赛事级别和新闻类别分类）

	省级以下比赛	国家级比赛（国内）	国家级比赛（国外）	国际比赛	体育明星新闻	其他非赛事新闻
新浪体育	0	14	16	7	11	10
腾讯体育	0	10	17	11	2	0
搜狐体育	0	16	16	15	11	13
网易体育	0	10	24	20	17	0
大洋网体育频道	0	7	6	5	4	0
东方网体育频道	0	16	15	10	5	1
合计	0	73	94	68	50	24

表 3－3　六家网站体育频道首页推荐新闻数量统计（按比赛举办地分类）

	本地	国内	国外	其他（专题等）
新浪体育	2	24	25	7
腾讯体育	0	13	27	0
搜狐体育	6	21	40	4
网易体育	7	20	42	2
大洋网体育频道	4	12	6	0
东方网体育频道	8	19	19	1
合计	27	109	159	14

注：以上表格只统计各网站体育频道首页重点推荐的新闻条目，不包括详细新闻列表及其他专栏等。统计时间为 2014 年 5 月 22 日 12 时。

从以上列举的表格中，不难看出，六家网站体育频道重要新闻的选择，从地域范围来说，既有全世界范围内的重大体育新闻，又兼顾到本地性的体育新闻报道；从比赛性质上来说，既有综合类赛事，又有单项比赛，而单项比赛包含了足球、篮球等各个项目；从报道的内容来看，既有赛事报道，也有场外的体育明星新闻、花边新闻。那么，究竟是哪些特点使得这些新闻从众多新闻中脱颖而出成为六家网站体育频道重点推荐的新闻呢？它们身上具备哪些新闻价值要素呢？

根据以往的研究，人们认为体育新闻的新闻价值构成要素，与其他新闻有着共同特征，即真实性、时新性、重要性、接近性、显著性、趣味性，同时又体现出一些特性，如冲突性、情感性、审美性等。随着时代发展，体育新闻的新闻价值构成要素也在不断变化。我们认为，真实性从属于新闻定义的要素，编造的、虚构的事件原本就不是新闻，所以在此不作讨论。

（一）时新性——核心竞争力

通信技术和媒体自身的发展，以及体育事件本身的特性，对网络体育新闻的时新性提出了更高的要求。众所周知，在网络媒体诞生之前，通讯社之间对于新闻时效性的比拼最为激烈。通讯社对于重大新闻事件的报道以发稿速度来衡量成败，而发稿速度又以秒来计量。而网络媒体诞生之后，特别是对于重大突发性新闻、重大体育赛事的报道，网络媒体之间的竞争也已经以秒来计量报道速度。

事实上，在新闻的时新性方面，体育新闻尤其是体育赛事直播最能体现新闻的价值，是新闻直播报道的急先锋。最有魅力的体育新闻报道的形态莫过于体育赛事直播。体育赛事直播原本是电视的老本行，但互联网在普及了基础的硬件设施之后，很快全盘掌握了赛事直播的功能——网络体育赛事直播。除了播出画面技术性的短暂缓冲，网络体育赛事直播在其他用户体验方面已经与电视直播并无多大差别。在其他形态的体育新闻报道方面，网络体育新闻更是全面超越其他大众传播媒体，前文对此已有论述。

新闻报道的时效性，新闻内容的时新性，是网络体育新闻报道的核心竞争力。同样的体育新闻，如果某家网站发布时间落后于竞争对手几分钟，就意味着竞争失败，发布的新闻即有拾人牙慧之嫌。第一时间抢发重要的体育新闻是体育新闻工作者的职责所在。因此，在一场体育比赛结束的刹那间，体育迷即可从网页上刷新出关于整场体育比赛的赛况报道；甚至在比赛进行期间，比赛过程中的焦点事件都会被即时地报道出来。

时新性是体育新闻工作者在新闻选择过程中进行新闻价值判断的首要标准。

（二）重要性——无可撼动的标准

对于以竞技体育为报道重点的体育新闻来说，赛事报道是其核心内容。而比赛的重要程度，则受到比赛项目、级别的影响，比赛项目越热门、级别越高，其重要性程度也就越高。在所有体育赛事中，能吸引最多体育迷关注的无疑是奥运会和足球世界杯。

通过对四大门户网站以及两家地方性新闻门户网站的体育频道首页重点推荐的309条体育新闻的统计分析显示，足球项目类的新闻有150条，篮球89条，网球4条，羽毛球19条，排球2条，田径13条，其他项目32条。足球和篮球项目因为普及范围广、赛事多、观赏性强等优势，目前仍是受众最感兴趣的体育运动项目，对于此类体育新闻的选择、编辑，无疑是体育新闻编辑工作的重中之重。上述统计是仅仅就一个时间节点网站页面显示的统计，对于乒乓球、网球、羽毛球等赛会制比赛较多的项目来说，在赛时通常会有更多的新闻。抛开其他新闻价值要素的影响，级别越高的比赛往往水平也越高，因此受到观众关注程度越高。

（三）异常性——冷门的作用不可忽视

19世纪美国著名报人戴纳有一句名言，“人咬狗不是新闻，狗咬人才是新闻”。这句话体现的就是新闻的异常性，只有反常的事情才是有用的新闻，才具有更大的新闻价值。在体育新闻中，异常性最典型的体现就是“冷门”。

2014年5月，谢文骏连续在上海钻石赛和国际田联世界田径挑战赛北京站的比赛中夺冠，这对于多年来由刘翔一统天下的中国田径来说，无疑是一个大冷门。因此这一新闻毫无疑义地登上上述六家网站体育频道的首页。而有些体育赛事虽然级别不高，但因为冷门迭爆，同样会成为体育新闻报道的焦点。中国乒乓球男队的世乒赛选拔赛“直通莫斯科”第三回合，王皓、马琳、王励勤三位老将均在首轮比赛中即遭淘汰。虽然这只是中国乒乓球队队内的选拔赛，但因为老将频频失手，冷门集中，表现出很高的异常性，因此，各媒体纷纷报道，在赛后也引起了受众的广泛关注。

体育赛事结果的偶然性较大，每类体育赛事都不乏冷门，因此，由“冷门”这一异常因素催生的体育新闻通常更具新闻价值。

（四）接近性——把目光放在你的周围

表3-3统计了309条体育新闻所涉及的比赛举办地分布，其中27条新闻发生在本地，总体上低于全国和国外的体育新闻的数量。但是对比两家地方性新闻网站——大洋网和东方网本地体育新闻所占全部新闻的比例，地方性新闻网站相对于全国性的新闻门户网站，对于地方性新闻有着明显的偏重。例如大洋网报道——《中国方程式大奖赛肇庆站　崔岳摘首回合桂冠》，这条新闻被报道很大程度上缘于其赛事承办地在广东，而其他网站都没有关于这项赛事的报道。另外，各家网站对于所在地中超赛事的报道有着明显的偏重。华南地区媒体如大洋网、网易对于广州恒大队的新闻报道有所侧重，新浪网、搜狐网等总部在北京的

媒体对于北京国安队的新闻报道明显偏多。这其中所体现的就是新闻价值中常说的地理上的接近性，在媒体辐射范围更近的地区进行的体育赛事，要比外地发生的、性质相似的事情更能引起读者的兴趣。

除了地理上的接近性，心理上的接近性同样重要。以 NBA 来说，所有球队对于中国球迷的地理接近性几乎是没有差别的，但火箭队和篮网队曾经因为有了姚明和易建联的加入，而让广大的中国球迷把他们当成了“主队”，从而有了心理上的接近性。所以当年火箭队和篮网队的比赛，也常常占据国内网站体育频道的头条。

（五）显著性——最大限度发挥明星效应

在西方的新闻学教科书中有一个著名的公式：名人 + 普通的事 = 新闻；普通人 + 不寻常的事 = 新闻。正是出于对“名人效应”的考虑，众多记者对于名人穷追不舍。表 3－2 统计显示，体育明星新闻占六家网站体育频道首页推荐新闻比重的 16%。需要强调的是，这一数据是纯粹的体育明星新闻，而不计入提及体育明星的一般性的体育赛事新闻。

体育迷观赏体育赛事的过程，是满足自身精神需求和审美需要的过程。美是人的本质力量的对象化。体育迷观赏体育赛事或者关注体育新闻，从审美心理根源上来说是对于人的本质力量的欣赏。所以，人——体育明星，永远是赛场上的焦点，是体育迷关注的焦点。事实上，网站新闻编辑在制作任何体育新闻时，无不善于以体育明星为切入点，以图片、视频等形式凸显体育新闻中的体育明星的形象、言论和表现。报道并凸显体育明星新闻，是网站体育频道吸引网友关注的重要手段。

（六）娱乐性——赛场外同样精彩

近年来，体育新闻报道体现出越来越多的娱乐性，娱乐化趋势也引起学界和业界的诸多争论。支持者认为，带有娱乐性的新闻给体育带来了更多的看点和更多的受众；反对者认为，过度娱乐令体育新闻偏离了轨道。但争论声并没有改变人们对体育新闻中的娱乐事件的追求，媒体对于体育明星的绯闻轶事的关注热情，远远高于对于他们赛场表现的关注。泰格·伍兹的“偷腥门”、特里的“友妻门”、“某某某迎娶娇妻”等体育赛场外的事件无一例外地成为媒体关注的焦点。网站体育频道几乎都会设置“性感体坛”“足球宝贝”等栏目提高网站的点击率。关于体育新闻娱乐化的是是非非难有定论，但娱乐性确实已经成为新闻选择的一个重要影响因素。

三、新闻价值与新闻选择的函数关系

前文就体育新闻的新闻价值构成要素进行了逐一解释，但是在实际操作中，一则新闻往往同时具有多项新闻价值构成要素。此时，各新闻价值要素共同作用于该新闻，决定其新闻价值的大小。用一个公式来表示，即：

$$y_1 = f(x_1, x_2, x_3, x_4, x_5, x_6)$$

自变量 x_1、x_2、x_3、x_4、x_5、x_6 分别代表时新性、重要性、异常性、接近性、显著性和娱乐性的程度高低；因变量 y_1 代表一则新闻的新闻价值。各自变量与因变量之间呈现“此长彼长，此落彼落”的正相关关系。

而新闻价值的大小决定着新闻选择的方向，但是不同媒体在进行新闻选择时，也可能受到其他因素的干扰（是否独家、是否自采稿件、与被采访者关系亲疏等）而表现出一些差异。也就是说，一些新闻价值之外的因素也在影响着新闻选择的方向。如果将这些影响因素用变量 k 来表示，那么就可以得到一个关于新闻选择的公式，即：

$$y_2 = f(x_1, x_2, x_3, x_4, x_5, x_6, k)$$

y_2 代表新闻选择，它受到不同程度的新闻价值要素 x_1，x_2，x_3，x_4，x_5，x_6 以及其他未知变量 k 的共同影响。

从理论上来说，各新闻价值要素对新闻价值大小的影响，取决于其自身程度的高低，而各要素之间并不存在影响力的前后排序问题。新闻价值也不是各新闻价值要素的简单累积。可以说，任何一项要素，只要其在某一则新闻中体现得淋漓尽致，该新闻都可能具备极高的新闻价值。但是，在具体的新闻选择过程中，同质媒体在对新闻价值的应用上，则体现出一些相似性。在网络体育新闻编辑新闻选择的具体操作中，仍有以下几个方面值得注意：

第一，地方性新闻门户网站偏重考量体育新闻价值构成要素中的接近性，特别是地理上的接近性。地方性新闻门户网站的体育频道无法与商业门户网站展开全面竞争，但地方性新闻门户网站可以利用网站及其所属传统媒体地域上的优势，偏重本地体育新闻的报道，吸引更多的区域性受众，与商业门户网站展开差异化竞争。譬如更多地报道在本地举办的体育赛事、本地所属的运动队赛事，报道本地籍贯运动员的新闻，报道本地的社会体育、体育产业领域的新闻，拉近与本地受众间的距离。

第二，优先选择自家网站记者采写的新闻，尤其是独家新闻，因为这两者是体现媒体独立性和权威性的重要标志。在新闻同质化竞争日趋严重的形势下，率先发布人无我有的消息，无疑是媒体实力的象征。当前商业门户网站体育新闻的采编能力较之以往大有提高，腾讯体育由本部记者采写的新闻和转载签约媒体新闻的数量各占一半。

第三，在网络体育新闻专题报道方面下功夫。专题新闻有着内容集成性、表现多样化、阅读延时性等优势，可以将不同时期发生的多条看似并无多大新闻价值的新闻整合到一起，达到聚沙成塔的效果。

第四，主次分明，以图片、视频凸显重要体育新闻。每天发生在世界各地赛场上的体育新闻不可胜计，即便以海量信息著称的网络媒体也不可能做到面面俱到。因此，在新闻选择上，网络体育新闻编辑要大胆取舍，为重要的体育新闻留足页面空间，配上图片和视频重点推荐；其他体育新闻划入新闻列表即可。

第五，场内为主，场外为辅，软硬兼顾。在新闻选择过程中，体育新闻编辑要注重“软硬搭配”，即赛场内的信息、赛场外的花絮、体育明星新闻比例适当，措置得宜。在具体的操作过程中，当一则新闻的显著性或娱乐性表现出明显的强势，要毫不犹豫地进行重点处理。这些新闻相比于一场重量级的比赛，更能吸引一些一般体育迷甚至非体育迷的注意力，也可以满足更多受众的“共同兴趣”。

思考题

1. 网络媒体记者可以从哪些渠道采编体育新闻？
2. 网络体育新闻的来源有哪些？
3. 为什么说体育比赛现场是体育新闻采访写作的最前沿阵地？
4. 大型体育赛事的新闻中心有哪些职能？
5. 体育记者如何从比赛场地、训练场采写新闻？
6. 电话、短信采访有何优势？
7. 体育记者如何从运动员博客、微博等社交网络以及体育组织官方网站获得新闻线索？
8. 网络媒体转载国外媒体新闻要注意哪些问题？
9. 结合实例讨论批评性报道中体育记者如何处理与信息源的关系？
10. 重大体育新闻采写过程中，体育记者为什么要多方求证？
11. 批评性报道中，应该如何处理信息源的相关信息？为什么这样处理？
12. 简述网络体育新闻的新闻价值构成要素。
13. 结合具体案例，解释新闻价值与新闻选择的函数关系。

第四章　新闻网站的体育新闻传播

网络新闻是互联网的基础应用之一，是网民获取新闻的主要渠道。多年来，网络新闻的使用率一直保持在较高水平，在所有网络应用使用率中仅次于即时通信和搜索引擎。截至2016年6月，我国网络新闻用户规模为5.79亿，网民使用比例为81.6%。与2015年底相比，用户规模增加1 487万，半年增长率为2.6%。其中，手机网络新闻用户规模为5.18亿，占移动网民的78.9%，较2015年底规模增加3 635万，增长率为7.5%。[①] 随着互联网技术的飞速发展，网民上网获取新闻信息的渠道越来越多，手段越来越新颖，如微博、微信等应用的兴起，新闻客户端的应用推广，但新闻网站无疑是网络新闻传播的主力军，是网络新闻传播内容的最主要载体。

第一节　商业门户网站的体育频道

商业门户网站是互联网上最早涉足新闻服务的一类网站。1998年9月，四通利方网站（新浪网前身）开通新闻频道，是中国大陆最早开始新闻服务的网站。1998年12月1日，四通利方并购华渊资讯网，新浪网正式成立。新浪网的主要发展方向转向做门户网站。2000年12月27日，新浪网获得登载新闻的资格，成为最早具有登载新闻资格的商业门户网站。

随后，搜狐、网易分别于2000年12月29日和2001年2月25日获得新闻登载资格。2000年，新浪、网易、搜狐先后在纳斯达克上市，三家网站开始了在互联网新闻服务层面的竞争。

中国大陆地区互联网新闻服务，最早是以传播体育新闻开始的，甚至可以说，先有网络体育新闻传播，后有网络新闻传播。1996年8月，四通利方网站开通两个月后就开通了体育沙龙BBS；1997年12月，四通利方体育频道开通，两者都早于新闻频道。

---

① 中国互联网络信息中心．中国互联网络发展状况统计报告（2016年7月）．

商业门户网站从事网络新闻服务起步早，资金和技术实力雄厚，具备整体规模优势，用户群庞大，早期的新浪、搜狐、网易在商业门户网站中遥遥领先，加上后来发展势头迅猛的腾讯网，四家商业门户网站的体育频道牢牢占据着国内体育类网站的前四位。（表 4－1）它们的访问量远远高于其他新闻网站的体育频道和专业体育网站，是中国网民上网浏览体育新闻、观看体育赛事最主流的网站。

表 4－1　四家商业门户网站体育频道最近三月排名趋势（2016 年 8 月 20 日数据）[①]

排名	体育频道	覆盖数 UV	浏览量 PV	人均 PV
1	新浪体育	6 300.5	306.35	3.40
2	腾讯体育	1 312.9	36.66	2.01
3	网易体育	788.4	36.10	3.03
4	搜狐体育	491.6	13.80	2.05

注：覆盖数 UV＝平均每百万名 Alexa 安装用户中的访问人数（人/百万人），浏览量PV＝Alexa 安装用户平均每百万次浏览页面中的访问页面数（页数/百万浏览），人均 PV＝每百万名 Alexa 安装用户平均每人日均访问页面数（页数）。

一、新浪体育

新浪体育即新浪网体育频道（http：//sports. sina. com. cn/），曾经称为“新浪竞技风暴”，是全球最大的中文体育资讯频道，在中国体育类网站中排名第 1。新浪竞技风暴全面报道国内外体育新闻和体育赛事，包括国内足球、国际足球、NBA、综合体育等重头栏目，全程追踪报道各国体育明星及热门运动队。新浪竞技风暴历来注重大型体育赛事和高水平竞技体育、职业联赛的报道，从报道 1998 年世界杯足球赛至今，新浪竞技风暴以不同方式参与了几乎所有大型体育赛事的报道。新浪竞技风暴自 1997 年开通之初就奠定了国内网络体育新闻报道的老大位置，不但深受广大体育网民喜欢，而且是体育新闻工作者每天浏览的网站。

① 艾瑞咨询．体育排名数据．http：//www. iwebchoice. com/html/class_11. shtml？3Months.

图 4-1 新浪竞技风暴页面（2014 年 9 月 14 日截图）

（一）新浪体育报道大型体育赛事概况

1996 年 8 月，四通利方网站“体育沙龙 BBS”开通。1997 年 9 月至 11 月，体育沙龙栏目对 1998 年世界杯亚洲区预选赛进行网上视频、音频、文字实况直播。1997 年 11 月 1 日凌晨，网友老榕在四通利方体育沙龙发表的《10 · 31：大连金州没有眼泪》的帖子，48 小时内被阅读了两万多次，四通利方体育沙龙广为人知，传统媒体第一次认识到了互联网的力量。

1998 年 5 月 8 日，四通利方“法国’98 足球风暴”站点开通，被法国官方指定为唯一的中文站点，并在世界杯期间创下中文访问站点最高纪录。四分之一决赛期间，网站创造了中文访问站点最高纪录，日点击 310 万次。整个世界杯期间（6 月 11 日至 7 月 13 日），“法国’98 足球风暴”站点 24 小时滚动播出新闻，共发稿 2 483 件，平均每天发稿 75 件，6 月 21 日最多的一天发稿 121 件；网站广告收入达 18 万元人民币。

2000 年 7 月 12 日新浪向奥运中国体育代表团赞助 800 万元人民币，中国奥委会授权新浪网成为第 27 届奥运会中国体育代表团、中国体育代表团官方网站唯一互联网合作伙伴，依靠获得的许多独家资源，新浪奥运专题网站获得成功。

2002 年 5 月 31 日至 6 月 30 日，新浪世界杯专题全面报道 2002 年韩日世界杯足球赛。

2004 年 8 月 13 日至 8 月 30 日雅典奥运会期间，新浪奥运会专题网站文字发稿总量为 4.2 万篇（总字数近 1 500 万字），日均发稿量 2 300 多篇；图片发稿总量 2.1 万张（仅开幕式就有图片 450 张），图片发布日均逾 1 100 张；视频节目共1 500条，日均 80 多条。此外，新浪网建立的奥运资料库的信息非常全面，包括项目、选手、场馆、历史等内容，其中，仅参赛选手资料就达1 300多人，囊括了全部中国选手407人的准确官方资料。①

北京奥运会是中国传媒业的一次盛会。新浪网在2007年9月，北京奥运会开赛一年之前就"组建了近500人的奥运报道团队，其中包括100人的前方报道团队、300人的后方报道团队和80人的世界各地报道团队。同时，新浪还利用其外地的撰稿资源、博客报道群体等全面开展奥运报道。新浪与40余家网络媒体、16家省级权威平面媒体、9家电视台结成奥运报道联盟，并与《足球》《体坛周报》以及国际三大通讯社——法新社、美联社和路透社建立了战略联盟合作关系，分享奥运报道内容资源"②。

北京奥运会期间，新浪奥运用户数和流量两项指标均逼近四大门户均值的200%，连续15天位居网站排行榜榜首。国内128个城市通过新浪网收看奥运会赛事的网民平均比例为39.68%，稳居各大网站之首。其时，如日中天的新浪博客成为奥运强大的舆论平台，新浪博客日均用户数达到行业均值的3.6倍，是排名紧随其后的腾讯和搜狐的总和的1.5倍。新浪奥运报道相关的博文、图片、评论、调查、冠军访谈等内容被全国近300家主流电视台、电台和平面媒体广泛引用。

（二）新浪网体育新闻报道的特点

1. 快速、全面、准确、客观

"快速、全面、准确、客观"八字方针是新浪新闻的编辑方针，是新浪网基本传播理念在实际操作中的具体体现。这一编辑方针正是新浪网在1998年12月开通体育频道时提出来的方针。

新浪网把速度作为衡量其新闻成败的第一指标。新浪网的编辑规范明确要求在确保准确的情况下，新闻的发布"能快则快"，最好不要有一秒钟的耽搁。③新浪网是国内第一家实行24小时滚动新闻制度的网站。对于重要体育赛事的比赛结果，新浪体育几乎是在比赛结束的同时发布。逢重大体育赛事期间，如奥运会的比赛项目，新浪体育在比赛项目决赛结束之后第一时间发布快讯，一两分钟内发布前三名的成绩，再过几分钟，发布比赛项目前八名的详细成绩公报。

新闻是对新近发生的事实的报道。新闻的本源是事实。新闻快速传播的前提是准确，对于追求时效性的网络新闻来说也不例外。新浪体育在雅典奥运会时，因为急于发布中国跳水选手胡佳夺得金牌的新闻，操作失误发布了中国女排负于

---

① 陈彤，曾祥雪．新浪之道：门户网站新闻频道的运营．福州：福建人民出版社，2005：188－203.
② 新浪公布奥运报道战略．http：//news. xinhuanet. com/newscenter/2007－09/07/content_6678291. htm.
③ 陈彤，曾祥雪．新浪之道：门户网站新闻频道的运营．福州：福建人民出版社，2005：59.

俄罗斯的模板预备代码，造成女排决赛尚未结束即发布女排失利的错误。因为中国网民对于中国女排的特殊感情，这一失误给新浪网造成了一时的负面影响。

“全面”是指新闻编辑绝不能漏发新闻，以确保网络新闻的海量性。为了确保全面性，权威体育网站千方百计采取措施以获取新闻资源，包括每天24小时全天候浏览国内外新闻网站、媒体网站、亲派记者到新闻一线等，甚至从网友留言中发现新闻线索。[①] 为保障新闻的全面性，新闻采访权受到限制的商业门户网站需要大量的新闻资源，即从传统媒体获得转载新闻内容的授权和合作。目前，新浪体育与华奥星空、《足球》、《篮球先锋报》、《中国体育报》、《东方体育日报》、《辽沈晚报》、《人民日报》、《京华时报》、《新京报》、《北京青年报》、新华网、中新社等29家报社、网站、通讯社合作，新闻资源充裕。

“客观”与“全面”相辅相成。对于新闻事件客观的报道，也就是意味着从不同的视角来报道新闻，包容汇集各家观点，对新闻事件进行全面报道。专题报道是保证网络新闻报道全面、客观的重要报道形式，特别是关于重大体育新闻事件的专题报道，全面的新闻信息，既可以保证网站报道相关事件的全面、客观的态度，也可以依靠海量的新闻紧紧地吸引住网友。如新浪体育所做的“贝克汉姆中国行”专题。（图4－2）

图4－2　新浪体育“贝克汉姆中国行”专题

---

① 张德胜．体育媒体通论．广州：广东人民出版社，2006：256.

2. 汇聚丰富资源，组合重拳出击

新浪网对于新浪体育频道的定位是：全球最大的中文体育资讯频道，全面覆盖全球体育赛事，多媒体、全方位再现国内外体坛风云。

新浪网是最早在体育赛事转播中使用视频、音频等技术手段的中文网站。无论是作为转载新闻的来源媒体还是从各类体育赛事转播权来看，新浪网都有着丰富的体育新闻报道的新闻资源。特别是体育赛事的转播权方面，新浪体育拥有国内中超、CBA 等职业联赛，国际上英超、意甲、西甲、德甲、法甲欧洲足球五大联赛、欧洲冠军杯以及 NBA 等高水平体育赛事的不同级别的转播报道权。新浪体育几乎每天都有体育赛事的视频直播或图文直播，即便网站没有转播权的赛事，新浪体育也会“无私”地链接出转播赛事的电视台网站的网址供网友观看。每逢周末世界各地体育比赛开赛之时，新浪体育可同时直播多场体育赛事，可满足各类体育迷对于各类体育赛事的多种观赛场次的要求，网友甚至可以打开几个页面同时观看数场比赛的直播，或者通过平板电脑等移动客户端观看比赛直播。

新浪体育也十分重视对体育赛事资源、数据的归纳整理，注重网友的观赛体验，满足资深体育迷对于专业体育数据的需求。2013 年 10 月 28 日改版的新浪体育直播大厅，推出五大新功能：视频直播导航，最新直播安排一览无余；个性化订制体育赛事，收藏球队、球员，更便捷观看比赛；足球、篮球、网球赛事的交战记录一站式全面查询；球队、球员赛程搜索；世界时区零障碍切换。（图 4－3）同时，新浪体育完善了 NBA 数据直播系统、CBA 数据直播系统、足球比分直播系统、篮球比分直播系统、网球比分直播系统、足球数据排行榜、国际足球数据库、中超数据库、亚冠数据库，储备的体育数据堪比专业的体育数据统计机构。

图 4－3　2013 年 10 月 28 日改版的新浪体育直播大厅

3. 多元媒体融合，各路新闻整合

新闻整合是网络媒体的重要工作，是网络媒体发挥媒介优势、提高传播效果的重要编辑策略。特别是在当前新媒介环境下所谓的“融媒体”时代，新闻整合不仅仅是指对于新闻内容的整合，更是指不同介质媒体不同形式的新闻内容的整合，不同平台不同渠道上的新闻传播的整合。

在新闻内容整合方面，新浪体育善于在体育赛事的赛前、赛中、赛后不同阶段采写、转载、整合各类媒体的新闻报道，以文字、图片、音频、视频等形式，分时段、分层次地呈现给网友。

对于来自不同介质媒体的新闻，新浪体育有着不同的整合处理方法：转载自报纸的新闻一般是直接转发文字稿件，而对于有重大新闻价值的新闻，特别是来自专业体育报纸如《足球》的新闻，新浪体育甚至会连同报纸的整个版面以图片形式上传至网页，以飨读者；适逢万众瞩目的体育赛事，新浪体育还会汇集各地报纸关于赛事报道的体育版面，编辑制作成独具特色的关于赛事的“报纸版面的新闻”。对于来自电视媒体的新闻，新浪体育处理手段更是灵活多变，最直接的手段就是转载视频新闻，再配以简要的文字说明和新闻背景资料；新浪体育的编辑们还会根据某位电视台体育解说员对于某场比赛的解说，采其大旨，取其精华，专门整理出一份关于赛事点评的稿件；对于电视台的体育赛事直播，新浪体育或者全盘转播电视台信号供网友欣赏，或者部分切入电视音视频信号，配置新浪体育解说员和嘉宾解说比赛。

在新闻报道平台方面，新浪体育早已不限于当年成立之初的“体育沙龙BBS”“体育频道”，而是整合了体育频道、论坛、博客、微博等多种网络应用，延伸到平板电脑、智能手机等移动客户端的综合性的多功能、多渠道的新闻报道平台。从博客到微博，再到新闻客户端，作为实力强劲的商业门户网站，新浪网没有错过任何一次互联网上的技术应用创新。2004—2008 年，新浪博客盛极一时，从雅典奥运会到德国世界杯，再到北京奥运会，新浪体育博客为新浪竞技风暴提供了大量的新闻内容，带来了高涨的网络流量。2009 年新浪微博异军突起，微博在传播方面的特性与体育新闻报道的特点相得益彰，微博也成为体育新闻传播的又一个渠道，是新浪网体育新闻报道的重要平台。

二、搜狐体育

1996 年 8 月，搜狐的前身——爱特信信息技术有限公司创立。1998 年 2 月，爱特信推出大型分类查询搜索引擎——搜狐（http：//www. sohu. com/）。1999 年，搜狐推出新闻及内容频道，开始了门户网站的运营。截至 2016 年 8 月，搜狐网的流量在中国各类网站中排名第十二，在新闻门户和商业门户网站中排名第八。

（一）搜狐体育报道大型体育赛事概况

搜狐体育（http：//sports. sohu. com/）尤其注重对于大型体育赛事的报道，从亚运会到奥运会，从世界杯到世锦赛，搜狐体育在网络体育新闻报道方面一直有着出色的表现。2006 年 3 月，搜狐为都灵冬奥会中国体育代表团提供正式的互联网内容服务；8 月，搜狐正式成为第 15 届亚运会中国体育代表团独家互联网内容服务合作伙伴。

2006 年，搜狐与东方宽频合作，向国内互联网用户提供世界杯视频节目，包括近乎直播的现场视频、赛日延迟视频、小组状态延迟视频和综合报道视频。这是国际足联首次向互联网授权世界杯视频，也是搜狐拿下 2008 年北京奥运互联网赞助权后，在国际重大体育赛事报道领域的又一个里程碑。

早在 2005 年 11 月，搜狐就成为 2008 年北京奥运会赞助商，是奥运史上第一个互联网赞助商。2008 年 8 月北京奥运会期间，“搜狐奥运赛事信息系统”正式上线，这是中文互联网首次将“数据”整合为相关主题产品，纳入奥运报道体系。搜狐公司 CEO 张朝阳表示：“因为搜狐是和奥组委联网，是权威和快速的。别人做不到权威，更没有‘加速技术’。”同时，搜狐亮出三大视频王牌节目《央视奥运直播》《搜狐体育播报》《搜狐北京播报》，24 小时直击北京奥运会。奥运第一周，搜狐创造了 5 分钟访问量 300 万以及 1 小时访问量破亿等中文网站乃至全球互联网的多项纪录。

2010 年 5 月，搜狐与中国网络电视台（CNTV）携手，获得南非世界杯决赛阶段 64 场比赛、开闭幕式、赛事集锦及相关央视自制节目的互联网视频点播权。同时，搜狐集合体育、娱乐两大频道强势资源，推出原创大型世界杯视频节目《Goal！大牌》；组织明星和草根网友，以微博报道南非世界杯。

2010 年广州亚运会期间，搜狐以原创情景脱口秀《乔加大腕》领衔亚运报道，除了快速、海量的赛事资讯，搜狐体育凭借 P2P 视频技术，对赛事进行“视频 + 图片 + 动漫”多媒体报道；通过与金牌运动员在线聊天，让网民和冠军零距离互动。搜狐成为中国体育代表团即时信息发布的平台，全面跟踪报道中国体育代表团，第一时间为中国代表团发布官方消息，独家直播中国体育代表团新闻发布会、庆功会等活动。

2012 年伦敦奥运会期间，搜狐共推出七大系列策划，总计期数超过 150 期；推出《西游伦敦记》《奥运早新闻》《奥运背后的故事》《解码奥运》《奥运观象台》《奥运备忘录》《前方背后》《奥运风云会》《奥运董董锵》等多档视频节目。搜狐的自制奥运节目在全国四十多家省市台、IPTV 落地，并成功进军海外电视市场。[①]

（二）搜狐体育的编辑理念

搜狐体育频道页面版式分三栏设计，左侧视觉效果最佳的位置是“焦点新闻”和“视频直播”栏目，直接链接进入相关新闻的高清图片集和体育视频，网友点击图片或视频可直接跳出相关新闻的页面，无须多次逐级点击进入。中间一栏是新闻链接组合板块，每日新闻按新闻价值和新闻时效依次自上而下排列。右侧一栏有“赛事”“访谈”“视频直播”等栏目。下拉页面是各运动项目的新闻。

图 4－4　搜狐体育页面（2014 年 9 月 14 日截图）

与新浪网传播理念有所不同，搜狐坚持认为，网络体育新闻除了要传递全面丰富的资讯外，更要向受众表达自己的观点。搜狐总裁张朝阳特别重视搜狐体育的发展，在北京奥运会上，张朝阳更是亲自上阵，客串了一下体育记者。他表示：“搜狐要有自己的观点，要解读好体育新闻。”[②] 2013 年 10 月 28 日，搜狐新闻首页改版，传递出了搜狐新闻最新的编辑理念：“今天已经是渠道多样、信息爆炸的时代，尤其面对自媒体风行一时，单纯追求‘海量’的理念已经落伍”；在新闻资讯方面，强调速度、角度、高度、深度、态度，尤其是清晰的逻辑；认为最需改变的是人们对网络媒体“浮躁功利、浅尝辄止、不惜一切博眼球”的印象，以“政治家办网”的高度去面对新闻，以“理性、建设性”的思维去编排版面，哗众取宠的标题党将被扫进垃圾堆，单纯以点击率论英雄的方式也将成为历史。[③]

---

① 段红彪．搜狐卫冕伦敦奥运报道成网民首选观赛平台．http：//finance. chinanews. com/it/2012/08－13/4104579. shtml.

② 万晓红．我国门户网站体育新闻传播模式的创新——以新浪、搜狐和网易体育频道为例．现代传播，2010（11）：150.

③ 搜狐新闻首页改版：我们是创新永动机．http：//star. news. sohu. com/s2013/newsgb.

三、腾讯体育

腾讯网（http：//www. qq. com/）是腾讯公司推出的集新闻信息、互动社区、娱乐产品和基础服务为一体的大型综合门户网站，依托世界最大用户群的腾讯 QQ 即时通信软件，成为中国门户网站中的后起之秀，是目前最大的中文门户网站。根据 Alexa 网站流量和排名统计，腾讯网仅次于百度，位居中国各类网站第二位，新闻门户和商业门户网站排名第一。

腾讯体育（http：//sports. qq. com/）是腾讯网众多的新闻服务频道之一，现阶段在中国体育类网站中排名第二，仅次于新浪体育。

腾讯体育频道设有国足、中超、亚冠、CBA、NBA、欧冠、英超、意甲、西甲、世界杯、彩票、综合、网球、赛车、户外等栏目。页面重点推荐视频、直播、官网官博和专题四大栏目板块，方便网友快捷地点击进入《篮球星播客》《NBA 档案解密》《绿茵竞技场》《NBA 策划》等原创视频节目；直播板块主推足球直播、NBA 直播、NFL 直播、数据直播、比分直播，将拥有转播权的体育赛事重点推荐，凸显体育比赛数据库、专题报道方面的优势；官网官博板块则显示与腾讯体育有合作关系的 AC 米兰、巴塞罗那、尤文图斯等国际知名足球俱乐部的官方微博和中文网站，方便网民了解权威体育资讯，同时也将腾讯微博产品巧妙地嵌入腾讯体育网页中。

图 4－5　腾讯体育页面（2014 年 9 月 14 日截图）

腾讯体育页面版式设计在四大门户网站中最具张力，视觉效果醒目。页面版式为π形结构，上部横向布局的是“图片＋视频”和“看比赛＋猜胜负”两大板块，占据整个体育频道页面的视觉中心位置。“图片＋视频”板块推荐的是每日精彩的视频和图片新闻，“看比赛”推荐近期体育赛事的视频直播，“猜胜负”直接链接进入QQ彩票体育频道购彩专区。

下部左侧占三分之二版面的一栏是文字、图片新闻组合区域，采用多分组、大标题、配图片的方式，突出各个体育项目领域的重要新闻。实际上这里每一个新闻组合区域都是一系列的新闻专题报道，体现出网络媒体整合新闻的特长，如2013年11月4日《孙杨无证驾驶被拘留7天 被罚停赛、停训、停止商业活动》系列报道中，共有10条消息、评论和1张新闻图片。

下部右侧是腾讯体育独家出品的“江湖”“深度”“名家”“十事谈”“原创视频”“图片特刊”等栏目。

从体育新闻报道内容来看，腾讯体育综合报道国内外体育赛事，拥有足球、篮球、橄榄球、网球等运动项目职业联赛的转播权，参与报道了奥运会、世界杯、亚运会、全运会等国内外大型体育赛事，建立了专业的体育新闻报道队伍。腾讯体育自主采编的新闻与转载签约媒体稿件数量相当。

腾讯体育还特别注重与官方体育组织的合作，与国际篮联、世界羽联、国际乒联、中国羽毛球队、中国乒乓球队、中国体操队、中国跳水队、中国举重队、中国射击队、中国排球队、NFL联盟结成战略合作伙伴，与AC米兰、皇马、巴萨、曼城、阿森纳、拜仁、巴黎等意甲、西甲、英超、法甲联赛的俱乐部合作，同时与《南方都市报》、《成都商报》、《京华时报》、《现代快报》、《楚天都市报》、《都市快报》、《半岛晨报》、《重庆晨报》、《济南时报》、《每日新报》、《青岛早报》、《深圳商报》、《华商报》、《新闻晨报》、《足球》、《新文化报》、新华社、央视体育、BBC等媒体合作，有着充足的新闻转载源。

四、网易体育

网易公司创立于1997年6月，成立初期网易的主要业务是出售邮件系统软件的授权，1998年推出了163. com为域名的免费Web邮件服务。1999年5月，网易开通新闻频道。2001年2月25日，网易获得新闻登载资格。截至2016年8月，网易的流量在新闻门户和商业门户网站中排名第六。

网易体育频道（http：//sports. 163. com/）设有NBA、CBA、国际足球、世界杯、英超、西甲、意甲、德甲、欧冠、中国足球、中超、大足、女足、足协杯、亚冠、综合、全运会、网球、F1、跑步等二级频道。

图 4－6　网易体育页面（2014 年 9 月 14 日截图）

频道下面设有横幅状的每日进行的体育赛事比分即时展示。再往页面下端左侧，是新闻链接组合板块，右侧是体育新闻图片组合板块。

图片区域下方依次设置“体育有态度”“精彩视频”“图片故事”栏目，其中“体育有态度”栏目汇集的信息以网易博客、专栏、专题策划等体育新闻内容为主，不乏新闻评论，借此表达网易体育对于国内外体坛焦点事件的态度。

网易提出“有态度的新闻门户”的内容建设理念，网易体育相应的口号也是“有态度的体育门户”。网易体育不跟其他商业门户网站拼资源，但是对体育新闻品质有着自己的追求，做新闻要有态度，无跟帖不新闻，做特别的自己，比如网易体育制作播出的一档英超原创视频节目——《超级颜论》，围绕每周最引人关注的足球话题，为大家解读足球文化，抛出犀利观点。①

第二节　商业门户网站体育赛事报道的特点

在网络体育新闻报道中，因为受众对于体育赛事进程、结果的特殊需求以及网络新闻报道的特性，网络媒体尤其是商业门户网站进行体育赛事新闻报道时，对新闻报道的形式、新闻的时效性、新闻资源整合能力有着特殊的要求；商业门户网站的体育赛事报道与其他类别的新闻报道相比，也有着显著的特点。

2013 年 10 月 6 日中国足球超级联赛第 27 轮广州恒大队客场 4 比 2 战胜山东

---

① 揭秘网易体育编辑：做有态度的媒体人. http：//sports. 163. com/13/0402/11/8RF2KN6C00051CCL_all. html#p＝8RDL8TRP00D80005.

鲁能队，广州恒大队提前卫冕，实现中超三连冠。国内体育媒体对于这场中超强强对阵的比赛尤为关注。我们统计了新浪、腾讯、搜狐、网易四大商业门户网站关于本场比赛的新闻报道，包括各网站原创新闻、转载新闻、文字稿件、图片新闻、音视频新闻等。相关新闻报道内容以两个节点分三个时间段统计，分别是比赛结束 2 小时之内、比赛结束 2 小时后至当天深夜和比赛次日 12 小时内。（表 4 – 2）

在网络体育新闻报道过程中，比赛结束 2 小时之内是网站发表原创新闻报道的高峰期，包括文字报道、图片、视频集锦、球迷调查等各种形式的报道；比赛结束 2 小时之后到当天 24 时，是后续新闻报道跟进的时间段，主要新闻内容包括比赛结束之后的新闻发布会，关于教练员、运动员的采访等新闻；比赛次日的新闻以网站转载的传统媒体报道为主，因为各类报纸大多会在次日上午八九点钟出版，新闻网站中午 12 时前及时转载相关新闻，这一时间段的网络体育新闻也以转载为主。

通过对各个时间段新闻的数量、类型和新闻内容、形式的统计鉴别，我们可一窥当前国内商业门户网站体育赛事报道的诸多特点。

表 4 – 2　新浪、腾讯、搜狐、网易体育频道关于山东鲁能与广州恒大比赛的新闻报道统计

网站	比赛结束 2 小时内		比赛结束 2 小时至当天深夜		比赛结束次日 12 小时内		转载新闻的来源媒体
	原创新闻	转载新闻	原创新闻	转载新闻	原创新闻	转载新闻	
新浪体育	29	0	11	4	0	16	《足球》、《南方日报》、《信息时报》、《广州日报》、《半岛都市报》、《楚天都市报》、恒大新浪官方微博、新华社、中央电视台
腾讯体育	15	0	3	0	0	6	《体坛周报》

（续上表）

网站	比赛结束 2 小时内		比赛结束 2 小时至当天深夜		比赛结束次日 12 小时内		转载新闻的来源媒体
	原创新闻	转载新闻	原创新闻	转载新闻	原创新闻	转载新闻	
搜狐体育	16	0	5	0	0	20	《半岛晨报》《京华时报》《新京报》《扬子晚报》《信息时报》《楚天金报》《现代金报》《沈阳日报》《南京晨报》《钱江晚报》《武汉晨报》《今日早报》《海南日报》《湖南日报》《湖北日报》《楚天都市报》《生活日报》《齐鲁晚报》
网易体育	21	0	7	0	0	12	《南方日报》《信息时报》《齐鲁晚报》《半岛都市报》《四川新闻网》

注：各时段具体统计时间为比赛结束后 2 小时内（2013 年 10 月 6 日 17：30—19：30）；比赛结束后 2 小时至当天深夜（2013 年 10 月 6 日 19：30—7 日 0：00）；比赛结束次日 12 小时内（2013 年 10 月 7 日 0：00—12：00）。

一、原创新闻时效性强，信息量大

新浪网于 1998 年 12 月开通体育频道时提出了“快速、全面、准确、客观”作为新浪新闻的编辑方针，这也是新浪网的新闻操作指南。① 网络新闻报道以速

① 陈彤，曾祥雪．新浪之道：门户网站新闻频道的运营．福州：福建人民出版社，2005：59.

度见长，与传统媒体相比更讲求时效，速度被认为是网络媒体的生命。每逢奥运会、世界杯这样的大型体育赛事，网络媒体对于体育比赛的报道可谓争分夺秒，发稿时限以秒计量。对于常规的体育赛事，网络媒体在体育赛事结束之初发布的新闻尤其注重新闻的时效性。

《互联网新闻信息服务管理规定》对商业门户网站自行采编时政类新闻的限制，反而促使商业门户网站投入更多的人力和财力采编体育、文化、娱乐等领域的非时政类新闻，商业门户网站体育频道的体育新闻采编能力甚至超越了传统媒体。比赛结束2小时是赛事报道的黄金时间，这一时间段内，商业门户网站发布的全部都是原创新闻，新闻的时效性强，稿件数量多，信息量大。

从表格中统计的山东鲁能队和广州恒大队的比赛来看，一场重大的体育比赛结束之后的2小时内，是网络体育新闻报道的高峰期，大部分与比赛相关的新闻集中在这2小时之内采写、编辑、发稿，新闻内容既包括关于体育比赛的文字报道、图片、视频，也包括赛后新闻发布会内容，以及教练员、运动员或相关部门直接接受采访或通过微博等社交媒体发表的言论。比赛结束后2小时内商业门户网站体育频道发表的关于本场比赛的各类新闻全部都是原创，即来源于网站所属记者或特约记者采访写作的新闻，没有一条转载自其他媒体。比赛结束2小时内四家网站发布新闻数量为15~29条，同期的传统媒体根本不可能达到这一发稿数量，可见商业门户网站对于体育新闻报道时效性和海量性的严苛要求。

与报纸和电视不同，网络新闻报道没有版面和播放时间的限制，所以商业门户网站竭尽所能为受众提供充裕的、海量的新闻信息，在新闻报道中不吝笔墨。单以新浪体育在赛后发布的第一篇报道《中超－国内球员连入四球　恒大客场4－2鲁能夺三连冠》来看，全文共计2 430字，另有一段视频、一组图片、一份调查问卷、一份技术统计，几乎涵括了关于这场比赛的全部信息。

二、后续报道力求详尽，形式多样

比赛结束2小时后至当天深夜，商业门户网站继续跟踪报道这场比赛，新浪体育和网易体育在随后四个半小时内分别发布11条和7条原创新闻，后续报道势头仍然强劲。这一时间段，关于体育赛事的后续新闻报道内容愈加详尽；报道的角度也从赛场内扩展到了赛场外；报道形式由文字新闻扩展到图片新闻、视频新闻、球迷调查、数据资料等；报道手段融入了微博转发、客户端推荐、评论互动等，充分发挥新媒体整合新闻的优势。

我国2005年公布实施的《互联网新闻信息服务管理规定》将商业门户网站认定为“非新闻单位”，不发放新闻记者证，没有新闻采访权，不能采访“时政类新闻信息，包括有关政治、经济、军事、外交等社会公共事务的报道、评论，以及有关社会突发事件的报道、评论”[①]。但是，这一规定没有明确限制商业门户网站在体育、娱乐、文化等领域非时政类新闻的采访报道，使商业门户网站在自主采写体育新闻时有了一定的空间。从上述统计中不难看出，各类体裁、各种形式的原创体育新闻已经是商业门户网站报道的重要内容，商业门户网站完全具备采写编辑体育新闻的实力，培养起了成熟、高效的体育新闻采编队伍。

除了原创新闻，新浪体育还在后续报道中及时转载其他媒体的新闻报道，进一步充实新闻专题内容。新浪体育及时转载了当天中央电视台 19：00—19：30 时段的《新闻联播》关于广州恒大队夺冠的电视新闻报道——《广州恒大提前三轮问鼎中超》，编辑了广州恒大足球俱乐部在新浪微博最新发布的冠军海报，另外还转载了两条新华社最新发布的新闻稿件。

当然，因为时至深夜，异质媒体如报纸、电视尚处于新闻的写作、编辑、制作环节，还没有传统媒体新闻供商业门户网站转载，腾讯、搜狐、网易三家网站没有任何转载新闻。

三、转载新闻源自报纸，整合新闻精细全面

比赛结束次日 12 小时（2013 年 10 月 7 日 0：00—12：00）内是商业门户网站发挥网络新闻另一特长的时间段，即转载、整合传统媒体新闻报道。四家商业门户网站体育频道在比赛结束次日凌晨至中午 12 时，12 小时内发布新闻 6～20 条，全部都是转载自传统媒体的新闻，没有一条原创新闻，而且新闻的发布时间集中在上午 7：00—12：00，因为这一时间段正是纸质报纸出版发行、报纸电子版上网的时间，网络媒体转载正当其时。搜狐体育可谓转载传统媒体新闻的集大成者，20 条转载新闻数量位居四大门户网站之首，转载新闻的来源媒体共计 18 家，既包括比赛双方俱乐部所在地媒体，也包括从辽宁到海南大江南北各家报道本场比赛的媒体。

从转载新闻来源媒体的情况来看，因为体育赛事报道的特点，转载新闻的来源媒体几乎全部是报纸，大多数是地方的综合性日报、晚报、都市报，也包括两家专业体育报纸《足球》和《体坛周报》；对于电视媒体的报道转载较少，因为商业门户网站体育频道或拥有中超等赛事的转播权而无须额外转播电视新闻，或者转载授权电视台的新闻报道画面即可。另外，从本场比赛的统计来看，商业门

---

① 国务院新闻办公室，信息产业部．互联网新闻信息服务管理规定．http：//www.gov.cn/flfg/2005－09/29/content_73270.htm.

户网站较少使用或转载通讯社和其他网络媒体的新闻，因为对于重大体育赛事，商业门户网站自主采写新闻，无须使用通讯社稿件；而在网络媒体当中，强势的商业门户网站是新闻内容的输出方，一般很少转载其他网络媒体的新闻。即便转载其他网络媒体新闻，也是源自网络媒体所属传统媒体的新闻内容。

不管是原创新闻还是转载新闻，都不足以凸显网络新闻报道的优势，网络新闻报道另有一技之长在这次报道中体现得淋漓尽致，那就是网络媒体的新闻整合能力。“信息整合是网络媒体最重要的工作，是提高网络新闻传播效果的根本。网络媒体的整合力量大于原创。整合是目前网络传播的最强利器，也是所有作为新媒体而成功的网站的最重要的特征。”① 这里的“整合”既是指相对于原创新闻而言的转载自传统媒体的新闻，也是指网络新闻专题报道中对于各条新闻的整合，同时又是指每一条根据既有信息和资料整合而成的新闻，如新浪体育的《视频 - 恒大夺冠 MV〈海阔天空〉永远高唱我歌》《28 张官方海报回顾恒大冠军历程　拔山盖世谁能抵挡》，腾讯体育的《盘点恒大纪录：中超首个三连冠　赛季四大奇迹》。

搜狐体育在比赛当天短短 6 个小时内发表了《恒大夺冠战记：疯狂 5 月 5 连胜　济南 4 - 2 加冕三连冠》《鲁能 VS 恒大数据：王永珀 6 射门彪悍　穆里奇突破王》《恒大卫冕 8 战役：胜武汉半程封王　擒绿城握冠军点》《盘点恒大夺冠十功臣：里皮运筹帷幄　三叉戟惊艳》《恒大冠军榜：里皮喜获连庄　郑智五冠成中超最强》《恒大夺冠贡献榜：埃神孔卡记首功　里皮统领全局》等 10 篇整合式的报道。另外还有比赛的数据统计、文字直播实录、图片集、视频集锦等。在整合新闻方面，搜狐体育将网络新闻的这一优势发挥到了极致。

四、报道形式多元兼备，新旧媒体交叉互动

商业门户网站在体育赛事的报道形式上完全突破了传统媒体新闻采访写作的固有模式，新闻的写作、编辑更为开放自由，如图文直播、在线视频直播互动、球迷调查、数据资料、专题策划、微博直播等，这些都是传统媒体见所未见闻所未闻的。

体育赛事图文直播是互联网上较早的在线实时报道体育赛事的方式。图文直播以文字和图片为主的报道方式近似于报纸的新闻报道，时效性又接近电视直播，可谓取报纸、电视两家之长。图文直播能够满足不具备视频直播条件的网友实时了解赛况的需求，同时又不涉及赛事版权问题，对于网站和网友两端的技术

① 陈彤，曾祥雪．新浪之道：门户网站新闻频道的运营．福州：福建人民出版社，2005：51．

层面要求也不高，是商业门户网站最便捷、简约的体育赛事直播方式。

新浪网是最早在体育赛事转播中使用视频、音频等技术手段的中文网站。商业门户网站对于体育赛事的视频直播，实际上已经部分替代了电视的功能，夺走了相当数量的电视观众。只不过网络视频直播与电视直播各有千秋，电视仍以绝对同步的直播和受众的视听感受胜出，网络则以多窗口同步直播和受众实时交互见长。

商业门户网站除了多样的新闻报道形式，还通过网站平台将微博、微信等社交网站与新闻报道黏合到一起。这不仅方便网友在阅读新闻的同时在线互动和转发新闻，将公共的新闻页面与个性的微博页面融合到一起，扩大了新闻传播的广度和深度，也增加了网友的用户黏度。另外，商业门户网站在平板电脑、智能手机上的新闻客户端以及手机版网页，拓展了新闻传播的渠道，延伸了体育新闻传播的平台，如新浪体育客户端及相关的英超视频、欧冠视频、足球中国客户端，适合多款平板电脑、手机下载安装，即时推送海量体育新闻资讯，提供丰富的比赛数据，还可以观看赛事直播。商业门户网站的体育新闻已经实现了多平台多渠道的传播。

第三节　官方新闻网站的体育频道

官方新闻网站是指由我国新闻单位建立的网站，而新闻单位是指依法设立的报社、广播电台、电视台和通讯社；其中，中央新闻单位包括中央国家机关各部门设立的新闻单位。官方新闻网站一般简称为新闻网站，有时也称作新闻门户网站。

一、官方新闻网站

学界和业界对于官方新闻网站有着不同的分类。彭兰所著的《中国网络媒体的第一个十年》认为：中国网络媒体的构成主力是由国务院新闻办认可的新闻网站，这类网站由四个层次的网站组成，分别是中央新闻单位网站，中央国家机关各部门新闻单位网站，各省、自治区、直辖市新闻单位网站，综合性非新闻单位网站。[①] 其中前三者即是通常所说的官方新闻网站。陈彤、曾祥雪合著的《新浪之道：门户网站新闻频道的运营》一书中将官方新闻网站分为两类：一类

---

① 彭兰．中国网络媒体的第一个十年．北京：清华大学出版社，2005：156.

是由中央级主要新闻媒体建设的新华网、人民网等中央级新闻单位网站，另一类是区域性的核心新闻网站，也就是地方性的综合门户网站。

上述关于官方新闻网站的概念意在强调两个方面：一是官方新闻网站的新闻单位背景，即由传统媒体或政府部门创办的新闻网站；二是将官方新闻网站区别于商业门户网站。关于官方新闻网站的分类实质上都是从中央和地方两级层面来划分的。随着我国网络媒体的发展，事实上已经出现了多种形式的网络媒体，譬如由商业门户网站与地方政府、媒体共建的区域性新闻门户网站，这其中以腾讯网与各省级媒体单位共建的数家网站尤为引人瞩目。2006 年 5 月，腾讯公司与重庆日报报业集团共建第一个区域门户网站——腾讯·大渝网；2011 年 8 月，腾讯公司和南方报业传媒集团组建合资公司——广东腾南网络信息科技有限公司运营腾讯·大粤网。腾讯·大粤网上线 18 天，即赶超广东区域网站，用户量跃居第一。另外，即便是官方新闻网站，有的也已经开始网站转企改制，如全国重点新闻网站大众网从 2008 年开始进行公司化运作，当年 12 月又将有限公司整体变更为股份有限公司。①

当前国内流量排名前列的官方新闻网站有新华网、人民网、光明网、中国青年网、中国网、环球网、央视网、中华网、中国新闻网、东方网等。

二、官方新闻网站体育新闻报道的特点

官方新闻网站大多以传统媒体为母体，使得官方新闻网站传承了传统媒体在新闻采编等方面的优势，同时也以网络载体补足了传统媒体的短板。

（一）高扬传统媒体的权威性

一方面，官方新闻网站的大多数新闻源自传统媒体，这意味着新闻的真实性有保障，传统媒体多年积累的权威性也让读者多了几分信赖和崇敬。另一方面，传统媒体特别是中央级新闻单位，在人员素质、舆论把关、传播经验、新闻资源、媒体平台等方面有着独有的优势，它们所辖的官方新闻网站在网络新闻传播中仍承袭了这些优势。官方新闻网站中最具影响力的新华网（http://www.news.cn/），是党中央直接部署、国家通讯社新华社主办的中央重点新闻网站。新华网创办于 1997 年 11 月 7 日，前身是新华通讯社网站，2000 年 3 月正式更名为新华网。新华网以“传播中国、报道世界”为职责，以“权威声音、亲切表达”为理念，通过多种语言 24 小时不间断发布新闻。依托新华社 31 个国内

---

① 赵金．向大型新闻综合门户网站突破——访大众传媒股份有限公司（大众网）董事长林忠礼．青年记者，2011（2）：38．

分社、170余个境外分支机构以及自有采编队伍，新华网形成了全球化新闻信息采集网络，在重大新闻和突发事件报道、权威信息发布方面形成了对其他新闻网站的比较优势，是中国网络媒体中传播力强、覆盖面广、资讯采集手段全、传播形态多样化的全媒体信息采编发平台。①

官方新闻网站体育新闻报道权威性的重要表现就是重视评论。从一定意义上来说，评论对于扩大一条新闻的影响力起着重要作用。一条新闻是否具有扩散价值，也在很大程度上与它所引发的评论数量相关。评论是体现网站的原创能力、形成自己特色的重要方式。新闻评论也是解读新闻的重要渠道，它可以帮助读者理解新闻发生的背景、它的影响及未来可能的走向，由此增强媒体对于读者的影响力。因此，新闻评论可以成为网站的一种有效竞争力，对于提升网站的影响力，形成网站的品牌是十分重要的。②

新华网体育频道——新华体育所发布（http：//sports. news. cn/）的评论，原本就是通讯社为传统媒体提供的稿件，媒体使用率高，传播范围广，如今再由包括商业门户网站在内的各类网站登载，传播效应不可估量。新华网体育评论中涉及的体坛话题，通常也会成为一段时期网络舆论的热点。2010年亚运会在广州举办之际，新华社体育部高级记者杨明连续发文“炮轰”中国体育体制的种种弊端，引发了巨大的反响，成为传统媒体、网络媒体热议的焦点。

“一骑绝尘”引发的思考

新华网广州11月14日电（记者　杨明）　中国军团在广州亚运会上飙出“开门红”，首日狂扫19金，显出一骑绝尘的强大实力。由于是主场作战，估计这次中国军团的金牌总数会超过20年前北京亚运会183枚的纪录。若此，我们是该大力赞颂，还是冷静思考呢？

个人认为，一家独大并非好事，会带来不少隐忧。

亚运会的口号是团结、友谊、和谐、发展，是亚洲人民的一个盛大快乐的节日，不能只重金牌，不顾其他。

一家独大看似可以独领风骚，但会导致亚洲体育失衡，使其他参与者感到成为陪衬。举个通俗的例子：本来是请大家做客的，结果鱼翅和熊掌都让主人抢吃了，剩点汤汤水水给人家分，咱好意思吗？生物界和自然界法则告诉我们：只有共存才能共荣。让一个“巨人”和一群“常人”按照相同规则玩角力游戏，场面未必有趣。

---

① 关于我们. http：//www. xinhuanet. com/aboutus. htm.
② 彭兰. 中国网络媒体的第一个十年. 北京：清华大学出版社，2005：206.

另外，这会引导本来就畸形的中国竞技体育走向极端。多年来，我们一直把体育等同于金牌，把体育当做强国符号，这其实是扭曲了真正的体育精神和本质。体育是什么？毛主席早就说了："发展体育运动，增强人民体质。"体育是属于大众的运动，是老百姓的健康生活方式，不幸的是，这个属性被漠视了，精英体育一度成为主导。

国内媒体不应一边倒地对中国军团的金牌风暴歌功颂德，金牌拿太多并非好事，会带来副作用，这一点，有关方面需要早作判断。

事实上，北京奥运会后，胡主席已经英明地给中国体育指出了正确的发展方向：从体育大国向体育强国迈进。我们应该立刻转型和转轨，把重视竞技体育转变成重视全民健身，淡化金牌，强化国人体质和健康，提倡大体育和大健康的概念，让体育理念真正回归。

下面是一组官方数据：目前，中国有1.6亿人患高血压、1.6亿人患高血脂，有2亿人超重或肥胖；城市里，每5个孩子就有1个小胖墩儿，高中生里85%以上的学生是小四眼儿；和日本孩子比，我们的中学生在身体素质多项数据上差很多；我们参加运动的体育人口只有28%，人均体育设施在世界上排百名开外……在亚洲，我们的体育人口和体育设施人均比绝对排不进前10名，就在中国竞技体育取得辉煌成就的这20年中，中国人的体质正在明显滑坡！

然而，我们的金牌总数是世界第一，亚洲绝对第一，这难道不是讽刺吗？难道这不令我们汗颜吗？

亚运会上的金牌垄断是历史形成的，和畸形的机制与导向有关，只要意识到这一点，在新的体育观念指导下，相信这种现象会有所改观。

最后，提个建议：为了改变亚洲一家独大的失衡局面，是否可以从下届亚运会开始，淡化金牌，从大学或体协中选拔真正的业余选手参赛，少用国家专业队和职业选手，加大非奥项目比例，这样就可以和多数亚洲国家选手处于同一选拔背景，在相近的水平上，实现真正的公平参赛，同时，也能避免延续巨无霸现象。

在亚运会日进斗金，全国上下喜气洋洋的氛围下，杨明的这一篇《"一骑绝尘"引发的思考》可谓醍醐灌顶，评论内容发人深思，同时也引发了不小的争议。中国亚运代表团有官员接受采访时回应："某些记者为了出名，总是炮制出一些所谓的'高论'，我们金牌拿少了，他们要批评，金牌拿多了，他们也要批评，这些言论简直就是颠倒是非！我们代表团的同志都不会予以理会。"[①] 不过

① 亚运代表团官员抨击新华社记者：简直是颠倒黑白. http://yayun2010.sina.com.cn/o/2010-11-16/04405311293.shtml.

新华社不为所动，11 月 15 日、16 日继续发文《为什么林丹不能像陶菲克那样享受比赛》《不妨为“冷门”项目热烈鼓掌》，继续质疑中国体育的“金牌观”。

评论的好处在于它的战斗性，起到释疑解惑，澄清思路，解析热点、难点的功效。[①] 新华体育非常重视新闻评论，在新华体育页面“聚焦”板块和新闻图片下方连续设置了三个评论栏目：观点集纳、焦点评论、专家点评。“观点集纳”栏目转载其他媒体发表的体育新闻评论；“焦点评论”栏目由新华网记者针对体坛焦点新闻事件发表评论，如 2013 年 11 月初针对奥运冠军孙杨涉嫌无证驾驶事件连续发表《体育时评：孙杨道歉缺乏诚意》《体育时评：明星孙杨当诚实做人》两篇评论；“专家点评”栏目刊载新华社知名记者和专家杨明、树文、李丽、王镜宇、公兵等人的评论。

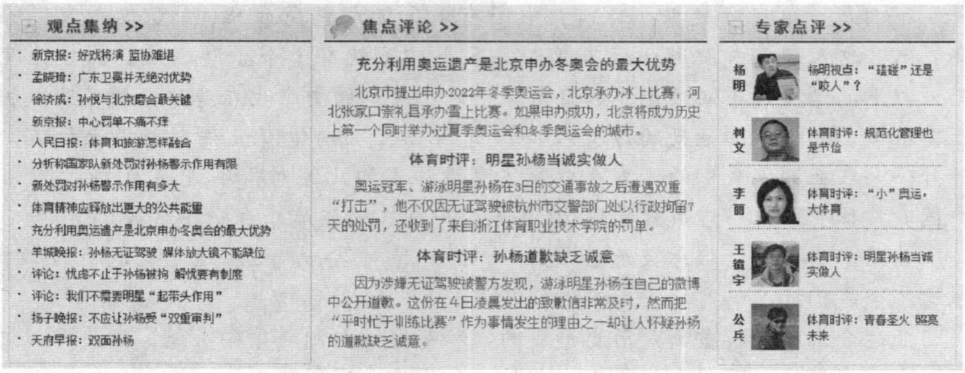

图 4－7　新华体育的评论栏目（2013 年 11 月 8 日截图）

（二）以“大体育观”报道体育

与美国体育媒体广泛报道竞技体育、学校体育、社会体育和体育产业不同，我国的体育报道往往只报道竞技体育。对竞技体育的报道，也主要局限在受众所热衷的体育项目，以及体育明星的活动方面。[②] 这一点在商业门户网站体育频道表现得尤为突出，体育频道首页密布国内外高水平职业联赛、竞技体育的新闻链接、图片、视频，对体育明星赛场内外的新闻报道事无巨细，却难觅一条报道普罗大众参与的群众体育的新闻。

众所周知，从体育行政管理部门分工的角度来看，在我国体育分为群众体育

① 卢晓华．人民日报体育新闻版主编李中文访谈实录．http：//media. people. com. cn/GB/35928/36356/3306301. html.

② 张德胜．体育媒体通论．广州：广东人民出版社，2006：48.

和竞技体育两大部分，群众体育包括社会体育、学校体育、军队体育。[①] 体育新闻报道同样应该树立大体育观的指导思想，均衡报道群众体育、竞技体育乃至体育产业，丰富报道选题，开拓报道思路，深化报道内涵。

与商业门户网站体育频道不同的是，官方新闻网站体育频道从页面二级频道设置、栏目板块，到体育新闻的报道内容，除竞技体育之外，还关注群众体育、体育产业等领域，体现出了大体育观的报道视域。

人民网体育频道（http：//sports. people. com. cn/）设置有“全民健身”二级频道，汇聚全国各地的群众体育新闻，频道下设“各地新闻”“全民健身大家谈”“官方信息”“各方声音”“健康养生”“健身知识”“全民健身大讲堂”“走进健身房”等栏目，较为全面地报道了全国各地的群众体育活动，普及了健身知识。人民网体育频道为网络媒体宣传推广全民健身做出了表率。

同样，中国网的体育频道——体育中国（http：//sports. china. com. cn/）也设置了与竞技体育并列的“民族体育”“健身气功”“体育产业”“休闲体育”“体育百科”等栏目，虽然后面几项在新闻数量和更新频率上无法与竞技体育新闻相比，但是总归体现出网站大体育观的报道态度。

图 4－8　体育中国的民族体育等栏目（2013 年 11 月 8 日截图）

当然，官方新闻网站对于群众体育、体育产业等领域的重视也是相对而言，

① 李建国，吕树庭，董新光．社会体育．北京：人民体育出版社，2004：2.

它们进行体育新闻报道的重心仍然在竞技体育。毕竟，从中国当前社会现实情况来看，群众体育不普及，学校体育水平低下，体育产业不发达；从精彩程度来看，国内外的高水平竞技体育、成熟运行的职业联赛最为引人瞩目，所以即便是官方新闻网站也不可能投入太多资源报道竞技体育之外的“大体育”。

（三）注重原创体育新闻

官方新闻网站体育新闻的首要来源是网站所依附的传统媒体，而综合性的传统媒体一般都设有体育版面或体育频道，这部分体育新闻内容自然是无偿供给网站的体育频道。同时，传统媒体也可以充分利用人力资源优势，鼓励新闻工作者为所属网站专门采写新闻。因此，单从原创新闻的数量来说，官方新闻网站体育频道等于或大于所属传统媒体新闻的数量。如果是由多家传媒集团合作创办的新闻网站，新闻资源自然更为充裕，网站对于来自集团所属各家媒体的新闻兼收并蓄。需要说明的一点是，这里所谓的原创体育新闻，并非特指由新闻网站的新闻工作者采编的体育新闻，而是指由新闻网站及其所属传统媒体自主采编的体育新闻。

东方网体育频道——东方体育（http：//sports. eastday. com/），是目前我国流量最大的地方性新闻网站体育频道。Alexa 网站排名数据显示，东方网在我国官方新闻网站中排名第九，而东方体育的流量在所有网站体育频道中排名第七。在东方网内部各频道中，东方体育拥有仅次于新闻频道的流量。

东方体育有着丰富的体育新闻资源。东方网是由上海文化广播影视集团、上海东方明珠（集团）股份有限公司、上海精文投资有限公司、上海市信息投资股份有限公司、文汇新民联合报业集团、上海教育电视台、劳动报社、青年报社联合组建的大型综合性网站，于 2000 年 5 月 28 日开通。① 东方网投资方包括数家报业、广电传媒集团，这些传媒集团下属多家报纸、电视台，因此东方网新闻来源极为丰富。

另如人民网体育频道设置有“本网原创”二级频道，专门发布由人民网体育频道原创的体育新闻，每日发稿量从十几条到二三十条不等。原创体育新闻包括文字、图片等形式，内容上包括国内外体坛动态、体育赛况、体育评论、高清图片集等。

（四）商业门户网站体育新闻“返销”

官方新闻网站虽然有一定数量的原创新闻，在网络新闻内容同质化的大环境下稍显优势，但这种优势在体育新闻报道领域已经被淡化，商业门户网站的体育

---

① 东方网网站简介 . http：//www. eastday. com/images/2007img/07aboutus/index1. htm.

新闻采编能力已经超越官方新闻网站。因为政策限制，现阶段商业门户网站仍需转载传统媒体及其新闻网站的时政类新闻，但在体育新闻方面，商业门户网站的体育新闻早已经“返销”官方新闻网站体育频道。尤其在国内外重大体育赛事、欧洲足球职业联赛、美国职业篮球联赛、体育明星新闻等领域，商业门户网站的体育新闻报道及时、全面，甚至拥有赛事转播权。官方新闻网站不避讳“拿来主义”，从商业门户网站转载体育新闻。

我们以中国网（http：//www. china. com. cn/）的体育新闻报道为例，管窥商业门户网站体育新闻“返销”官方新闻网站的概况。中国网是国务院新闻办公室和国家互联网信息办公室领导，中国外文出版发行事业局管理的国家重点新闻网站。从 2000 年成立以来，陆续实现用 10 个语种 11 个文版发布信息，是中国进行国际传播、信息交流的重要窗口。我们统计了 2013 年 11 月 7 日中国网体育频道——体育中国（http：//sports. china. com. cn/）主页显示的 61 条体育新闻（不计入体育休闲服务类信息），其中 29 条新闻转载自《扬子晚报》《南方都市报》《中国青年报》等传统媒体；12 条新闻转载自传统媒体的网站，如北青网、中国日报网、环球网、新华网等；18 条新闻转载自腾讯体育等四大商业门户网站的体育频道；2 条新闻是体育中国的原创新闻。显而易见，“体育中国”转载新闻数量多，比例高，新闻来源媒体众多并且分散，但转载四家商业门户网站的体育新闻占了 18 条之多，由此可见商业门户网站“返销”官方新闻网站体育新闻之强势劲头。

第四节 专业体育网站

专业体育网站是指专门报道体育新闻的网站，区别于商业门户网站、官方新闻网站等其他各类网站的体育频道，也不包括各类体育组织的官方网站等。同时，我们也一并在本节讨论专业体育媒体的网站，如专业体育报纸《足球》《体坛周报》等传统媒体所属新闻单位或传媒集团下属的网站——劲球网、体坛网等。

当前中国最受欢迎的专业体育网站有虎扑体育（http：//www. hupu. com/）、直播吧（http：//www. zhibo8. cc/）、体坛网（http：//www. titan24. com/）、新传宽频（http：//www. nubb. com/）、华体网（http：//www. sportscn. com/）、Usport-News（http：//www. usportnews. com/）、华奥星空（http：//www. sports. cn/）等。

一、专业体育网站的共性

（一）体育报道独赏专精

综合性新闻门户网站的体育新闻报道只是其新闻服务的一部分，一般来说，时政类新闻才是新闻网站的主要内容。为综合性新闻网站带来流量的主要是新闻频道，体育频道较为弱势，在资金和人员配置方面远不及新闻频道。部分综合性门户网站的新闻服务也只是它们诸多业务的一个分支，相比而言，体育频道的体育新闻报道对于部分网站来说无足轻重，体育新闻报道的质量也参差不齐。

专业体育网站的体育新闻报道胜在专业、精细。专业体育网站专注于体育新闻报道，甚至专注于某一运动项目的新闻报道。正因为对体育的专注，专业体育网站提供的体育新闻报道才更为专业，才深受资深的体育爱好者的青睐。华体网的口号是“爱运动，爱上华体网”，包卜体育的口号是“努力成为最好的篮球网站”，正如这两句口号所言，专业体育网站看准了体育迷的兴趣所在和网站的努力方向，受众定位于资深体育迷，致力于为他们提供专业的体育资讯以及与体育相关的服务。

专业体育网站同其他类别网站的体育频道一样，时刻关注体坛热点、高水平体育赛事，然而又不止于此，专业体育网站对于体育新闻的报道更为精细，对于体坛的动向更为敏锐，对于体育的解读更有深度。如虎扑体育“新声”频道实时翻译国外知名网站——天空体育、ESPN、Football - Italia、《每日镜报》、《每日邮报》、《慕尼黑日报》等媒体关于国际体育新闻的报道，使国内体育迷第一时间掌握国际体坛动态。因为中国大陆地区不能访问推特网（Twitter）和脸谱网（Facebook），虎扑体育瞅准这一商机，实时翻译国外职业体育俱乐部、体育明星在推特网和脸谱网发布的信息，满足了国内球迷同步关注国际俱乐部、体育明星动态的好奇心。这类体育新闻报道事无巨细，譬如球员伤病、球星言论等看似并无多大新闻价值、并不吸引眼球的体育资讯，可能对于大部分体育迷来说可有可无，但对于深度喜爱某支球队、某位球星的球迷来说，则如获至宝。这种精细化的体育新闻报道模式，正是专业体育网站体育新闻报道的优势所在。

（二）融合体育彩票、网络游戏、线下活动，精准营销体育产业

商业门户网站体育频道的收入主要依靠网络广告，其中体育服装、体育器材等与体育相关的商品广告占据主流，收入模式比较单一。专业体育网站在提供体育新闻服务，获取广告收入之外，还开展大量与体育相关的附属业务，将体育新闻报道与体育彩票、网络游戏、线下商业活动、球迷互动等体育产业融合在一起，开展品牌宣传、商业营销，变革收入模式，开拓盈利渠道，同时也提高了专

业体育网站的品牌价值。

在体育彩票方面，虎扑体育设有彩票频道，球迷可以直接在彩票频道购买竞彩足球、竞彩篮球、足球单场、数字彩、高频彩等各类彩票；华体网将“即时指数”和“心水波经”两大与足球博彩相关的频道置于首页与“体育新闻”“比分直播”同样显著的位置，将足球资讯、数据资料、购彩平台融为一体；华奥星空直接链接进入中国体彩网（http：//www. lottery. gov. cn/）——国家体育总局体育彩票管理中心唯一指定官方网站。

在网络游戏方面，专业体育网站无疑是体育类网络游戏的最佳推广平台。一方面，专业体育网站依靠网络游戏广告赚钱；另一方面，通过与网络游戏版权方合作，专业体育网站以提供网络游戏服务、充值服务等方式实现互联网增值业务的盈利。包卜体育首页三条广告全部是体育类网络游戏广告，分别是《奇迹篮球》《兄弟篮球》《金球先生》等篮球、足球运动项目的网页游戏。

图 4－9　包卜体育首页的网页游戏广告

专业体育网站出于联络球迷感情、推广网站品牌等目的，一般会开展较多的球迷联谊性质的线下活动，这类活动大多由专业体育网站的网坛发起，以网友线下体育比赛、面对面交流等活动为主，既为网友、球迷搭建一座深入沟通了解的桥梁，也增加了网站与网友的亲近感与信任感。亦有专业体育网站直接策划运营商业体育赛事，从体育赛事运营中盈利，同时以赛事为契机制造体育新闻热点，吸引球迷关注。

二、虎扑体育

虎扑体育（http：//www. hupu. com/）是国内访问量最大的专业体育网站，在所有体育类别的网站排名中仅次于四家商业门户网站的体育频道。

虎扑体育成立于2004年1月，程杭在芝加哥创建虎扑前身hoopCHINA篮球论坛。2007年11月，虎扑体育创建足球、F1、网球和C2C频道。如今，虎扑体育专注于篮球、足球、网球、台球、赛车等各类体育赛事的报道和数据分析，拥有数千万的活跃用户，举办各类球迷线下赛事互动，为体育迷提供专业、广阔的互动交流平台。

图4-10 虎扑体育首页（2014年9月14日截图）

内容快速、准确、有内涵是虎扑抓住用户的关键。在一场皇马对巴萨或是热火对公牛的强强对话结束后，比赛战报、比赛视频集锦、专栏作家评球、球员评分甚至球员球鞋评测等第一手的资讯会通过网站、虎扑看球和虎扑新声的App、微博账号、微信账号等各种传播渠道立体化地推送到体育迷面前。在虎扑，标题党是不被允许的；若是国外报道的译文必须附上原文链接，以免混淆视听；用户互相谩骂是被禁止的，情节严重者会被封ID。在虎扑成立初期，曾不允许10个字以内的帖子回复。类似这样严格的内容维护举措让虎扑迅速成为资深体育迷甚至是专业体育人士、职业选手进行深度讨论的乐土。[①]

虎扑体育尤其重视普通体育迷的言论观点，以普通体育迷的视角关注体坛，注重推介体育迷关注的热点话题。虎扑体育在首页显眼地设置了“虎扑制造”“热议话题”等栏目，栏目内容全部来自虎扑论坛中网友发布的热门帖子。这些

① 虎扑体育：构筑核心体育迷营销. http：//www. adquan. com/post -5 -25769. html.

帖子由网友在论坛里撰写、发布，帖子内容或者是颇有见地的评论，或者是颇具争议的话题，或者是幽默搞笑的图文，引起论坛中网友的关注和共鸣，再由虎扑体育的编辑推介到首页相关栏目。虎扑论坛给予了体育迷之间自由言论、平等对话的空间，而首页的推介栏目则给予了体育迷与专业体育记者在网站首页平起平坐的权利，调动了网友创作优质论坛帖子的积极性，激发了网友网络互动的热情，同时也丰富了虎扑体育的资讯内容。

虎扑体育将赛事报道和赛事营销恰到好处地结合到一起，线上活动和线下业务的组织配合相得益彰。虎扑体育不仅是一家专业体育网站，经过十年的发展与积累，已成为集体育营销策划、赛事营销与管理、活动管理、公关传播、体育市场调研、新媒体运营、体育公益为一体的体育整合营销机构，为各大企业、品牌与机构提供全方位体育营销服务。虎扑在北京设立体育资源经纪公司，从体育总局到各大俱乐部，均与之建立了密切联系，同时与国内外的知名球星都有良好合作关系，提供媒体和明星包装代言、赛事营销、大型公关活动等一系列资源整合。

虎扑拥有丰富的赛事运维和营销经验，2008 年就已成立的线下业务部率先布局，已在全国 160 多个城市组织了超过 15 万场线下比赛，在全国 400 多个城市里拥有体育意见领袖和线下体育迷组织。体育迷们通过线上发起的活动走到线下的赛场或者酒吧相识成为朋友。此外，虎扑还以大学为单位组建高校联盟，举办篮球赛、运动嘉年华等活动。2012 年一整年，虎扑为 361°在全国 16 个城市的 22 所高校建设了 361°DAY－高校联盟，开展与篮球、跑步两大运动相关的社团活动，全年组织近 400 场日常活动、6 场大型嘉年华、10 余场马拉松主题活动。[①]

2013 年 11 月，虎扑体育主办“2013 星耀传奇——欧洲足球经典明星赛”，邀请众多欧洲退役足球明星到中国广州、上海进行室内五人制足球比赛。欧文、斯科尔斯、萨尔加多、德塞利等世界级足球明星的到来引起了广泛关注，他们身着印有“虎扑体育”的球衣比赛，使得虎扑体育在运营赛事的同时宣传了品牌形象。虎扑体育对于欧文、斯科尔斯等球星的独家专访也以文字、图集和视频的形式在虎扑体育的首页、论坛发布，网友浏览后跟帖评论热烈。

三、华奥星空

华奥星空（http：//www. sports. cn/）是一家有着浓厚官方背景的专业体育网站，Alexa 数据显示，华奥星空在中国体育类网站中排名第十六。

① 虎扑体育：构筑核心体育迷营销 . http：//www. adquan. com/post－5－25769. html.

华奥星空网站归属北京华奥星空科技发展有限公司。该公司系经国家体育总局批准，由中华全国体育总会和中国奥林匹克委员会发起设立，于2003年9月22日在北京市工商行政管理局登记注册，注册资本500万元。当前华奥星空股权架构为：中国体育报业总社持股40.8%，中华全国体育总会持股7.65%，中国奥林匹克委员会持股2.55%，浙报传媒持有36%股权，浙报传媒认可的第三方持有13%的股权。①

除华奥星空网站之外，华奥星空还负责建设运营中国奥委会官网（http：//www.olympic.cn）、中华全国体育总会官网（http：//www.sport.org.cn）、中国体育代表团官网；建设并运营中国足球协会官网等中国100个正式运动项目协会官网，中国体育在线、中体图片等专业体育网站，乒超、国际象棋联赛等众多大型国内外赛事官方网站，刘翔、申雪/赵宏博、郎平等体坛明星的个人官方网站。

华奥星空拥有强大的体育采编队伍，采访足迹遍及奥运会、冬奥会、亚运会、足球世界杯，第一时间报道国内外体育赛事和活动，提供权威、专业、及时、丰富的体育图文资讯，以及独树一帜的体育宽带视频内容；提供每日各类体育赛事活动新闻报道，内容包括文字、图片、视频等，平均每月拥有的版权资讯量超过2 500条，每年版权资讯量超过30 000条；拥有国内最全面、最权威的体育图片库——中体图库，数据超过50万张，包括新中国成立以来各时期的重大体育事件、对外体育交流、重大赛事、国内外体育明星、民族及群众体育等历史性图片资料。②

图4－11 华奥星空首页（2013年10月26日截图）

① 林临．浙报传媒4 941万元投资华奥星空持股36%．http：//tech.sina.com.cn/i/2013－08－27/18438681051.shtml.

② 华奥星空主要产品介绍．http：//www.sports.cn/about/product.html.

华奥星空首页设置时事体育、竞技体育、体育产业、群众体育、乒超官网、滚动新闻、视频、图片、电子杂志、中体图库等频道。首页频道设置下方链接有中国足球协会、篮球协会、登山协会、田径协会、乒乓球协会、体操协会、高尔夫球协会、台球协会、信鸽协会、体育彩票等体育协会和体育产业的网站，突出了华奥星空在体育新闻资源方面的优势。

华奥星空与商业门户网站体育频道在页面设置和新闻内容上的不同点在于，华奥星空因其官方体育组织背景，新闻报道内容中除了竞技体育之外，还特别偏重群众体育、体育产业等领域的新闻报道，体育产业和群众体育作为网站的一级频道置于首页上沿显眼的位置，另外首页还开设时政要闻和地方体育栏目，体现出网站均衡报道各类别体育、各地区体育新闻的大局观。

华奥星空首页还设置了奥运项目协会和非奥运项目协会的链接，设有“中华全国体育总会授权发布”栏目，发布各体育单项协会的权威信息，与各协会共享体育资讯、官方消息，打通网站与协会网站的传播渠道，实现传播效果的共赢。

四、传统体育媒体网站

体育媒体是指专门报道体育活动的新闻媒体。从狭义上说，它们是指专业的体育新闻媒体，如体育报纸、体育杂志、体育电视、体育电台、体育互联网、体育手机等。[①] 这里对于体育媒体的狭义的论述，即是指专业体育媒体。

除了上文我们论及的专业体育网站，专业体育媒体还包括传统媒体中的专业体育媒体，如专业体育报纸、体育杂志、广播电视台体育频道，基于这类传统的体育媒体建立的网站，我们不妨称之为传统体育媒体网站。

近年，伴随着互联网发展大潮，同其他传统媒体一样，传统体育媒体未雨绸缪，纷纷建立网站或其他新媒体平台，但是各家传统体育媒体对于网站的重视和投入程度大不相同，这也直接造成了传统体育媒体网站发展的不均衡。有的传统体育媒体以传统媒体为母体，扩展互联网和新媒体业务，发展势头迅猛；有的传统体育媒体网站徒有空壳，只是传统媒体在互联网上的一个招牌而已，不提供新闻内容或其他服务。

（一）传统体育媒体在互联网上的瞭望台

传统体育媒体网站对于自身的发展定位比较尴尬，如果网站致力于发展成为一个新的网络新闻平台，需要较大的资金和人力资源的投入，规模有限的传统体

---

① 张德胜．体育媒体通论．广州：广东人民出版社，2006：1.

育媒体很难做到；如果网站仅仅作为传统体育媒体的内容出口，则又面临新闻内容免费与收费的纠结——内容免费会影响传统体育媒体尤其是专业体育报刊的销售，内容收费则会失去网络受众。传统体育媒体网站更像是传统体育媒体在互联网上建设的瞭望台，一方面固守着传统体育媒体的阵地；另一方面瞭望着新兴媒体的发展动向，并尝试向新兴媒体延伸。

运营比较成功的传统体育媒体网站是体坛传媒集团股份有限公司旗下的体坛网（http：//www.titan24.com/）。体坛传媒集团的前身是创刊于1988年7月1日的《体坛周报》，这是一份隶属于湖南省体委的机关报。2011年，《体坛周报》创下了平均期发行量160万份的纪录，当年中国足球队世界杯出线时，《体坛周报》创下最高期发行量262万份的纪录。2008年5月1日，体坛传媒集团倾力打造的网站——体坛网正式上线。体坛网的目标是成为中国最大的垂直体育门户网站。时至今日，体坛网越来越接近这一目标。Alexa数据显示，截至2013年11月，体坛网在中国体育类网站中排名第六，位居四大商业门户网站体育频道之后，与专业体育网站虎扑体育、直播吧不相上下。2015年，体坛传媒推出了基于移动互联网为平台的“体坛+”新闻客户端。

《体坛周报》在21世纪初就确立了专业体育报纸的领先地位，发行、广告收入状况良好，先后改版、扩版，创办《足球周刊》《棋道》《全体育》《高尔夫大师》《户外》《扣篮》等大众体育杂志，发展前景广阔。在平面体育媒体上建立的优势，并没有让体坛传媒看轻网络媒体的建设，体坛网的创办，代表了体坛传媒由纸质新闻产品生产向网络媒体的拓展。这种转变既有体坛传媒的主动性，也是世界媒体业发展大势所趋。

“多媒体经营、不同媒体形态相互融合与拓展，已经成为世界媒体发展的大趋势，国际知名媒体机构一般都拥有报纸、广播、电视、网络等现代多媒体传播业态。要在激烈的新闻竞争中胜出，就必须转变传统的新闻信息产品的生产观念，调整生产和传播模式，将多媒体运行理念和操作模式运用到新闻信息产品生产的全过程，积极运用新技术，创新内容、形式、方法和手段，加快建立多媒体新闻信息业态。”[①] 因此，在网络媒体日益强势、新媒体层出的今天，传统媒体居安思危，几乎所有传统媒体都向互联网靠拢，传统体育媒体也不例外。

（二）免费与收费的纠结根源在于内容匮乏

传统体育媒体网站的新闻有两类：以电子版、网页新闻存在的传统体育媒体上的新闻，如数字报纸、电子杂志等；网站的原创新闻（未见诸传统媒体的新

---

① 栾铁玫．新媒体新论．北京：人民出版社，2012：2.

闻）。传统体育媒体网站较少转载来源于其他媒体的新闻。

传统体育媒体网站全盘接收传统体育媒体已经发布的新闻内容，最为典型的方式是电子报纸、电子杂志、网络视频等。国内知名的专业体育报纸《足球》《篮球先锋报》以及中国体育报业总社主办的《中国体育报》《篮球报》《羽毛球》《网球天地》等报刊都有网络电子版。只不过搬到互联网上的新闻，有的免费供读者在线浏览、下载，有的需要读者付费下载阅读。例如，同属广州日报报业集团主管、主办，足球报社出版的《足球》和《篮球先锋报》的电子版命运迥异：每一期《足球》的电子版都以 jpg 图片格式供读者在线阅读或下载，懒得到报摊买报的球迷在电脑前即可免费读报；而《篮球先锋报》电子版就不是免费的午餐，网友须通过网上在线支付和银行汇款的方式付费阅读，每期 1 元，10 期起订，50 期 9 折、100 期 8 折优惠，电子版价格远低于纸质报纸零售价格。网友需要有一个固定的 IP，订购后就可以每周一、四上午准时看到当天的《篮球先锋报》电子版。

中国体育报业总社主办的多种报纸、杂志的电子版在免费与收费之间也颇为纠结。《中国体育报》和《篮球报》既提供数字报在线阅读，也供免费下载；而包括《中华武术》《羽毛球》《乒乓世界》《尚舞》在内的多种体育杂志的电子版页面的更新则止于 2015 年 2 月。

体坛网设有“体坛 e 版”频道（http：//e. titan24. com/），频道内容包括体坛传媒集团旗下的报纸、杂志、特刊的电子版共计 10 类，目前没有供读者免费阅读的最新电子报刊。其中《体坛周报》电子版的免费阅读、下载终止于 2011 年 12 月 9 日的第 2 429 期，其他杂志电子版的更新也先后终止于 2011 年。

免费与收费的利弊不难辨析。免费能够给传统体育媒体网站带来流量，扩大新闻内容的传播效果，却会影响纸质媒体的发行，也容易招致网络侵权；收费能够直接带来收益，也可能造成受众流失，网站面临门可罗雀的场面。然而，免费与收费的纠结，根源仍在于新闻内容的匮乏，即传统体育媒体网站过度依赖母体媒体的新闻内容，新闻“质优而量少”；缺乏独立采编的、原创的新闻；不能充分发挥网络新闻“海量”的优势，无法大幅提升网站流量。

事实上，传统体育媒体尤其是专业体育报纸建设网站并对网络电子版进行收费，国外有成功的先例。美国的《密尔沃基哨兵日报》将美式橄榄球绿湾包装工队的内容整合成网站并实时更新，网友需付费阅读；Orangebloods. com 主打德克萨斯大学橄榄球队的信息升级版内容，报道专业，在大学粉丝中威望很高，订户每月付费 9. 99 美元，每年付费 100 美元，2009 年用户超过 20 万。一般而言，体育类报纸网站的付费用户大多是年轻人，对体育很狂热，但对价格不敏感。普华永道与世界报业协会的一份报告显示，消费者更愿意为金融或体育报道付费。[①]

在我国，目前有《篮球先锋报》电子版需读者付费阅读；专业体育报纸如《足球》《东方体育日报》《中国体育报》《篮球报》等免费提供电子版供网友阅读，《体坛周报》等暂不提供电子版。《东方体育日报》官方网站东体在线也只是刊载报纸新闻而已；其他诸如《扬子体育报》等专业体育报纸没有独立的网站。

（三）整合采编资源，充实网络新闻内容

一方面，我国“条块分割”的管理体制导致了区域化分割和行业化分割，造成我国传统媒体单位多局限在某一区域，相应地，规模较小、实力较弱；另一方面，由于我国很多传统媒体单位采取的是“事业单位企业化运营”的管理体制，尚未真正实现“转企改制”，产权非明晰化和股权结构不合理，导致其难以成为真正的市场主体，更难以具备“自主能力”。由于上述两个方面的原因，我国的传媒单位尚未真正出现像美国新闻集团一样的“五跨型”传媒集团，产业化意识较弱，转型就更为艰难。[②] 因此，对于传统体育媒体来说，建设网站并发展网络媒体或其他新媒体平台并非易事。如何筹集资金，整合资源，再造网络媒体和新媒体平台，平衡传统媒体主业和融合新媒体发展的关系，这是传统体育媒体面临的重要课题。

以《足球》和《体坛周报》为代表的专业体育报纸从20世纪80年代就开始了专业的体育新闻报道，培养起了一批批专业的体育记者人才，在国内外体育界拥有丰富的采访资源和人脉关系。在重渠道、轻内容的新媒体日渐强势的当下，专业而扎实的新闻内容仍是专业体育媒体的核心竞争力。

《足球》和《体坛周报》新闻报道的转载权一直是商业门户网站体育频道高价竞购的对象。在国内体育新闻报道方面，专业体育报纸在全国职业体育发达地区常驻记者跟踪球队采访，同时会联系有职业体育俱乐部的城市的地方媒体记者作为特约记者采访写稿，发生在国内的重大体育新闻大多由这两家专业体育报纸率先报道。在国际体育新闻报道方面，专业体育报纸在英国、意大利、西班牙、德国、美国等职业体育发达国家派驻记者，有机会直接采访国际体育界豪门俱乐部和知名球星；与世界各地知名的体育媒体展开合作，交换新闻线索和采访资源。专业体育报纸在国际体育新闻采编方面的经验和优势，是很多仅以翻译国外媒体稿件作为国际体育新闻报道的体育网站无法比拟的。

---

① 党西民．网络报纸收费现状及发展趋势．青年记者，2013（3）：32.

② 郭全中，郭凤娟．新媒体背景下传统媒体的战略转型．青年记者，2013（3）：31.

如何整合采编资源优势，在发展传统媒体的同时，充实网络新闻内容，做大做强新媒体平台，或许我们可以从体坛网的成功运作借鉴经验。体坛传媒集团创办体坛网的初衷是希望将《体坛周报》权威、专业的优势嫁接到体育专业网站上。《体坛周报》经过 20 年的发展，培养了一支成熟、专业的体育新闻采编队伍，100 多位记者遍布全国 30 多个城市以及全球体育发达地区，他们长年工作在体育赛场的最前沿，能挖掘到最有价值最具深度的体育新闻；而每周三期的《体坛周报》以及其他体育杂志，因为平面媒体时效性与信息容量的局限，还不能最大限度地发掘体坛传媒在新闻采编方面的潜力，创办于 2008 年的体坛网以及 2015 年上线的“体坛 +”新闻客户端无疑是发扬体坛传媒采编资源优势的最得力的平台。

第五节　体育组织网站

体育组织网站指的是体育行政部门、体育官方组织、体育单项协会、体育赛事组织方、体育俱乐部或与体育产业相关的企事业单位建设的网站。

体育组织网站通常具备四大功能，即电子政务、对外服务、宣传知照、信息传播。电子政务是指体育组织网站尤其是体育行政部门网站，通常也建设成为体育行政部门内部各单位的电子政务平台，承担起电子政务、信息公开、网上办事等行政部门的日常工作任务。许多省市级体育局网站都具备这一功能。对外服务是指体育组织网站对外部机构和人士提供的职责范围内的与体育组织相关的服务，如国家体育总局网站提供运动员技术等级查询、纪录及成绩查询、声像数据库等服务。宣传知照是指体育组织网站是体育组织在互联网上的招牌和门户，介绍体育组织的架构、宗旨、工作日程等，推广体育组织的品牌和业务；通过互联网发布通知文件、政策法规、工作信息等，起到在体育组织各单位间传达知照，面向大众宣传推广组织目标的作用。信息传播是指体育组织网站传播与本组织相关的竞技体育、群众体育、体育产业等方面的新闻或其他资讯，譬如各级体育行政部门网站一般能够比较均衡地报道本地的群众体育和竞技体育，这与商业门户网站一味追求竞技体育的报道风格大相径庭。

一、体育组织网站新闻传播的特点

（一）数量众多，信息权威

2011年国家体育总局印发的《体育事业发展“十二五”规划》中明确提出“推动国家体育总局系统媒体的转制和改革，进一步加强政府网站的建设，掌握体育宣传主动权”。我国体育系统信息化建设进一步完善，从体育行政部门到体育单项协会，从体育赛事组织方到体育产业有关单位，建设了数量众多的网站。我国所有省、自治区、直辖市体育局都建设了网站（个别地区由国家体育总局网站设子站链接，如西藏自治区体育局），大部分市级体育局也建设了网站。体育单项协会方面，华奥星空负责建设、运营中国足球协会官方网站等中国100个正式运动项目协会官网，华奥星空网站链接的奥运项目协会网站有32个，非奥运项目协会网站有38个；另外华奥星空还负责建设运营乒超、国际象棋联赛等众多大型国内外赛事的官方网站。

体育组织网站作为体育行政部门、体育单项协会等组织机构的官方网站，发布的各类公告、通知、新闻等信息都代表官方口径，其权威性毋庸置疑。特别是一些普及程度不高却有少数体育迷关注的冷僻体育项目的赛事，因为大众传媒报道的缺失，体育单项协会网站的信息可以为体育迷及时奉送赛事信息。

体育组织的网站发布的关于体育赛事的数据统计、处罚通知、裁判员安排等信息，既借助互联网知照相关俱乐部和运动员，公之于众，同时也为体育新闻工作者提供了新闻素材，其中某些信息颇有新闻价值。譬如中国足球协会官方网站（http：//www.fa.org.cn/）和中国篮球协会官方网站（http：//www.cba.gov.cn/）公布的关于联赛的数据统计细致、权威，被媒体在体育新闻报道中广泛引用。

（二）均衡传播群众体育、竞技体育、体育产业等新闻

当前我国新闻媒体体育新闻报道的内容偏重于竞技体育，尤其是以欧洲足球五大联赛和NBA为代表的高水平职业联赛，少量报道非赛事会议、活动等新闻，几乎不报道社会体育和学校体育新闻。据有关研究统计，专业体育报纸《体坛周报》在1998年、1999年对于竞技体育新闻的报道比例分别为95%和97.5%，而对于社会体育的报道比例分别为0.2%和0.5%，对于学校体育的报道为零。即便是国家体育总局主管的《中国体育报》对于竞技体育的报道比例也在70%以上。[①] 这种体育新闻报道模式的偏差在近二十年间不曾改变。

群众体育与竞技体育协调发展是我国体育事业发展的基本原则之一，群众体

① 张德胜．体育媒体通论．广州：广东人民出版社，2006：72.

育的发展离不开体育行政部门和各类体育组织的宣传、引导。体育组织网站在群众体育、体育产业方面的宣传报道，在一定程度上弥补了大众传媒对于这一领域体育新闻报道的缺失。纵览各地体育局网站，大都在首页设置了群众体育、竞技体育、青少年体育、体育产业、体育文化等频道，全民健身或群众体育频道一般置于竞技体育之前，处于网站首页突出的位置。打开许多体育组织网站首页，网友看到的不再是商业门户网站同质化的竞技体育新闻，不再是家喻户晓的球星冠军，而是全国各地普通群众参与的体育活动，虽然竞技水平和精彩程度无法与高水平运动员媲美，却是普通老百姓身体力行的，是真正接地气的体育新闻报道。

2013 年，由中国羽毛球协会和中央电视台体育频道共同主办、中视体育娱乐有限公司承办的“谁是球王”——中国羽毛球民间争霸赛，是一个大型民间体育赛事，参赛的都是普通羽毛球爱好者。对于这样的群众体育赛事，从国家体育总局网站到各地体育局网站都广泛宣传动员并跟踪报道，国家体育总局网站全民健身频道先后发布 14 条关于该项赛事的新闻。中国新闻网、搜狐网等新闻媒体对于这项备受瞩目的群众体育赛事也有报道。

中国足球协会官方网站的校园足球频道，内容是采写或转载国内各地校园足球新闻，图文并茂，如《中能探索青训新模式　36 所中小学足球进课堂》《大学生联赛粤赛区开赛　26 队参赛　12 月决冠军》《邯郸一中校园足球成绩突出　获得国家级荣誉》《南通二中举行校园足球比赛　挖掘足球好苗子》《首届小学女足赛将打开　蚌埠路五小积极备战》。虽然此类赛事受关注程度不高，但相关赛事新闻见诸协会网站页面，对于赛事组织单位和参赛青少年来说无疑是莫大的鼓舞。

体育组织网站关于群众体育、体育产业、体育文化等题材新闻的报道，对推行全民健身，普及群众体育，有着重要的宣传教育意义。

（三）信息发布迟缓，更新频率慢，浏览量少

体育组织网站毕竟不是新闻媒体，因为内容发布程序和编辑管理等因素，网站发布的信息不注重时效性，忽视宣传效果，信息发布迟缓，内容更新频率慢，网页点击浏览量少。原本一些颇有新闻价值的信息，在网站发布之前或者已经体育组织正式公布，或者由新闻媒体先行披露，发布的信息沦为明日黄花。如中国足球协会官方网站于 2013 年 12 月 3 日 15 时发布的《2013 年足协杯裁判员安排表（决赛)》，内容涉及足协杯决赛执法裁判员。因为足协杯决赛引人瞩目，这样的信息原本极具新闻价值，但事实上足协杯决赛首回合已经于 12 月 1 日结束，信息发布时间严重滞后，将裁判员安排表上传网站纯粹是流于形式。又如同样是中国足协官方网站于 2013 年 9 月 27 日发布的《关于对武汉卓尔队运动员朱挺违规违纪的处罚决定》，文件内容是关于对武汉卓尔队 11 号运动员朱挺在一场比赛中冲进场内用手推搡裁判员的处罚，这同样颇有新闻价值的内容，却是在公文成文 17 天之后见诸网页。从这份公文的成文日期来看，2013 年 9 月 10 日中国足球协会纪律委员会已经做出处罚并成文印发。

二、体育行政部门网站

在我国，上自国家体育总局，下至省、市体育局（文体局），大都开设了官方行政网站，这些网站的内容以体育活动、行业新闻、政策法规等项目为主。[①] 比如，国家体育总局网站（http：//www. sport. gov. cn/）由总局政务、全民健身、竞技体育、体育产业、体育发展、观点声音、互动交流、在线办事、资料大厅、图说体育、今日体坛等频道组成，各频道下设若干二级频道；网站内容涵盖了国家体育总局在体育各个领域的工作；既是国家体育总局对内、对外的服务平台，也是传播我国体育事业的权威门户。国家体育总局网站链接了各省、区、市体育局如北京市体育局、天津市体育局、河北省体育局、内蒙古自治区体育局、辽宁省体育局、吉林省体育局等的信息发布，还链接了田径运动管理中心、足球运动管理中心、体育彩票管理中心、中国体育报业总社等 43 个体育总局各直属单位网站，相关部门的主要职责、机构设置、联系方式一目了然，工作动态、通知公告、竞赛规程更新及时，在政务公开、文件传达、宣传教育、新闻传播等方面起到了积极的作用。

图 4－12　国家体育总局网站首页（2013 年 12 月 3 日截图）

① 张德胜．体育媒体通论．广州：广东人民出版社，2006：247.

张英等学者在《我国体育局政府网站页面设计研究》一文中概括了我国省级体育行政部门网站的特征：主页通栏色彩艳丽、地方性运动员成为图片代言人。我国大部分省级体育局政府官方网站页面都以“图片新闻＋文字新闻＋工具栏”为主，将有关体育信息分门别类进行梳理和整合。很多页面设计采用“川”形结构，以竖三栏的方式对内容进行编排，包括导航区、左右两栏和中间新闻列表四个部分，给人以平衡感与稳定感。

栏目设置丰富，涉及面广。各省份体育局网站专题栏目设置形式大同小异，集中在政府信息公开、群众体育、竞技体育、体育产业、政策法规、体育新闻等子专题，内容丰富多彩，图文并茂。导航栏目简洁，突出服务功能。网站的中栏是新闻列表，是整个网站文本内容的核心，大多是图片下面配有本条新闻的标题和导语，眼球效应强于右边的最新新闻。左右两栏内容具有亲民性和互动性，左右两栏又分为多个板块，多是图片或相关信息及链接等。①

思考题

1. 互联网上最早涉足新闻服务的网站有哪些？
2. 商业门户网站的体育新闻报道源于何时？
3. 商业门户网站体育频道与新闻频道的新闻报道有什么异同？
4. 商业门户网站体育赛事报道有什么特点？
5. 新浪网体育新闻报道有什么特点？
6. 官方新闻网站体育新闻报道有什么特点？
7. 请列举几个你所了解的官方新闻网站体育频道。
8. 请介绍一下你经常浏览的专业体育网站。
9. 在互联网发展大潮中，传统体育媒体网站应该如何定位？
10. 你认为专业体育报纸的电子版是否应该付费阅读？请说明理由。
11. 当前我国体育组织网站新闻传播有何特点？
12. 请描述一家你访问过的体育行政部门网站的页面设计和新闻内容方面的特征。

---

① 张英，沈莉，王言昭．我国体育局政府网站页面设计研究．新闻知识，2013（4）：45－46.

第五章 网络体育视频

近年网络视频发展迅速，互联网上崛起了一批新兴的以提供网络视频服务为主的各类视频网站，综合性新闻网站也纷纷涉足网络视频业务。网络视频是一个约定俗成的叫法，这里是指制作、编辑、集成并通过互联网向公众提供的视音频节目，以及个人上载传播的视听节目。

第一节 网络视频

网络视频，或称在线视频，英文即 online video 或 video hosting service（视频托管服务）。中国互联网络信息中心在其研究报告中认为：网络视频是指通过互联网，借助浏览器、客户端播放软件等工具，在线观看视频节目的互联网应用。[①] 艾瑞咨询在其 2006 年和 2013 年的网络视频研究报告中分别使用了“网络视频”和“在线视频”的称谓：网络视频是指“内容格式以 WMV、RM、RMVB、FLV 以及 MOV 等类型为主，可以在线通过 RealPlayer、Windows Media Player、Flash、QuickTime 及 DivX 等主流播放器播放的文件内容”。在线视频是指“以流媒体为播放格式，可以实现在线直播或点播的网络服务”。相应地，在线视频服务是指“网络视频运营商为用户提供的各种与网络视频相关的服务，主要包括视频在线点播、直播、分享、搜索等服务类型，目前很多运营商会综合提供几种服务。根据表现形式和终端不同，可分为网页、客户端和移动 App 三大类”[②]。

2007 年 12 月国家广播电影电视总局、信息产业部审议通过的《互联网视听节目服务管理规定》第二条规定：“互联网视听节目服务，是指制作、编辑、集成并通过互联网向公众提供视音频节目，以及为他人提供上载传播视听节目服务的活动。”事实上这里规定的制作、编辑、集成并通过互联网向公众提供的视音频节目，以及个人提供上载传播的视听节目，指的就是网络视频。

---

① 中国互联网络信息中心 . 2012 年中国网民网络视频应用研究报告（2013 年 5 月）.

② 艾瑞咨询 . 中国在线视频行业季度监测报告简版 2013Q1.

一、网络视频简史

第一个互联网视频托管网站是 Chase Norlin 于 1997 年创建的 shareyourworld. com，它允许用户以不同的文件格式上传剪辑的或完整的视频。由于预算和带宽问题，它于 2001 年关闭。2004 年 11 月 Zach Klein 和 Jakob Lodwick 创立 Vimeo. com，这是一个以视频为中心的社会化网络站点，总部在美国纽约。Vimeo 支持嵌入、分享、储存视频，也允许用户对视频做出评论。

世界上最大的也是最受欢迎的视频网站是 YouTube. com。YouTube 由台湾裔美国人陈士骏等人于 2005 年 2 月 15 日注册，网站的口号为“Broadcast Yourself（表现你自己）”。YouTube 总公司在加利福尼亚州，网站借由 Flash Video 或 HTML5 影片来播放各式各样由上传者制成的影片内容，包括电影剪辑、电视短片、音乐录影带等，以及其他上传者自制的业余影片，如 VLOG、原创的影片等。大部分 YouTube 的上传者仅是个人自行上传，也有一些媒体公司如哥伦比亚广播公司、英国广播公司、VEVO 以及其他团体与 YouTube 有合作计划，上传自家公司所录制的影片。[①] 2006 年 11 月，Google 公司以 16. 5 亿美元收购了 YouTube，并把其当作一间子公司来经营。2013 年 4 月的数据显示，YouTube 独立用户访问量为 1. 546 亿，是全美第一大视频资产，其次是 Facebook（6 270 万）、VEVO（5 290 万）、NDN（4 530 万）和雅虎旗下网站（4 510 万）。

在中国大陆，土豆网（Tudou. com）于 2005 年 4 月 15 日正式上线，是中国最早的网络视频平台，也是全球最早上线的视频网站之一。2012 年 8 月 20 日，土豆和优酷合并成优酷土豆。

二、网络视频的发展现状

2007 年 1 月，比尔 · 盖茨在瑞士达沃斯的世界经济论坛年会上说，随着网络视频的发展，互联网在 5 年内就会颠覆电视的地位。5 年后的 2012 年，美国的网络视频消费已超过电视消费。截至 2012 年 10 月，美国网络视频用户数达到 1. 69 亿，占到美国人口总数的 53. 5%。2012 年 10 月份，86% 的美国互联网用户观看了网络视频，观看互联网视频内容的平均时长为 6. 1 分钟。2012 年伦敦奥运会有 1. 59 亿网络视频流，相比于 2008 年北京奥运会 7 550 万网络视频，增长了 111%。[②]

---

① YouTube. http：//zh. wikipedia. org/zh/YouTube.

② 2012 年美国网络视频研究报告 . http：//info. sundaysky. com/Portals/165863/docs/sundaysky－2012_state_of_online_video_report－12－03－2012. pdf.

随着互联网基础设施的完备和升级，智能手机、平板电脑等终端设备的普及，网络视频质量的提高，网络视频用户数量激增。

（一）中国的网络视频概况

在中国，网络视频行业先后经历了探索发展期和快速普及期后，2007 年进入产业盘整、洗牌期，并向多样化、融合化方向发展。“从 2006—2009 年，网络视频行业进入成熟发展时期，网络视频用户也呈现稳步增长的态势。”①

依据艾瑞咨询的统计，2005 年中国观看过网络视频的用户有3 200万人，网络视频用户占中国网民的 29%。2007 年上半年有 61.1% 的网民观看过网络视频，仅视频点播类网站就有 360 家左右。北京奥运会期间，知名视频分享类网站酷 6 网的日均流量达到 2.5 亿。近年，随着中国互联网网速的提升，网络视频企业的成熟，网络视频品质的提高，微博、SNS 网站的分享传播，网络视频产业愈发繁荣。中国网络视频用户规模持续稳定增长，截至 2016 年 6 月，我国网络视频用户规模达 5.14 亿，网络视频用户使用率为 72.4%。其中，手机网络视频用户规模为 4.4 亿，手机网络视频使用率为 67.1%。②

（二）中国的网络视频产业

网络视频产业方面，2011 年以来我国网络视频行业保持着高速增长的势头，网络视频行业发展前景被广泛看好，国内外资本进入网络视频产业，网络视频网站加快抢占市场、争夺用户的步伐；商业门户网站乃至传统媒体也纷纷以购买版权、自制内容等方式进军网络视频领域，网络视频行业的竞争趋势日益激烈。为了争抢用户资源，主要的视频网站均投入巨资购买电影、电视剧、综艺节目、纪录片等各种版权内容，甚至不惜重金获取网络首播权、独播权，通过内容的优质化、差异化以满足用户需求，以吸引用户访问和收看。③

经过几年的竞合发展以及政府管理政策的干预，视频网站由前期的烧钱投入、野蛮竞争，逐步转向更趋于理性地整合、并购，降低竞争成本，优化资源配置；调整重金砸版权的策略，转向内容精品化、差异化的发展方向，注重培育自制精品节目；视频资源和硬件服务并举，推出互联网电视、机顶盒、自产手机等硬件，提升用户体验；加强 PC 端和移动端的平台建设。艾瑞咨询调研数据显示，新媒体用户互联网电视拥有率达 48.9%，高于传统电视 47.3%。④

---

① 阮伟，钟秉枢．体育蓝皮书：中国体育产业发展报告（2013）．北京：社会科学文献出版社，2013：138.

② 中国互联网络信息中心．中国互联网络发展状况统计报告（2016 年 7 月）.

③ 中国互联网络信息中心．2011 年中国网民网络视频应用研究报告（2012 年 3 月）.

④ 艾瑞咨询．2016 年中国网络新媒体用户研究报告（简版）.

目前我国流量较高的网络视频类网站（含商业门户网站的视频频道）有央视网、优酷土豆、腾讯视频、爱奇艺、搜狐视频、新浪视频、百度视频、凤凰宽频、酷6网、乐视视频等。

第二节　网络体育视频

体育因其独特的魅力，向来是大众传媒的重要传播内容。没有电视转播，体育的精彩和魅力恐怕只能局限于容纳几万人的体育场。同样，没有体育赛事转播，电视将失去最为激荡人心、精彩绝伦的节目内容。

1936年，电视作为大众传播媒介，已经报道了德国柏林奥运会。1937年，英格兰阿森纳俱乐部一线队和预备队之间进行的比赛的一部分由电视直播，这是有史以来第一次由电视直播足球比赛。时至今日，电视和体育早已密不可分，通过电视欣赏高水平体育赛事成为观众和体育迷的高级精神享受。在网络媒体日渐强势的今天，体育的传播载体也逐渐由电视向网络视频迁移。

中国互联网信息中心的调查显示，体育和娱乐是宽频用户的第一需求，观看视频的网民体育迷比重达34.9%，体育是网络视频的重要传播内容。2016年，艾瑞咨询发布的报告显示，新媒体已经成为网民最主流的观看体育比赛的方式，52.8%的用户通过网络视频线上观赛。相比手机等移动终端，PC端观看网络视频有着屏幕大、观看方便、画面清晰流畅、上网互动方便等更好的观赛体验和多样化优势，成为最主要的线上观看体育赛事的终端。（图5－1）[①]

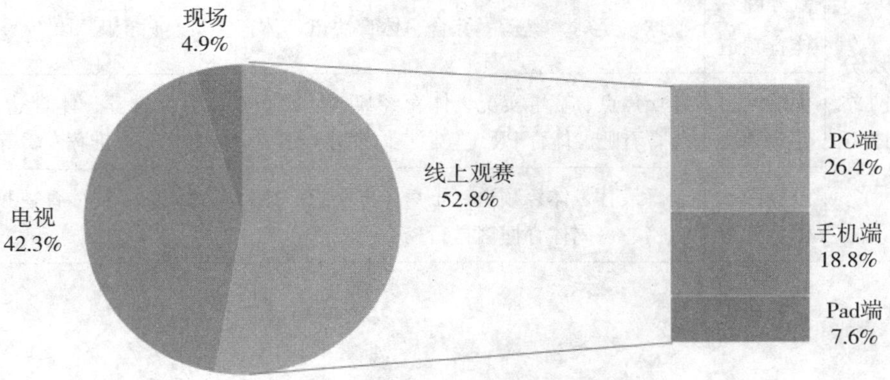

图5－1　2016年用户的主要观赛方式

---

① 艾瑞咨询．2016年中国互联网体育用户洞察报告．

一、网络体育视频的类型特征

网络体育视频可以按照视频来源、发布渠道、运营商、著作权、视频体裁形式等不同标准来分类。英国 Screen Digest 公司发布的《网络体育视频：权利·收益·预测》报告中提及的网络体育视频包括：与视频内容相关的网络同步直播、延时赛事报道、赛事精选、精彩短片、体育新闻、重播、访谈和分析等。① 从体育内容上可以将网络体育视频划分为竞技体育视频、群众体育视频、体育休闲娱乐视频、体育电子游戏视频等。

以不同的标准分类旨在方便我们从不同的角度着眼研究分析网络体育视频。参照大度咨询发布的《中国网络视频行业发展研究报告》对于网络视频行业的分类，我们可以按照传播载体的不同将体育视频划分为：视频分享网站的体育视频、门户网站的体育视频、视频点播/直播网站的体育视频、P2P 播放平台上的体育频道。

依据当前我国网络视频类网站（平台）的不同分类，我们分类分析当前国内网络视频网站上的体育视频的特点。通过表 5－1 我们不难看出，各类网站的体育频道或体育视频栏目设置并无定式或统一的分栏标准，基本上是在适合网民浏览网页习惯和兴趣的前提下，依据运动项目分栏分类设置的。

表 5－1　网络视频网站（平台）体育频道栏目（频道）设置（截至 2008 年 12 月 1 日）

<table>
<tr><th colspan="2">网站（P2P 平台）</th><th>体育频道栏目（频道）</th></tr>
<tr><td rowspan="3">视频分享网站的体育频道</td><td>酷 6 网体育频道</td><td>篮球、足球、奥运、综合、体育快讯、体育宝贝、讨论区</td></tr>
<tr><td>优酷网体育频道</td><td>体坛焦点、赛事实况、体育经典、休闲竞技、会员推荐、体育达人、体育看吧、体育 PK（竖栏：体育分类索引、体育标签、推荐专辑等）</td></tr>
<tr><td>土豆网体育频道</td><td>今日最荐、体育频道、土豆体育小组、热门关键词、一周体育视频排行榜、一周体育博客排行榜</td></tr>
</table>

---

① 部书锴．英美网络体育视频的奥运机遇．中国新闻出版报，2008－10－06.

（续上表）

网站（P2P 平台）		体育频道栏目（频道）
门户网站的体育频道	新浪体育视频	特别策划、编辑推荐、视频排行、视频分享、热点视频、热门播主（横栏：英超、欧冠、高尔夫、NFL、汇总、热播排行、体育播客）
	搜狐体育视频	今日推荐、2008 奥运、篮球、足球、综合体育、排行榜、推荐节目单、精彩专题、人气专区、最新上传
	腾讯体育视频专区	篮球视频、国际足球视频、国内足球视频、综合体育视频、奥运大讲堂、最新精彩
视频点播/直播网站的体育频道	央视网	CCTV－5 视频点播、第一体育直播中心
	激动网	国际足球：英超、意甲、西甲、欧冠；国内足球：中超、国足、女足；篮球新闻：NBA、CBA；综合体育：赛车、网球、极限运动、乒球羽球
	新传宽频	NBA、西甲、国内足球、德甲、意甲、CBA、游戏、梦幻 NBA
P2P 播放平台上的体育频道	PPLive 网络电视	篮球风云、五星足球、足球周刊、球行天下、亚洲足球杂志、劲力体育特辑等 105 个频道
	QQLive 体育频道	意甲录播、361°娱乐篮球、奥运跳水选拔赛、网球－ESPN、足球频道－ESPN、赛车频道－ESPN、足球运动－ESPN、361°中国大学生男子篮球超级联赛等 10 个频道

（一）视频分享网站的体育频道

根据我国于2008 年初施行的《互联网视听节目服务管理规定》中的有关条款，个人上传时政类视听新闻节目视频受到限制，所以影视、音乐、娱乐、体育、动漫等领域成为网络视频的主要内容。以视频分享类网站酷6 网为例，它的体育频道分为篮球、足球、奥运、综合、体育快讯、体育宝贝、讨论区等几个栏目，体育频道主页下设精彩推荐、赛事实况、娱乐体坛、最新视频四个板块，视频各有特色。（图 5－2）

图5－2　酷6网体育频道页面（2013年7月18日截图）

视频分享网站的体育视频以注册用户上传或转帖为主要来源，来源渠道广泛，难以控制监管。而事实上虽然使用网络视频应用的网民人数众多，但真正拍摄并且在视频分享网站上传视频的网民却不多。在网络视频用户中，仅有14.2%的用户拍摄过视频，8.2%的用户对已有的视频素材做过编辑加工，高达82.6%的用户两者都未做过。受限于专业编辑剪辑知识和拍摄器材，中国网民视频拍摄和制作普及率还较低。[①] 所以，虽然此类视频网站开发的分享模式使视频内容多样化，但网络视频质量仍参差不齐，普通网民上传的优质网络视频资源凤毛麟角。

网络视频另一种意义上的"分享"，是指用户通过视频网站、SNS网站以及微博设有的分享功能链接，实现视频在不同网络应用上的分享、扩散、传播。这种方便快捷的"分享"功能虽然无法增加网络视频的质量和数量，却能扩大网络视频的传播范围。

（二）门户网站的体育频道

综合性门户网站的体育视频具有以下特点：用户基数大，黏度高；网站具备一定的自主制作视频的能力；拥有优质的体育视频资源。门户网站庞大的点击流量是其先天优势，而且此类网站的视频服务通常与邮箱、微博、微信等网络应用相结合，所以用户使用率较高、网民与网站的黏度较高。综合性门户网站具备一线采访体育新闻的资格和实力，除了购买体育赛事版权、网民提供的视频，这些网站还具备独立采访、制作视频节目的能力。近年的奥运会、世界杯等重大体育

---

① 中国互联网络信息中心.2012年中国网民网络视频应用研究报告（2013年5月）.

赛事期间，新浪、腾讯等网站对于夺金中国运动员的访谈节目针对性、时效性强，颇受网民欢迎。

作为早期依靠体育起家的新浪，体育视频内容是其核心资产之一。视频形式能够让网民在观看比赛时直观感受比赛的精彩内容。因而，在新浪体育十几年的经营过程中，在保持传统图文报道优势的同时，为更好吸引网民视线，新浪持续在视频方面投入，进行赛事版权购买，一度同时拥有 NBA、欧冠、中超、英超、意甲、英足、亚冠、NFL 等顶级赛事的直播权。新浪数据显示，其拥有市场上超过 90% 的赛事直播和点播权益。同时，新浪不断进行自制节目与新产品开发，满足用户多种观看需求，为其提供精彩内容体验。新浪在体育赛事资源方面，占据了中国互联网体育赛事视频权益的领先地位，从某种程度上来说，甚至不少于央视。举例来说，新浪体育作为 NBA 中国官方互联网合作伙伴，自 2010 年起，它拥有 NBA 三个赛季的网络直播、点播、广告营销等一系列权益，为网民提供全面一站式 NBA 资讯与网络互动。①

2013 年 11 月 8 日，新浪体育直播台正式上线，标志着新浪体育在视频化的转型中迈出了重要的一步。新浪体育直播台是一个直播赛事的平台，每天 24 小时不间断播出体育赛事内容。如有同时进行的比赛，新浪体育直播台可以通过多个直播间分别直播，另外球迷还可以定制个性化的节目单。球迷在看球时，可以在互动聊天室交流。新浪体育直播台还提供回看功能，如果球迷错过之前播出的节目，可以点击节目单回看。新浪体育直播台也是一个多终端的平台，新浪体育移动 App 也同步上线体育台。

综合性门户网站拥有资金和资源优势，实力强劲，目前大部分门户网站都能够独立制作体育视频。2006 年，搜狐视频成为中国内地播放德国世界杯视频的唯一门户网站。2008 年奥运会，搜狐视频获得官方独家赛事网络转播权，搜狐体育播报制作视频新闻达 3 万条，完成了奥运赛事 2 300 小时不停机视频直播报道。搜狐投入全球互联网行业第一辆卫星直播车，实现全球首次海拔 5 200 米的珠穆朗玛峰大本营网络视频直播、全球最高峰 24 小时实时网络视频直播以及全球最高峰四路直播等，多次刷新互联网直播纪录。② 四大商业门户网站中后来居上的腾讯网于 2015 年成为“NBA 中国数字媒体独家官方合作伙伴”。腾讯网通过 PC 端、移动端等多个平台以及 NBA 官方应用客户端、NBA League Pass（联盟通行证服务）等多种形式，全程覆盖超过 1 500 场比赛视频直播。腾讯平台平

---

① 崔文花．体育视频长线营销．http：//a. iresearch. cn/new/20130618/202272. shtml.

② 王婷婷，吴位娜．搜狐：门户网站的网络视频战略．//中国视听新媒体发展报告．北京：社会科学文献出版社，2011：234－235.

均每天视频直播 3 ~5 场比赛，每场比赛采用多路信号、多音轨解说，实现赛场、球星、观众席自主切换，为用户提供全景观看比赛的“上帝视角”，满足用户自定义观赛需求。

（三）视频点播/直播网站的体育频道

视频分享类网站提供的视频最具广泛性，相比较而言，视频点播/直播网站的视频服务目的性更为明确，它们或具备一定的自主制作节目内容的实力，或拥有一定数量的体育赛事版权，能够持续为网友提供可以点播的赛事视频新闻、赛事集锦或体育赛事的直播。

广播、电视等传统媒体的网络视频平台属于此类视频网站，因此它们先天拥有一定的视频内容和资源优势。传统新闻单位的广播电视台所建设的网站、网络视频平台与我国的广播电视体系一脉相承，从中央到省级再到地市级的广播电视台（集团）几乎都建设了自己的网站，其中最具代表性、最有影响力的当然是中国网络电视台（英文简称 CNTV）。

中国网络电视台是由中央电视台主办的国家网络广播电视播出机构，于 2009 年 12 月 28 日正式开播。中国网络电视台全面部署多终端业务架构，拥有中央重点新闻网站——央视网，并建设网络电视、IP 电视、手机电视、移动电视、互联网电视等集成播控平台，通过部署全球网络视频分发系统，已覆盖全球 210 多个国家及地区的互联网用户，建立了拥有全媒体、全覆盖传播体系的网络视听公共服务平台。中国网络电视台充分发挥电视平台和网络平台优势，建设具有公信力和权威性的网络视频互动传播平台，对国际国内重大政治、经济、社会、文化、体育等活动和事件以网络视听的形式进行快速、真实的报道和传播；同时着力为全球用户提供包括视频直播、点播、上传、搜索、分享等在内的方便快捷的“全功能”服务。①

① 央视国际网络有限公司简介．http：//www.citvc.com/2012/10/24/ARTI1351011013493587.shtml.

图 5－3　央视网体育频道（2016 年 10 月 4 日截图）

央视网的体育频道（http：//sports. cctv. com/）曾经被称为“CCTV. com 第一体育”“中国网络电视台体育台”。背靠拥有丰富体育赛事资源的中央电视台体育频道，央视网体育频道既可以点播体育视频，也可以在线观看与电视同步的视频直播；在体育项目内容上，与中央电视台体育频道一脉相承，大球小球、综合体育、国内外体育赛事与新闻，无所不包；在播放平台和渠道方面，在线直播、下载央视影音或 CCTV－5 的 PC 和移动客户端、央视五套官方微博和微信，都可以迅捷地观看到最新的体育新闻和体育赛事的转播。（图 5－3）另外，中央电视台体育赛事频道（CCTV－5＋体育赛事）是中央电视台的第二个体育频道，于 2013 年 8 月 18 日 9 时由原 CCTV－高清置换而来，每天 24 小时以全高清的方式进行开路播出，频道内容主要包括：赛事直播、录像和集锦。与 CCTV－5 一样，体育赛事频道在央视网也占有一席之地。

央视网的体育频道和体育赛事频道发挥电视媒体和网络媒体双平台优势，充分利用体育赛事独家版权和原创资源，全程直播国内、国际重要赛事，为体育迷呈现 24 小时体育新闻、体育赛事线性直播，同时也是一个融合海量体育视频、赛事图文资讯、赛事数据服务、网络社区互动、移动终端交互等功能的体育视频互动社区。

另一类视频点播/直播网站的代表是 2012 年 8 月上线的乐视网体育频道，也就是现在的乐视体育（http：//www. lesports. com/）。乐视体育的目标是由单一的视频媒体网站的业务形态，发展为基于“IP 运营＋内容平台＋智能化＋互联网服务”的全产业链体育生态型公司。乐视体育最值得称道的是拥有众多的体育赛事版权资源。截至2016年初，乐视体育拥有310项全球顶级赛事版权，其中72%是独家。除了欧洲五大联赛、CBA、欧冠篮球、亚冠、中超、WTA与ATP巡回赛等广受欢迎的体育赛事，乐视体育还拥有自行车、高尔夫等相对小众项目的版权。（表5－2）

表5－2 乐视体育拥有的部分体育赛事版权

运动项目	体育赛事类别
足球	中超、中甲、足协杯、中国之队、女超、亚冠、亚洲杯、女足亚洲杯、世预赛亚洲区、U21亚洲杯、英超、英冠、英乙、苏超、联赛杯、足总杯、欧冠、欧联杯、U21欧冠、意甲、德甲、法甲、葡超、丹麦联赛、瑞典联赛、乌克兰联赛、巴西联赛、J联赛、K联赛、澳超、印度联赛、美国大联盟、南美杯、解放者杯、国际冠军杯、英格兰队、德国队、法国队、西班牙队、阿根廷队、巴西队、非洲杯、女足世界杯、美洲杯
篮球	CBA、欧冠篮球、PAC12、国奥国青队
高尔夫	欧巡、美巡、亚巡、同一亚洲巡回赛、美国公开赛、英国公开赛、PGA锦标赛、欧亚杯、莱德杯
网球	温布尔登、ATP巡回赛、WTA巡回赛、戴维斯杯
赛车	F1、勒芒耐力赛、WEC、MotoGP、CTCC、NASCAR
搏击	UFC、WWE、One FC、WSOF、Bellator
自行车	环法、环西、环意大利、环加泰罗尼亚、环波兰、环澳大利亚
马拉松	纽约马拉松、巴黎马拉松、芝加哥马拉松、柏林马拉松

（四）P2P播放平台上的体育频道

目前P2P播放平台上的体育视频主要包括即时转播的电视体育频道、重播各类体育节目、自主制作编辑的体育节目等视频内容。P2P播放平台把电视体育频道等多种体育资源汇集到一个端口，只要有一台电脑或者一部智能手机，就可以免费或付费尽览各个体育频道的节目。

以PPTV网络电视为例，“体育”频道的体育视频节目多达数百个，其中既包括香港地区电视台的体育转播，也包括欧洲足球等收费体育频道的免费转播，更有若干精彩体育赛事在线播放。“PPTV聚力直播2010年南非世界杯，成为官方唯一授权直播客户端软件，突破亿万观看人次大关，成为直播体育赛事期间，最受网民推崇的收看平台。2010年9月，PPTV聚力成为英超官方授权独家视频直播平台，全程直播英超比赛，并作为中国大陆地区英超直播独家技术支持平台与网络分发平台。2012 年 6 月，作为唯一拥有欧洲杯直播版权的网络电视，在欧洲杯直播期间，PPTV 聚力用户总点击量超过 10 亿，总 UV（累计观看人次）超过 8 亿，独立 UV（用户覆盖）达 8 000 万人次。凭借欧洲杯赛事的优异表现，PPTV 聚力日均流量超过 3 600 万人次，连续数周保持行业第一。"① 从 2011 年起，PPTV 已经获得了包括英超、意甲、德甲、中超、CBA 在内的多项体育赛事版权，并为这些赛事配备了专门的解说队伍。有线电视提供的区区几个体育频道显然无法与此相提并论，网友在网络电视上有着更多的选择余地。（图 5－4）

PPTV 已经拥有超过 3 亿的庞大用户群体，是全球首家突破 800 万人同时在线观看的网络视频直播平台。PPTV 既提供 PC 网页端（http：//www. pptv. com）和客户端，也提供平板电脑和手机移动终端，还包括与牌照方合作的互联网电视和机顶盒等终端，用户可以通过 iOS 和安卓系统在手机或平板移动终端收看 PPTV 的体育直播。通过移动终端看 PPTV 体育的用户访问量，占到体育板块总访问量的 24%。

图 5－4　PPTV 电脑客户端体育频道（2013 年 7 月 30 日截图）

① PPTV 聚力公司简介 . http：//www. pptv. com/aboutus.

二、网络体育视频的传播特性和优势

（一）网络体育视频接收便捷，终端多样

美国经济咨商局消费者调查中心的调查报告显示，美国家庭在线观看电视增长的主要原因是电视观众在时间上更具有灵活性，他们希望在他们需要的时候观看电视节目。其他的理由包括通过笔记本观看在线电视更具有便携性并能够跳过商业广告。[①] 网络体育视频有着多渠道的来源，但它的接收终端的最低配置可以是一部极易随身携带的智能手机，这就给人们提供了极大的便利。体育迷不能奢望从家中的电视机里看到每一场感兴趣的体育比赛，但他们总能够在互联网上找到一家网站提供相关赛事的直播。随身携带一台平板电脑或一部手机，体育迷便可以随时随地在线观看自己感兴趣的各个电视体育频道的节目。网络视频较之于电视，还有许多细微的人性化的服务，譬如暂停、回放、屏蔽广告、多片段连播、多窗口播放、在线互动、收看时间自由，这些都是各类视频网站赖以生存的秘技。另外网络视频网站推出的电视盒子、互联网电视、虚拟现实装备等各类多样化、个性化的终端设备，为体育迷欣赏体育节目提供了更多的选择。

（二）网络体育视频的社会化分享扩大传播效果

近年微博、微信等社交网络应用兴起，网络视频作为较早的网络应用并没有因此而被淘汰；相反，网络视频以其开放性，先后主动与博客、微博、微信等交互传播，在技术上相互打通，网络视频也因此找到了新的传播平台。

有调查显示，35.3%的用户有在网站分享视频的经历，由于当前大部分视频网站、SNS 网站以及微博、微信都有方便快捷的分享功能，使得用户分享所感兴趣的视频的积极性较高。在分享视频至其他网站的人群中，63.1%的用户会分享至博客或者个人空间，另有 50.4%的用户会分享至微博，46.4%的用户会分享至微信。（图 5－5）博客或个人空间、微博仍然是个人最主要的分享目的地，2013 年，微信迅速成长，成为用户分享视频的主要目的地之一。[②]

---

① 红树．在线观看将成为美国家庭观看电视主流．http：//tech. sina. com. cn.

② 中国互联网络信息中心．2013 年中国网民网络视频应用研究报告（2014 年 6 月）.

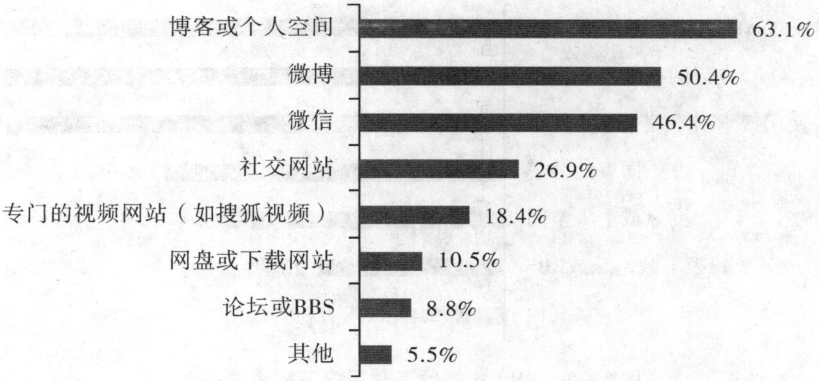

图 5－5　2013 年视频分享目标站点①

网络体育视频通过即时通信工具、论坛、博客、微博、社交网络等网络应用以分享、转发的方式扩大传播，这使得网络体育视频拓展了传播空间，网络体育视频不再囿于视频网站或客户端，提升了视频网站的传播力和影响力。

（三）网络体育视频传播持久易存

电视体育节目报道体育新闻直观、生动，但电视影像的不可逆转性使得体育节目在播放过后转瞬即逝，观众倘若没有看清或者想重复观看其中的精彩片段，只能寄望于重播。网络体育视频使得电视体育节目等视频可以多次在线重播或者下载保存，以便观众反复播放欣赏。下载视频观看也是网民看视频的主要方式之一。

有调查显示，对于常用的视频下载资源来源，有 54.1% 的用户使用在线视频网站的离线缓存/下载功能，从专门的视频下载网站上获取的比例也为 54.1%，使用搜索引擎搜索视频资源的比例为 53.8%。在线视频网站、专门的视频下载网站、搜索引擎构成当前视频下载资源的主要来源。此外一部分用户会通过“朋友/同事的分享”（36.9%）、“网盘或个人空间”（27.4%）、“视频下载论坛或 BBS”（20.1%）等来源下载视频。（图 5－6）② 下载视频观看不受网络环境影响，一般情况下，下载的高清视频可以保存下来，方便用户随时随地收看。视频分享类网站注册用户还可以将自己感兴趣的视频在线分类收藏，在有网络的地方随时可以在线观看或者下载。

① 中国互联网络信息中心．2013 年中国网民网络视频应用研究报告（2014 年 6 月）．

② 中国互联网络信息中心．2013 年中国网民网络视频应用研究报告（2014 年 6 月）．

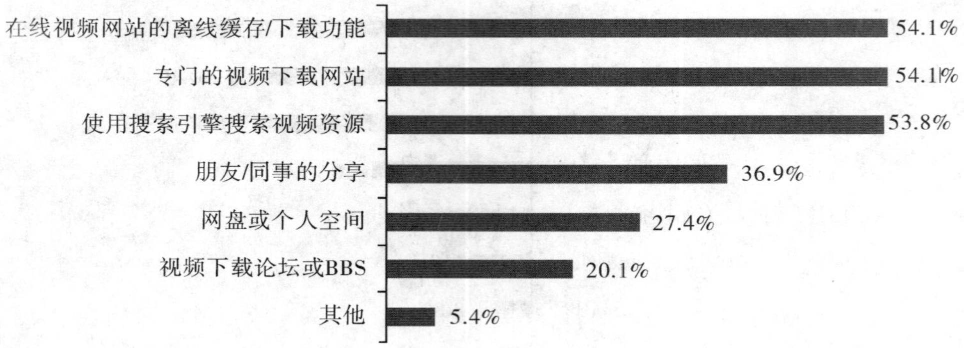

图 5－6　2013 年视频下载用户下载资源来源

（四）网络体育视频的时效性等性能优于电视

就当前的网络技术水平而言，网络体育视频在传播的时效性上已经赶超电视。这里所谓的“赶超”，一方面是指网络体育视频直播网站的体育赛事在线直播已经与电视直播并驾齐驱，如乐视体育、腾讯体育、新传宽频等移动客户端和视频直播网站上的体育赛事直播；另一方面是指在部分网站体育频道以消息的形式制作的体育视频中，其时效性已超越电视体育新闻。如部分网站在英超联赛结束后的翌日凌晨即推出比赛进球视频，而电视体育频道最早是在早间段的体育新闻播报消息。

另外网络视频已经逐渐弥补了自身各项缺陷，并且逐步兼具电视的各项优势，如清晰度、内容资源等，网络视频已经兼容到电视和手机屏幕上。在互动性、便携性、内容多样性等层面，个人电脑、平板电脑、智能手机已经全面超越电视。有研究认为，相对于电视媒体，网络视频以如下优势将越来越多的用户特别是年轻用户从电视机前拉到电脑和移动终端前：视频生产主体的多元化，用户收视行为的个性化，收看与社交的互动，收看行为的精确监测，视频生产机制的变化。[①] 事实上，部分视频服务提供商已经全面实现了从个人电脑、平板电脑、智能手机、互联网电视等终端同时向网民提供体育视频内容。随着网络视频多屏化的发展，视频企业“针对不同屏幕终端的特点和优势提供特色内容，以满足用户在不同屏幕终端上的不同需求，实现各个屏幕之间内容的相互补充。通过对用户观看行为的跨屏跟踪，视频网站能够为用户推荐个性化的内容，用户观看习惯和观看信息也都能在不同屏幕之间实现同步。多屏化为用户带来了更加丰富、自由和个性化的观看体验，也将会为网络视频的发展提供更加广阔的空间”[②]。

---

① 中国人民大学新闻学院新媒体研究所．中国网络媒体的未来．http：//tech. qq. com/a/20131122/015404. htm#p＝14.

② 易观智库．2013－互联网多屏同源研究专题.

第三节　网络体育视频亟待解决的问题与对策

一、网络体育视频版权的侵权与保护

与其他网络视频相比较而言，网络体育视频版权问题显得更加突出。网络体育视频网站需要优质体育视频吸引网民，但优质的体育视频通常不是免费的午餐，要想获得体育迷最为关注的足球、篮球等竞技体育赛事资源通常需要付出高额的费用，这让尚处于创业初期的体育视频网站左右为难，以至于部分体育视频网站盗播他方体育视频，由此导致版权纠纷。2006 年德国世界杯转播期间，盗播中央电视台世界杯转播信号的网站至少有 19 家，这是对央视的严重侵权行为。[①] 北京奥运会开幕式后的三天时间内，全球发生 1 600 多起未经许可盗播奥运赛事的现象。[②] 2008 年 8 月 13 日，时值北京奥运，央视国际网络有限公司状告迅雷和世纪龙两家网络公司网站侵权转播奥运视频，并分别提出了赔偿 410 万元和 200 余万元的诉讼请求。

面对这些侵权现象，版权方积极与国家广电总局、信息产业部等部门合作，捍卫自己的合法权益，共同打击各类侵权现象。司法是我国版权保护最基本也是最强有力的法律救济手段，在版权保护中发挥主导作用。[③]

2004 年 7 月 6 日，国家广播电影电视总局发布《互联网等信息网络传播视听节目管理办法》，其中第十八条规定，“通过信息网络传播视听节目，应符合《著作权法》的规定”[④]。

为了加强互联网信息服务活动中信息网络传播权的行政保护，规范行政执法行为，根据《中华人民共和国著作权法》及有关法律、行政法规，国家版权局、信息产业部制定《互联网著作权行政保护办法》，并于2005 年5 月30 日起施行。《互联网著作权行政保护办法》“适用于互联网信息服务活动中根据互联网内容提供者的指令，通过互联网自动提供作品、录音录像制品等内容的上载、存储、链接或搜索等功能，且对存储或传输的内容不进行任何编辑、修改或选择的行为。互联网信息服务活动中直接提供互联网内容的行为，适用著作权法”。该办

---

① 江和平. 尊重并保护奥运电视转播权. 中国广播电视学刊，2008（5）：12.

② 翟烜. 国家版权局：网站非法转播奥运将被关闭. http：//news. xinhuanet. com/legal/2008 -08/17/content_9429952. htm.

③ 阎晓宏. 关于我国当前版权工作的几个问题. 中国新闻出版报，2008 -08 -07.

④ 国家广播电影电视总局令第 39 号. http：//www. gov. cn/gongbao/content/2005/content_64200. htm.

法第十七条明确规定，“表演者、录音录像制作者等与著作权有关的权利人通过互联网向公众传播其表演或者录音录像制品的权利的行政保护适用本办法”①。

国务院于2006年5月18日发布并于2013年1月30日修订《信息网络传播权保护条例》，旨在“保护著作权人、表演者、录音录像制作者的信息网络传播权，鼓励有益于社会主义精神文明、物质文明建设的作品的创作和传播”。该条例规定，“权利人享有的信息网络传播权受著作权法和本条例保护。除法律、行政法规另有规定的外，任何组织或者个人将他人的作品、表演、录音录像制品通过信息网络向公众提供，应当取得权利人许可，并支付报酬”②。

国家广播电影电视总局和信息产业部于2007年底联合颁布实施的《互联网视听节目服务管理规定》也是针对“互联网（含移动互联网，以下简称互联网）视听节目服务活动”的管理规定，其中第十五条明确规定，“互联网视听节目服务单位应当遵守著作权法律、行政法规的规定，采取版权保护措施，保护著作权人的合法权益”。“未建立健全节目运营规范，未采取版权保护措施，或对传播有害内容未履行提示、删除、报告义务的；由县级以上广播电影电视主管部门予以警告、责令改正，可并处3万元以下罚款；同时，可对其主要出资者和经营者予以警告，可并处2万元以下罚款。”③

北京奥运会期间，为打击非法转播奥运赛事的侵权行为，国家版权局、工业和信息化部、国家广播电影电视总局下发了《关于严禁通过互联网非法转播奥运赛事及相关活动的通知》，要求各地“加强对辖区内经合法许可或备案的互联网和移动平台的监管”，“发现互联网和移动平台非法转播奥运赛事及相关活动的，版权部门应依法从快、从严处理。通信管理部门将根据版权执法部门认定的违法情况，依法实施停止接入、关闭网站等行政处理措施”，“对于未经许可或备案的互联网和移动平台从事非法转播奥运赛事及相关活动的，一经查证属实，将由通信管理部门依法取缔”④。

另外，拥有版权的电视台和网站应利用技术手段对视频资源设置技术壁垒，阻止非法盗用视频信号。如对网络上传输的视频信号加密，在电视转播中使用水

---

① 互联网著作权行政保护办法．http：//www.sipo.gov.cn/zcfg/flfg/bq/bmgz/200804/t20080403_369311.html.

② 中华人民共和国国务院令（第634号）．http：//www.gov.cn/zwgk/2013－02/08/content_2330133.htm.

③ 国家广播电影电视总局、中华人民共和国信息产业部令（第56号）．http：//www.gov.cn/flfg/2007－12/29/content_847230.htm.

④ 关于严禁通过互联网非法转播奥运赛事及相关活动的通知．http：//www.gov.cn/zwgk/2008－06/26/content_1028230.htm.

印技术等手段。

二、优质体育视频资源是核心竞争力

根据AC尼尔森的调查数据，截至2008年8月17日，北京奥运期间87%的流量被奥运官方网站和新浪、搜狐、网易、腾讯这类新闻门户网站瓜分，其他大部分各类专业视频网站没有奥运转播权（仅优视、酷6网、PPS、PPLive等获奥运转播权），于是部分视频网站面对奥运这块大蛋糕开始铤而走险，出现一些侵权现象。这里就涉及体育视频资源问题。优质体育资源特别是高水平的竞技体育赛事可谓一家体育媒体的核心竞争力，谁拥有丰富的、优质的体育赛事资源，谁就能吸引更多的受众。2012年，因为拥有欧洲杯、伦敦奥运会、2014年世界杯预选赛等重大体育赛事的转播权，中央电视台充分发挥赛事资源优势，在收视份额和广告方面双丰收。央视索福瑞的调查数据显示，2012年电视观众收看体育节目时，72.5%的时间在收看中央级频道，收视份额远远高于省市级频道。这正是因为地方体育频道没有重大体育赛事资源，缺乏精品体育节目。

（一）重大体育赛事资源

体育视频资源炙手可热，获得网络体育视频资源自然代价不菲。据报道，美国NBC获得伦敦奥运会全媒体转播权的价格是10亿美元，而央视和CNTV拿下中国大陆和澳门地区的全媒体转播权至少花了2亿元，其中新媒体转播权的代价约为5 000万元。[①] 对于这样的价位，一般的电视台和网站只能望而却步。

在我国，体育赛事转播不仅仅是钱的问题，起决定性作用的是政策因素。2000年1月，《国家广播电影电视总局关于加强体育比赛电视报道和转播管理工作的通知》出台，文件明确规定：重大的国际体育比赛，包括奥运会、亚运会和世界杯足球赛（包括预选赛），在我国境内的电视转播权统一由中央电视台负责谈判与购买，其他各电视台（包括有线广播电视台）不得直接购买。中央电视台在保证最大观众覆盖面的原则下，应就地方台的需要，通过协商转让特定区域内的转播权。国内重大的体育比赛，包括全国运动会、城市运动会和少数民族运动会的电视转播，由中央电视台牵头召集各有关电视台进行协商，制定出合理的补偿方式及电视信号制作标准，并由中央电视台负责谈判和购买电视转播权，其他各电视台不得直接购买。

这一行政垄断意味浓厚的“通知”，直接剥夺了国内除中央电视台以外的电

---

① 郎朗．CNTV“独享”新媒体转播权 视频网站情断奥运营销？．http：//www.21cbh.com/HTML/2011－9－29/3NMDcyXzM2OTE3NQ.html.

视台以及包括视频网站在内的新媒体竞购重大体育赛事转播的权利。2008年6月20日，北京奥运会开赛在即，国家版权局、工业和信息化部、国家广播电影电视总局联合下发《关于严禁通过互联网非法转播奥运赛事及相关活动的通知》，明确指出“第29届奥林匹克运动会赛事及相关活动在中国大陆和澳门地区的新媒体（互联网和移动平台）转播权已由国际奥委会独家授予中国中央电视台。未经中央电视台授权许可，其他任何互联网和移动平台等新媒体均不得擅自转播”。

2014年10月国务院发布的《国务院关于加快发展体育产业促进体育消费的若干意见》对体育赛事转播权的限制有了新的规定：按市场原则确立体育赛事转播收益分配机制，促进多方参与主体共同发展。放宽赛事转播权限制，除奥运会、亚运会、世界杯足球赛外的其他国内外各类体育赛事，各电视台可直接购买或转让。

从近年的实际情况来看，从2008年北京奥运会到2012年伦敦奥运会，从2010年南非世界杯到2014年巴西世界杯，中央电视台及其旗下的中国网络电视台都得到了中国大陆地区的网络转播权和版权分销权。在这种形势下，每逢重大体育赛事，各地方电视台和各类网站只能静候中央电视台从赛事组织方购得中国大陆地区的转播权之后，再尝试分一杯羹。而中央电视台在取得赛事转播权后，在二级转播权分销时，就形成了独家垄断，中央电视台成了唯一的转播权分销商。在以广告收益、收视率为重的形势下，《国家广播电影电视总局关于加强体育比赛电视报道和转播管理工作的通知》里规定的“应就地方台的需要，通过协商转让特定区域内的转播权”，这里的“协商”对于地方台以及视频网站来说就显得苍白无力，面对把握转播权的央视及CNTV其实已经没有多少话语权了。地方台以及视频网站通常不得不接受中央电视台的高价、附加广告等苛刻条件来获得有限的体育赛事转播权。

央视国际网络是中央电视台国际互联网站。央视国际因为成为北京奥运会官方互联网和移动平台转播机构，单是向其他媒体分销转播权就获利不菲。据报道，“2008年，央视以1亿元拿下北京奥运会全媒体转播权，其中新媒体为2 000万，然后以每家3 000万~5 000万的价格卖给新浪、腾讯、优酷等10多家民营网站，净赚近4亿元”[①]。

虽然获得优质体育视频资源的代价昂贵，但对于新闻门户网站和视频网站来说，一旦获得优质体育视频资源特别是像奥运会和世界杯这样的顶级体育赛事的

---

① 郎朗. CNTV“独享”新媒体转播权 视频网站情断奥运营销？. http://www.21cbh.com/HTML/2011-9-29/3NMDcyXzM2OTE3NQ.html.

版权，那么获得的广告收益和网站流量也是非常可观的。2008 年北京奥运会期间，酷 6 网凭借授权的奥运会视频点播服务，成为奥运期间流量增长最快的网站。2010 年，酷 6 网与中国网络电视台达成合作协议，成为世界杯独家视频直播网站，在网站流量、视频内容以及广告收入方面均取得了骄人业绩。

2014 年世界杯，央视独家垄断了中国大陆地区的电视转播权和新媒体转播权。央视“没有给各家视频网站直播权，也没有给地方卫视具有竞争力场次的转播权。一些延时的点播权（在央视五套比赛结束 90 分钟后才可以观看）等其他权利都卖到了数千万人民币的高价”[①]。央视国际网络有限公司（CNTV. cn/CCTV. com）独家享有在中国大陆地区通过互联网、手机移动、IPTV 等新媒体平台对 2014 年巴西世界杯进行转播的权利，转播方式包括直播、延迟播出和视、音频点播。不甘错过世界杯商机的视频网站只能在赛事直播期间制作没有赛场画面的解说谈话类节目，在自制世界杯专题节目上另辟蹊径。

除了奥运会、世界杯这样的重大体育赛事之外，还有一些成熟的体育职业联赛精彩程度和受欢迎程度也非常高，譬如足球方面的英超、意甲、西甲、德甲、法甲欧洲五大联赛，篮球方面的 NBA，网球方面的四大满贯赛事。这些体育赛事也是网站争夺转播权的主要阵地。2013 年 9 月底，腾讯宣布与 NBA 在 2013—2014 与 2014—2015 两个赛季达成战略合作协议，腾讯成为“NBA 中国官方互联网直播合作伙伴”。合作期间，腾讯将提供 NBA 季前赛、常规赛、季后赛、全明星周末等比赛内容，并将首次实现全程跨平台视频直播以上赛事。双方围绕各媒体平台及渠道、产品展开合作，包括腾讯 NBA 门户赛事报道、手机腾讯网赛事资讯、腾讯视频 NBA 直播及点播、腾讯视频移动客户端视频直播及点播、腾讯体育视频移动端产品《看比赛》直播等。

2014 年国务院出台《国务院关于加快发展体育产业促进体育消费的若干意见》之后，国内各电视台和互联网企业对于体育赛事版权的竞争日趋激烈，体育赛事转播费水涨船高。2015 年 9 月，中超公司正式宣布体奥动力成为 2016—2020 年中超电视公共信号制作及版权合作伙伴。体奥动力（北京）体育传播有限公司以 80 亿元人民币的价格购得未来 5 年中超联赛全媒体版权。一石激起千层浪，国内外各大体育赛事如 NBA、英超、西甲在中国大陆的转播权费用以几倍乃至几十倍的增幅上涨。

（二）网络体育视频自制

从视频网站长远发展来看，视频网站的定位不应局限于播放渠道，而是要具

① 黄融．央视垄断世界杯直播权引发各方非议．南方都市报，2014－06－25（GB04）．

备自制体育视频、自我造血的能力。视频网站不应满足于依赖重大体育赛事吸引受众一时的眼球，而应该具备常规的制作体育节目的实力，吸引固定忠实的体育受众，这才是体育视频发展的长远之策。

事实上，部分视频网站，特别是门户网站的体育视频，已经具备了自制体育视频的实力。如新浪体育视频早已经自制《英超放大镜》《声色NBA》《新中超客栈》《胜利足球》《绝杀时刻》等体育专题节目。在英超联赛、中超联赛等体育赛事直播中，新浪体育也配备了体育解说员在演播室解说，这与全盘使用电视台信号转播有着本质的区别。2012年伦敦奥运会期间，新浪体育邀请黄健翔、郭德纲等知名人士为主持人，娱乐圈人士、体育学界人士、奥运冠军为嘉宾，制作推出《奥运金牌播报》《奥运大郭饭》《奥运三健客》《体育评书》《冠军面对面》《健翔读报》等体育专题节目、体育新闻节目，如此豪华的嘉宾主持阵容、多样化的节目形式，彰显了门户网站制作体育节目的强劲实力，部分节目还在一些省市电视台上播出。

三、网络视频的清晰度等技术问题

当前网络视频的一个通病就是视频画面清晰度差，这是网络视频相比于电视的一个明显的劣势。毕竟在当前条件下，电脑、手机等显示屏终端设备性能不如电视，同时也是因为互联网网速的限制。体育赛事直播对于画面质量要求很高，视频画面质量直接影响一场体育比赛的转播效果，谁也不愿看到屏幕上朦胧一片，分辨不出运动员的真面目。另外，许多视频网站推出的互联网电视、电视盒子、虚拟现实装备VR等智能硬件，也为网络视频提供了全新的输出端口，这也对网络视频的质量提出了新的要求。

网速也是制约网络体育视频发展的关键因素。一般的网络视频用户点播行为居多，但体育观众不同于其他的网络视频用户，体育观众关注网络体育视频以直播为主，点播需求较低。视频直播无疑在网速等技术层面上要求更高，更关键的一点是，用户网速主要取决于网络渠道服务商，不是视频网站能够左右的。当然，随着互联网和移动通信技术的飞速发展，各类别的网络服务环境正在逐步改善。譬如目前已经建成使用的第四代移动通信技术（4G），能够快速传输高质量的视频图像，它的图像传输质量与高清晰度电视不相上下。4G系统能够以100Mbps的速度下载，比拨号上网快2 000倍，上传的速度也能达到20Mbps，并能够满足几乎所有用户对于无线服务的要求。同时，各类视频网站应该加快技术创新，在有限的带宽流量条件下提供高品质的视频画面，提高视频传播的速度、质量和效果，这样才能赢得网友体育迷的长期关注与支持。

四、移动视频最受欢迎

网络体育视频的发展应注重与各类网络应用的整合，如体育视频与微博等社会化媒体平台、移动客户端的整合，不断改进和满足受众对于视频内容、视觉效果、多屏观赛、实时互动等方面的需求，拓展网络体育视频的传播渠道和生存空间。

国外一家 Ooyala 公司发布的《2013 年第四季度全球视频指标》显示，移动视频作为网络视频市场中增长最快的细分市场，到 2016 年它将占到网络视频消费的一半。自 2011 年第四季度以来，观众通过平板和移动设备观看网络视频的时间激增 719%，较 2012 年第四季度增长 160%。2013 年 10 月份移动设备和平板占网络视频观看时间的 18%，到 12 月底这个数字达到了 26%，增长了 43%。对于观看直播视频来说，特别是体育节目，在所有设备上的比例都非常高——移动、平板、PC 和网络电视。不过，通过平板观看体育视频直播的观众是观看其他视频观众的两倍。该公司针对网络体育视频直播的研究显示，在手机上，观众 39% 的时间用于观看与体育相关的视频；60% 的平板用户的观看时间为 1 ~6 分钟。①

事实上新闻门户网站已经开始了体育视频与移动终端的整合。新浪体育推出了英超视频、欧冠视频、足球中国等体育视频的智能手机和平板电脑客户端，用户可以便捷地使用移动终端点播直播体育赛事，实时在线互动。腾讯视频推出 PC 客户端、手机 App、平板 App，使体育视频在电脑、平板电脑、智能手机上畅通无阻。

思考题

1. 什么是网络体育视频？

2. 视频分享网站的体育视频、门户网站的体育视频、视频点播/直播网站的体育视频、P2P 播放平台上的体育频道的视频，它们分别有什么特点？

3. 在我国，网络体育视频发展的瓶颈在哪里？

4. 适逢奥运会、世界杯这样的大型体育赛事，哪些网站拥有这些赛事的转播权？

5. 比较分析网络体育视频的传播特性和优势。

6. 如何防范网络体育视频的版权侵权？

---

① Ooyala：预计 2016 年移动视频预计将占到网络视频的一半 . http：//www. 199it. com/archives/215357. html.

7. 为什么说优质体育视频资源是各类新闻网站体育频道的核心竞争力?

8. 2000 年 1 月，国家广播电影电视总局出台了《国家广播电影电视总局关于加强体育比赛电视报道和转播管理工作的通知》，文件明确规定：重大的国际体育比赛，包括奥运会、亚运会和世界杯足球赛（包括预选赛），在我国境内的电视转播权统一由中央电视台负责谈判与购买，其他各电视台（包括有线广播电视台）不得直接购买。你如何评价文件中的这一规定?

9. 2014 年 10 月国务院发布的《国务院关于加快发展体育产业促进体育消费的若干意见》对体育赛事转播权的限制有了新的规定：按市场原则确立体育赛事转播收益分配机制，促进多方参与主体共同发展。放宽赛事转播权限制，除奥运会、亚运会、世界杯足球赛外的其他国内外各类体育赛事，各电视台可直接购买或转让。你如何看待文件中新的规定对体育赛事转播权乃至对中国体育产业发展所起到的作用?

10. 你认为视频网站或新闻网站体育频道应该如何提高体育视频的自制能力?

第六章　体育博客

第一节　体育博客的兴起

一、博客概说

（一）博客的定义与存在方式

博客一词来源于英文 blog。2002 年，博客这一概念由方兴东和王俊秀引入中国，近几年亦衍生出部落、空间等别称。台湾地区将 blog 称作网志或者部落、部落格。blog 是英文 weblog 的简写，而 weblog 则是 web log 的合写。web log 直译为网络日志。在中国，博客既指 blog 这一新事物，也指博客的写作者，即 blogger 或 blog writer。

1. 博客的定义

迄今为止，国内外没有一个有关博客（Blog 或 Weblog）的明确公认的定义。国外学者认为，博客是一个私人或者半私人的 Web 网站，使用简单的基于浏览器的发布工具，给每一个人提供自己的网站。而美国华尔街日报记者佩姬·努南认为，博客是每周 7 天、每天 24 小时运转的言论网站，这种网站以率真、野性、无保留、富于思想而奇特的方式提供无拘无束的言论。

国内知名的博客网站——博客网认为，博客是个人性和公共性的结合体，其精髓不是表达个人思想，不是记录个人日常经历，而是以个人的视角，以整个互联网为视野，精选和记录自己在互联网上看到的精彩内容，为他人提供帮助，使其具有更高的共享价值。

国内对于博客比较权威的定义当属中国互联网络信息中心（CNNIC）于 2007 年 12 月份发布的《2007 年中国博客市场调查报告》中的概念界定：博客空间（blog）是指由 BSP（博客平台提供商，或称作博客服务托管商）提供，网民通过注册获得使用资格的一种网络空间，网民可以在上面发表自己的言论、观点等供他人浏览。报告中将博客作者定义为“特指注册了博客空间的人”。

在国内，系统研究博客的学者是方兴东等人。方兴东（2003）在其《博客——e 时代的盗火者》一书中论述了博客概念包含的三个要素：网页主题内容由不断更新的、个人性的众多“帖子”组成；它们按时间顺序排列，而且是倒序方式，也就是最新的放在最上面，最旧的在最下面；内容可以是各种主题、各种外观布局和各种写作风格，文章内容以“超链接”作为重要的表达方式。这三个要素可以概述为：频繁更新（frequency）、简短明了（brevity）以及个性化（personality）。

2. 博客的存在方式

彭兰（2005）认为，博客的存在方式，一般分为三种类型：一是托管博客，无须自己注册域名、租用空间和编制网页，博客们只要去免费注册申请即可拥有自己的博客空间，这是人们选择最多的方式；二是自建独立网站的博客，有自己的域名、空间和页面风格；三是附属博客，将自己的博客作为某一个网站的一部分（如一个栏目、一个频道或者一个地址）。

博客的存在依附于互联网上的博客平台供应商，严格说来，自建独立域名的个人网站不属于博客的范畴。博客平台提供商为博客作者和读者提供服务，将博客文章呈现给博客读者，是博客内容的载体。中国互联网络信息中心将目前国内的博客平台提供商（BSP）分为三种类型：一类是独立运营的 BSP，比如 Blogcn、Blogbus 等；一类是基于传统的门户网站而建立起来的 BSP，比如新浪博客、搜狐博客等；一类是借助关联产品建立起来的 BSP，比如网易博客、QQ 空间、MSN Space 等。就目前的市场占有率来看，腾讯 QQ 空间、新浪博客、网易博客、搜狐博客等有较高的市场占有率。

2004 年 4 月，方兴东在其博客《博客媒体：新兴的第三种力量迅速崛起》中提出：博客媒体（社会化媒体，或者社交媒体）不仅仅包括现在形式的纯粹的 blog 方式，也包括社会网络、播客、视频博客、维客等，其核心特点是：以个人为中心，用户成为主体，用户创造内容。

（二）博客在中国的发展

博客最先诞生于美国。按照丹・吉尔默（Dan Gillmor）的观点，最早的博客先驱可以追溯到 1994 年 1 月，当时，还在大学就读的贾斯廷・霍尔（Justin Hall）用 HTML 语言手动编码网页“Justin Hal’s Link”（www. links. net）。他的“来自地下的链接”（Justin’s Links from the Underground）可能是第一个重要的网志，时间上远远早于专门的博客软件工具。[①] 在中国，博客的概念从 2002 年开始出现。

1. 博客进入中国

2002 年 8 月，中国网络分析评论家方兴东创立博客中国（www. blogchina. com），

---

① 刘津．博客传播．北京：清华大学出版社，2008：27.

博客的概念被引入中国，“博客”这个中文名字诞生，标志着博客开始正式进入中国。2003年底博客中国成为中文第一博客网站。2003年8月，国内第一本博客专著——《博客——e时代的盗火者》由中国方正出版社出版，作者为方兴东、王俊秀。

2. 博客在中国突飞猛进

2004—2006年，博客在中国的发展进入快速成长阶段，博客作者规模和博客运营商规模都在这一时期快速扩大。

2004年，我国进入博客的兴起阶段，国内提供博客托管服务的网站和博客社区多达72个，涉及IT、管理、教育、商业、法律等领域。新闻门户网站也相继涉足博客业务。2004年7月1日，“网易部落”正式推出，此处的“部落”，实际上就是博客，网易曾长期使用“部落”这一称谓。2005年9月8日，新浪推出Blog2.0公测版。2005年9月，国内新浪、搜狐等门户网站相继推出博客大赛，相继拉拢一批名人为自己的博客造势，一时间国内俨然形成“全民皆博”的盛况。

正是得益于新浪、搜狐、腾讯、网易等各综合性门户网站的力推，2005年博客在中国的发展突飞猛进，得以规模性地增长，普及度越来越高。据社科院2005年研究报告的调查，虽然博客在中国发展的时间并不长，但是短时间内使用博客的人数已经占到网民总数的三分之一。全球最大中文搜索引擎百度发布的报告显示，截至2006年11月3日，全球中文博客数量达到5 230万，博客用户数达到1 987万。

3. 博客在中国平稳发展

2007年，随着门户网站的综合实力与其媒体影响力的不断展现，门户网站博客频道的优势逐步凸现。综合门户在用户数量和资金实力上有着专业博客网站无法比拟的雄厚基础，在市场份额上，用户进一步向门户集中。腾讯、新浪、搜狐、网易等传统综合性网站在博客服务方面进行了积极推广，这个时期成为博客的重要发展阶段。同时，综合门户也大大受益于自身的博客频道，随着博客数量的增多和博主创作内容的丰富，博客频道在门户网站的内容体系中的地位变得十分重要。博客的影响力，早已超出了作为个人甚至作为自己所在行业的原有范围，开始引起主流媒体的强烈关注。同时，专业博客、专家博客越来越成为博客运营商关注的热点。部分博客逐步形成了较为固定的博客群落，社区化趋势愈加明显。[①]

---

① 中国互联网络信息中心. 2008—2009中国博客市场及博客行为研究报告.

总体来说，进入中国最初的五年多的时间里，博客在中国得以快速发展与普及。截至 2009 年 6 月底，用户规模已经达到 1. 81 亿人，博客空间超过 3 亿。博客已经成为基础性的互联网服务。可以说，博客在中国已经与全球同步，实现了大众化和社会化，中国成为全球博客发展最活跃的国家之一，与美国、日本位列前三名。

4. 博客日渐式微

在微博、微信等社交网络应用问世之后，博客的自媒体功能被这些更为便捷的网络应用所代替，博客在网民中的地位日渐式微，大量注册的博客长期闲置，不再更新。博客用户转向互动性更强、功能更为复合、使用更为便捷的微博等社交网站。大量博客用户的流失，导致部分专业博客网站处境艰难，不少博客网站关闭。

2013 年底，博客用户在网民中的占比为 14. 2%，相比 2012 年底下降 10. 6 百分点，用户规模不断减少，且用户活跃度持续下降。中国互联网数据平台显示，2013 年下半年，博客总访问次数同比下降 27. 2%，总浏览页面下降 22. 3%。显而易见，与八九年前“全民皆博”的全盛时期相比，如今博客在互联网中的地位已经有了云泥之别。但值得关注的一点是，QQ 空间等网站在发展初期，基础功能与各大博客网站类似，属于同一类型的网络应用。然而近年来空间网站通过不断改版，完成了向社交网站的转型，迎合了社交化趋势下网民的需求，因而用户量继续保持上升势头。在逆境中生存下来的专业博客网站则改变了发展策略，博客由早期的平民化、草根化逐渐转向精英化的发展路线，一些“超级博主”的博客、专业类博客仍然保持着较高的点击率和影响力。①

二、体育博客兴起的社会背景

（一）体育博客

体育博客是一个模糊的概念，因为博客种类繁多，而具体到每一个博客，其博客内容更是纷繁复杂，关于博客的定义还莫衷一是，所以很难给体育博客下一个明确的定义。张德胜（2006）所著的《体育媒体通论》一书认为，“博客体育，又可称为体育博客，它本为网络体育日记或体育评论的一种新形式”。本章给“体育博客”确定一个大致的研究范围，体育博客是指运动员、体育记者等体育工作者开通的博客和内容涉及体育的博客。体育博客作为一个名词性短语，既指博客这种被称作 Web2. 0（互联网 2. 0）的新事物，也可以指写作体育博客

① 中国互联网络信息中心. 中国互联网络发展状况统计报告（2013 年 1 月）.

的作者。

根据中国互联网络信息中心2006年公布的调查数据，博客作者经营的博客内容中“体育、运动类”占6.3%。截至2008年3月，新浪博客总流量排行榜前100位中，其中有7个是文章内容主要涉及体育的体育博客，这也暗合了中国互联网络信息中心的调查数据。

（二）体育博客在中国的兴起

体育从来都是传统媒体大众传播不可或缺的内容，现时比较有影响力的全国范围内发行的体育报纸有多家，所有的日报、晚报、都市报均设有体育版，而在被称作第四媒体的互联网的崛起过程中，体育更是扮演了排头兵的角色。同样，博客在中国的发展兴盛，体育所扮演的角色和地位也不言而喻。

博客进入中国之初，注册博客的人数和博客文章数量稀少，也就无所谓诸如新闻博客、财经博客、体育博客等分类。后来，随着博客在中国网民中的普及应用，特别是综合性门户网站博客业务的发展突飞猛进，博客也顺其自然地分化出了不同的门类。

在中国，体育博客独成气候还得从2005年博客在国内的全面爆发说起。如前所述，2005年9月，国内新浪、搜狐等门户网站相继推出博客大赛，全力打造自己的博客。新浪网大打名人牌，将徐静蕾、李承鹏、董路、韩寒、郭敬明等演艺、体育、文学、传媒、房地产等领域的名人招至帐下，使新浪博客人气、流量剧增。博客业务的发展离不开为数众多的草根博客的支持，但在博客方兴未艾之时，名人博客的招牌作用尤为重要。新浪名人博客兴盛时，“名人博客”给新浪博客频道带来的流量增长为30%～40%。名人博客本身可以招来浩大的点击流量，同时也是网站用以广告宣传的一面金字招牌。

中国是奥运会上的金牌大国，竞技体育发达，有不少星光熠熠的奥运冠军、世界冠军。在大众传播媒介高度发达的今天，媒体将不少优秀运动员打造包装成名人。在众多的体育爱好者和粉丝面前，拿过奥运冠军、世界冠军的运动员的声望和名气丝毫不逊于娱乐明星、知名作家和企业家。他们的举手投足同样有一呼百应、粉丝成群的轰动效应，他们的穿戴打扮同样气度非凡、引领时尚。知名的体育记者、评论员作为传统媒体从业者，原本就有不少人为各大新闻门户网站体育频道撰稿，职业敏感和工作需要使他们更易于接受和使用博客，并且很快与博客结下不解之缘。而博客使千千万万的体育迷掌握了话语的主动权，他们不必再在网页、论坛之后辩驳附和、人云亦云，他们可以作为新闻和评论的独立发布者，在网络中从接受信息的被动者变为发布信息的主动者。

1. 体育博客初具规模

名人博客中的名人，自然少不了上述体育界的名人。2005年底，体育博客成为各大门户网站着力打造的板块。新浪网体育博客由自由撰稿人董路和《足球》报评论员李承鹏领衔，搜狐网体育频道同样拉拢了央视解说员洪钢和泳坛名将罗雪娟等体育名人。

截至2006年5月，新浪设置了博客体育频道（http：//sports. sina. com. cn/blog)，开设了“博客世界杯大赛”“热点体育博客”“体育博客群”“美眉博客”等几个栏目。搜狐博客设置了搜狐体育频道博客群，里面开设了“体育明星博客群”“体育评论员博客群”“体育写手博客群”“体育美女博客群”“足球宝贝博客群”等栏目。

2006年德国世界杯是体育博客发展的一个契机。新浪网将网友讨论、预测世界杯的博客文章精选结集，于世界杯开赛前夕出版《博客世界杯》一书。世界杯期间，新浪网共有25万博客发表了110万篇文章。搜狐网挑选、组织体育博客赴世界杯现场采访报道，图文并茂的体育博客引人注目。据悉，世界杯开赛仅六天，搜狐体育的广告收入已经收回此次博客世界杯报道的成本。截至2006年中，从勇夺奥运金牌的著名运动员，到长期在第一线采访的知名体育记者，再到默默无闻的网友体育迷，博客写手们纷纷到门户网站或者博客网站注册博客，建立起自己的网络地盘。这一时期，无论综合性门户网站的博客频道还是专业博客网站，尚未设置独立的体育博客板块或频道。

2. 体育博客成熟定型

博客经过了2005年“全民皆博”的发展盛况之后，2006年下半年日趋沉寂。博客也难免像2001年的互联网一样，变成了大家或同情或嘲笑的对象。面对这样的局面，国内各博客网站致力于打造全新的服务后台，尽力完善博客的功能和服务，以图巩固和扩大用户群；积极探索新的完善的盈利模式，争取尽快实现盈利。与博客网站的日趋平静相比，依附于门户网站的体育明星、体育评论员的博客声望日隆。一方面，体育名人博客频受关注得益于门户网站在页面上的重点推荐；门户网站也需要利用名人博客吸引眼球，刻意经营“议程设置”，制造舆论热点吸引网民关注。另一方面，我国近几年主办、承办的大型体育赛事越来越多，我国传媒产业发展迅速，这些因素都是孕育滋养体育博客成长的土壤。

截至2007年3月，新浪网共计有49个体育博客点击率超过100万，其中两个体育博客点击率超过1 000万。一年之后，2008年3月1日，新浪网共计有109个体育博客点击率超过100万。（表6－1）

表6-1 新浪网点击率超过100万的体育博客数量

截止日期	点击率			
	5 000万以上	1 000万~5 000万	500万~1 000万	100万~500万
2007年3月1日	0	2	4	43
2008年3月1日	2	6	11	90

截至2008年初，新浪、搜狐、新华、腾讯等综合性门户网站都开设了独立的体育博客频道。体育博客频道内容充实，更新频繁，体育名人云集，栏目设置相对固定。借着北京奥运的东风，体育博客的发展态势明显领先于其他领域的博客，各网站体育博客频道在发展成熟的过程中逐渐确立了自己的风格。搜狐网的体育博客以奥运冠军刘翔、前NBA球员王治郅和体育记者冉雄飞、段暄、刘建宏领衔。新浪网体育博客频道的两位体育记者——李承鹏和董路的博客最为耀眼，点击率先后突破5 000万。腾讯网体育博客频道则与中国乒乓球队、中国羽毛球队、中国体操队、中国游泳队、中国举重队五支夺冠热门队伍签订了集体合同，组成“腾讯08金牌之队”，牢牢把握了北京奥运会中国队的夺金命脉。

另外，专业博客网站的体育博客发展状况远远没有门户网站那样繁荣，大部分博客网站很难将体育博客自立门户，没有开设体育博客频道。国内最大的博客网站博客网首页也仅仅是以“奥运频道”囊括所有体育博客。

第二节 体育博客的类型特征

各门户网站和专业博客网站的体育博客频道，体育博客的分类各不相同。新浪、搜狐、腾讯等综合性门户网站的博客吸引了大量的注册用户，其体育博客频道逐步形成了固定的栏目分类。一些访问量比较少的博客网站或者没有体育博客频道这一项，或者将体育博客频道简单设置为“最新原创文章”“最新回复文章”等栏目，没有对体育博客进行详尽的分类。

体育博客的分类并非按照固定、统一标准来划分的，而是网站编辑迁就网民浏览网页的习惯，适应体育博客频道的主页页面设计视觉效果划分出来的栏目，所以其分类栏目从内容上来说多有重复。本章依据博客作者的身份不同，将体育博客分为运动员博客、体育记者博客和体育迷博客三大类。

一、运动员博客

运动员博客是指现役或退役运动员开通的博客，从广义上来说，还包括从事体育事业的人士开通的博客，譬如体育教练、体育官员的博客等。运动员博客是体育博客的主导力量。由于门户网站对体育博客的推崇，不仅知名运动员开通了博客，许许多多原本名不见经传的运动员也开通了博客，成为体育博客大军中的一员。新浪体育博客设有“运动员博客名人堂”栏目，为现役或退役的运动员设置专门的注册窗口，只要确认注册者的运动员身份，无论其是大名鼎鼎还是草莽之辈，都可以注册运动员博客。新浪体育博客此举实质上是为网站笼络人才，储备人脉资源，因为这些运动员很可能就是明天的奥运冠军、世界冠军。

（一）运动员开通博客的动机

1. 展现真实自我

较之传统媒体对于运动员的相关新闻的单向传播，运动员自己开通博客是一种主动展现自我的过程。与零散的新闻报道相比，博客将运动员的信息集纳在一起，使粉丝访问页面有迹可循；与个人网站相比，博客又将运动员的个人博客置于人气更高的商业门户网站屋檐下，以便聚敛人气。博客的这些技术特点和传播优势非常有利于运动员通过互联网这个公共平台展现自我。同时，博客的评论等功能，也实现了运动员和网友之间的双向交流与反馈。

“社会学家库利认为，自我表现是人类的本能性情感之一。对博客而言，‘表现自我’也是书写私人日志的首要诉求。由于博客主页在空间上的相对稳定性和时间上的相对持续性，网络环境中支离破碎的自我在其中获得了一定程度的整合。一旦个体可以借助虚拟空间的匿名性和隐身性特质，获得了相对宽容和安全的传播环境，他对自我的展现就更加自觉和主动。”① 博客这一网络技术应用，正迎合了人们在互联网上展现自我的需要。

2. 独立发布资讯的渠道

近几年新闻媒体的公信力有下降的趋势，尤其是体育界和娱乐界假新闻泛滥，这其中体育媒体负有不可推卸的责任。某些体育记者为了吸引读者眼球，获得卖点，不惜捕风捉影，炮制虚假新闻，既蒙蔽了读者，也给当事人招致麻烦，造成伤害。博客的开通使运动员不必依赖其他媒体，能够建立独立发布资讯的渠道，及时公布诸如伤病、转会等消息以正视听，消弭外界的猜测和误会，杜绝虚假新闻的传播。

---

① 刘津. 博客传播. 北京：清华大学出版社，2008：173.

3. 商业利益的诱惑

第一，体育博客之于网站的商业利益。

体育博客给博客作者和所属网站带来的商业利益不言而喻。当初各新闻门户网站“不伦不类”地开展博客业务，就是想从博客网站分一杯羹。众所周知，网站的主要收入来源是广告，而衡量网站广告价值的最重要的数据就是网站的点击率。新闻门户网站开通博客业务，虽然不能直接带来利润收入，但将为数庞大的博客作者吸引到网站上来，本身就是一个巨大的商机。知名运动员和体育记者、评论员的博客可以借其个人名气、声望吸引众多网民的眼球，形成“一博百应”的轰动效果。110 米栏奥运冠军刘翔在搜狐体育开通个人博客仅仅几天时间，凭借字数寥寥的两篇博客，点击率就超越了百万，这是任何草根博客都无法望其项背的。

第二，体育博客之于博客作者个人的商业利益。

各大网站广纳贤才，招徕运动员开通博客，各运动员选择在哪家网站开通博客却不是随机的。因为中国门户网站的异常强大，以及专业队的制度，使得运动员写博客这一私人事件，演变成各大网站针对奥运的影响力博弈事件。在明星博客刚刚兴起的时候，足球明星是各大网站争夺的重点。据知情人士透露，普通运动员在搜狐撰写博客可得到 2 万 ~4 万元；得过奥运金牌的知名运动员，少数几人可拿到 20 万元左右。其他网站给的价钱也相差不大。随着运动员博客竞争的加剧，各大网站为此支付的费用也日益增加，有的网站此项费用甚至占到整个体育频道全部稿费的一半左右。[①] 而这些钱或是运动员与其单项体育协会分享，或全部归入运动员私囊，这对于不少运动员来说也是一笔不菲的收入，闲暇时间写写博客自然乐此不疲。

（二）运动员博客的特征

1. 新闻源和信息传播媒介合二为一

第一，运动员博客独家发布信息。博客的产生改变了传统的“运动员—新闻媒体—体育迷”的传播模式，由作为新闻源的运动员通过博客直接将信息发布给受众，这避免了通过新闻媒体这一环节发布信息而造成的信息衰减、失实，保证传递给受众的是原汁原味的信息。这里的受众既包括浏览运动员博客的体育迷，也包括从运动员博客上转载或者再加工信息的新闻媒体。

2007 年 1 月 13 日，羽毛球名将陈宏在自己的博客《悄悄的来，悄悄的走》一文中首次透露，“现在我累了，想退役，想休息一下”。由此，球迷和新闻媒

---

① 刘文娣．国际奥委会解禁运动员博客 国内门户上演奥运博弈．http：//sports. sina. com. cn/o/2008 – 02 – 20/11343483112. shtml.

体才得知陈宏打算退役的消息。陈宏在后续博客中陆续讲述了退役的原因："早在2005、2006年就有退役的想法，也申请过，最后还是坚持留下来证明自己，做好传、帮、带，现在历史使命已完成，也感到疲了累了。"此前素以消息灵通著称的体育记者没有得到任何有关陈宏退役的风声，陈宏的博客成为自己退役这一消息的独家发布媒体。随后，陈宏在博客中阐述了自己退役的原因和对于国家队的留恋，"我很快地离开了球馆，是因为我害怕我控制不住我自己，睹物思情"，消除了外界的一些猜测。

第二，体育媒体的新闻来源。知名运动员发布的博客动辄被网站编辑置顶或者放在网站首页等显要位置加以推荐，而他们发布的含有重要信息的博客通常会被其他媒体转载刊发，或者再加工成为一条新闻。运动员博客已经成为新闻媒体的重要新闻来源。例如，2007年山东鲁能足球队的球员郑智正式转会到英冠查尔顿俱乐部，在查尔顿官方网站公布这一消息后不久，郑智在自己的博客上也确认了这一消息，并且借此向鲁能俱乐部和球迷表达了谢意。郑智在博客上的话语直接被各家媒体引用转载，从某种角度来看，这改变了传统新闻媒体的采访模式。博客被广泛应用之后，包括体育明星在内的各界名人也越来越倾向于使用自己的博客来发布信息，防止个别媒体恶意炒作，以讹传讹。

2. 内容的草根性

知名学者孔庆东认为，草根性是所有博客文体的特性之一，名人博客也不能脱俗。虽然博客里有很多"名人"，但这些名人也是以"草根"姿态来写作的。[①] 运动员博客的草根性主要表现在博客的内容上，运动员博客的内容大多是以通俗的语言描述他们的比赛训练和生活琐事。

第一，比赛训练。运动员博客大多以朴实平淡的语言，叙述鲜为人知的有关赛事与生活中的情景与感受，以期众人的理解与支持。运动员博客之所以受到体育迷的青睐，正是因为他们对运动员所从事的体育项目，以及运动员在该项目上取得的成绩和由此带来的名望的关注。运动员博客文章大部分内容是其个人训练、参加比赛以及赛前备战、比赛花絮等内容，也包括他们对本项目赛事发表的评论。刘翔于2007年7月10日在搜狐网创建个人博客。比赛出征前和凯旋后，刘翔常在博客上谈自己的状态，表示对比赛的期待，或者跟大家说说比赛心得。截至2008年3月9日，刘翔的博客共发表16篇文章，总点击率高达1 072万之多，评论27 818条，其中刘翔于2007年9月2日刚刚夺得世锦赛冠军之后发表的《刚刚回来　可以放松几天了》的文章点击率竟然高达107万之多，这是草

---

① 孔庆东．博客，当代文学的新文体．文艺争鸣，2007（4）：41－43.

根博客笔耕不辍数年都难以达到的境界。由此可见知名运动员体育博客的巨大人气和魅力。

第二，生活逸趣。有心经营自己博客的运动员也会将自己的日常生活体验、奇闻轶事写在博客上，与体育迷分享。也有情感细腻、文笔流畅的运动员将自己外出比赛的经历以游记的形式写出来，其中不乏佳作。体育迷大都有一种爱屋及乌的心态，他们关注的不仅仅是运动员赛场上的表现，对于运动员的生活琐事也颇感兴趣。中国互联网信息中心 2007 年的调查显示，网民当中有 19% 的人经常浏览“自己喜欢的影视或体育明星”的博客。谢军、张国政等人的博客中颇多生活逸趣等方面的内容。2006 年谢军的博客开设之初，几乎天天到博客上抒写自己的感受，和网友一起探讨国际象棋方面的问题。谢军在博客中直言：“博客是我的一扇窗口，请大家一起分享棋手的故事，即使我还不太能熟练操作如同个人主页一样的博客。”谢军博客中“育儿文章”成为一个比较另类的栏目。奥运举重冠军张国政喜欢将所到之处或训练基地的照片放上博客。2007 年他将自己与湖南卫视主持人谢娜为《足球·劲体育》“星战”版面拍摄的照片上传博客，被新浪网置于网页显眼位置，张国政的博客赚足人气。

二、体育记者博客

体育记者博客是指正在或者曾经在媒体从业的体育编辑、记者、评论员、解说员等开设的博客。体育记者博客大多转载或改编自己为其所供职媒体撰写的稿件，也有作者专门撰写文章发表于博客。他们的博客内容充实，新闻价值高，评论也有较高的专业水准。体育记者博客是所有博客当中最有影响力的一个博客群体。

（一）体育记者博客写作原因

1. 体育新闻环境相对宽松

相对于国内涉及时政类新闻报道和评论的诸多限制与忌讳，体育领域的新闻环境较为宽松。体育新闻报道可以比较自由、大胆地进行“打假打黑”等深度报道，体育新闻评论也可以毫不忌讳地触及体制问题。专业体育媒体可以将新闻报道和舆论监督的范围扩大到全国各地的各个体育项目、各单项体育协会和俱乐部。就足球新闻报道来说，各地方性晚报、都市报体育版的记者都敢于直言不讳地批评中国足协，更有性格耿直的体育评论员在其供职的媒体和自己的博客上点名批评中国足协领导。可以说，在体育领域，从国家体育总局到下属各机构和单项协会，都是体育媒体监督的对象，甚至举国体制的延续与否也在公开讨论的范畴。这在其他领域是不可想象的。

2. 博客的自媒体属性

博客传播作为一种“所有人对所有人”的新型传播模式，打破了传统的依赖于媒体方可实现大众传播的模式，每个人都可以使用博客这种独属于自己的“自媒体”，不经把关人这一环节的限制，直接而独立地进行大众传播。这正是博客的诱人之处，这一点对于长期从事新闻工作的记者也不例外。记者的博客“摆脱了组织的羁绊而代表自己，因此他们往往能在个人博客上发表在组织中不能表达的观点、在供职的媒体上不能刊载的事实”。“博客使得新闻工作者脱掉外套，更轻便地展现新闻机构轻松的一面，这是它吸引读者的主要原因。”① 记者的稿件可以脱离他所供职的媒体而在互联网上自由发表，这本身就是对记者新闻工作的一次大解放，他们撰写新闻、发表评论不再受到编辑的束缚，这无疑会大大提高他们从事新闻工作的积极性。

（二）体育记者博客的特点

1. 体育记者稿件新的发布平台

在博客出现之前，国内各商业网站的体育频道已经惯于聘请知名体育记者、电视解说评论员开设专栏，以丰富、充实网站的评论内容，吸引网民。但这类不定期发表的评论内容非常容易被网络上浩瀚无尽的信息淹没。博客为他们提供了一个集聚个人言论的场所，是体育记者稿件新的发布平台。有着固定域名的博客将可能散失于论坛上的帖子归拢在一起，方便体育迷不时登录阅读、留言评论。每逢大赛之前，体育记者的博客会及时发布有关前瞻性的报道和评论；比赛之后，他们的博客会在第一时间对比赛以及运动员的表现进行评论，其时效性大大超过了第二天才能见诸报端的纸质媒体。体育记者本身具有较高的文化素养，他们的博客内容不仅仅局限于体育方面，还涉及社会、人文、旅游、影视、娱乐等各个领域，受到体育迷及网民的欢迎。

我们从新闻媒体读到的新闻绝大部分是经过编辑的加工整理，即便仅仅是文字上的修修补补也可能造成信息的流失甚至内容的失实。记者博客上发布的自己的稿件一般不会经过任何人的加工修饰，而是将自己现场采访所得毫无保留地呈现在读者眼前，传播的信息量更大。另外，一些因为版面限制等原因被编辑弃用的稿件，记者完全可以将之独家发表于自己的博客上，这就避免了新闻资源的浪费。

① 刘津．博客传播．北京：清华大学出版社，2008：104．

图 6－1　张斌的新浪博客首页（2014 年 9 月 19 日截图）

2. *扩大新闻传播效果，提升媒体记者影响力*

记者的博客扩大了其采写新闻信息的传播面，提高了其知名度，同时也扩大了其所供职媒体的影响力。各传统媒体虽然都有网络版或者官方网站，但此类网站平台显然无法与商业门户网站相提并论。商业门户网站相当于一个大型的信息批发市场，博客则是信息的集散地，无论是发布信息还是获得信息，商业门户网站博客频道都是一个最佳的平台。商业门户网站大多与传统媒体达成了相互供应稿件、新闻资讯共享的协议，相互间各取所需。传统媒体转载网站的新闻，而网站编辑也会将传统媒体记者博客中的新闻、评论在页面上加以推荐。知名足球评论员李承鹏撰写的新闻评论以辛辣讽刺、幽默搞笑著称。在新浪开通博客之后，李承鹏除了转发为《足球》撰写的足球评论，还以精妙的文笔撰写了不少有关影视、娱乐、房地产、家居等方面的评论，每篇博客点击率动辄几万甚至几十万，博客总流量已逾三亿。博客达到如此高度的影响力，不但使博客作者名利双收，也为网站招来了广告客户，同时也是对其所供职媒体的无形宣传。

对于某些特殊的新闻事件，记者的博客还别有妙用。2009 年 11 月 3 日 23 点 05 分，《辽沈晚报》记者郝洪军在博客上发表博文——《足坛打黑出重拳　数十人正接受警方调查》，这是各类媒体中最早关于本次足坛反赌的报道。这原本是任何一家媒体都求之不得的独家新闻，报社记者为何提前在网上“泄密”，将独家新闻发布到博客上与潜在的竞争媒体共享呢？郝洪军后来给出的解释是：“这样做只有两个目的——一是，这个时间点，沈阳媒体几乎都截稿了，他们不会知道此事；二是，我博客上的消息会被南方一些媒体选用，这样会减轻第二天

《辽沈晚报》全国独家刊发可能带来的压力。”①

3. 内容批判性强，行文风格各具特色

（1）博客内容颇多批判。

孔庆东认为批判性是博客的文体特征之一。博客不需要编辑、出版，不需要领导审查、批准，所以尽管也会受到一些限制，但与其他文体相比，显然会更加“口无遮拦”。这些批判一部分是与受众的心理诉求相呼应，表达了民声，另一部分也是作者被压抑的社会责任感的自然宣泄。

记者是文化素质较高、阅历较深、独立思考能力较强的一个群体，他们观察力敏锐，看待问题比较深刻，又有较高的社会责任感。作为长期在一线工作的体育记者，他们显然比一般的体育迷更了解体育界存在的问题与弊端。体育记者正面宣传、弘扬主旋律的新闻作品不在少数，其中也不乏好大喜功、卖力鼓吹之作，但俗话说“好事不出门，坏事传千里”，相对宽松的体育新闻环境和博客这一自媒体平台的发明，体育记者博客上的文章通常比他们在媒体上发表的稿件更尖锐、更有锋芒，通常能够引起较大范围的反响。在许多重大体育比赛之后，是褒是贬，是骂是赞，体育记者博客通常能够主导互联网舆论的风向。这在足球项目的新闻报道上表现得最为典型。中国足球在20世纪90年代实现联赛的职业化运作，但中国足球二十多年来进步缓慢。我国许多项目在奥运会上争金夺银，偏偏在被认作世界第一运动的足球项目上，中国足球队在国内外赛场的表现不尽如人意。这样一来，中国足球协会难免成为众矢之的。体育界和新闻界的许多人士将中国足球积弱不振的原因归咎为中国足协在国家队、职业联赛和青少年培训配置上的本末倒置。中国足球一有失利，新闻媒体便对其口诛笔伐。国内对于中国足协批判得最为坚决、透彻的当属著名足球评论员李承鹏，他那勇者无惧的姿态、辛辣蛮横的文风、笑里藏刀的字句从来不给中国足协留任何颜面，这时常令中国足协狼狈不堪。

我们不妨引述一段话来总结体育博客的批判性特征：其他媒介难以发表的文字，在博客里可以大面积地自由面世。所以，博客里的语言艺术既有粗浅的一面，也有精彩绝伦的一面。体育博客跟传统的杂文一样，“论时事不留面子，砭痼弊常取类型”②。

（2）多媒体的传播样式。

体育记者的博客，往往能传递更多的资讯，表达更自由的思想，因为他们真实的想法可能不同于他们在所供职的媒体上发表的看法，他们不再因所在媒体的

① 郝红军．球事儿：中国足球反赌打黑第一现场．北京：中国三峡出版社，2010：7.

② 孔庆东．博客，当代文学的新文体．文艺争鸣，2007（4）：41－43.

种种制约而压抑自己的个性。而且，由于不受版面限制，记者可以采取多种手法表达自己的观点，他们既可以自由地用消息、评论、特写等体裁写作博客，又可以便利地使用图片、音频、视频、链接等技术手段，传播更丰富精彩的信息。知名足球评论员董路自从2005年10月底在新浪开通博客以后，笔耕不辍，天天更新博客。董路充分利用视频、音频等功能，把自己的博客做成一个多媒体平台，内容涉猎广泛，比如在线点评春节联欢晚会、举办博客新年晚会、写博客观察、分享育婴经验等等。在2006年6月8日中国足球队与法国队进行的一场世界杯热身赛上，中国球员郑智在一次对抗中踢断了法国球员西塞的腿。董路发表了《西塞的腿是这样断的》一文，文中用了14张视频截图和2 100字来描述西塞受伤的全过程。这样的图文结合、如外科手术般的剖析，对于传统纸媒来说几乎是不可能完成的任务。2006年欧洲冠军联赛期间，董路的博客开通“宽频博客家庭演播室”，同步视频解说了部分场次的欧洲冠军联赛，实现了体育博客视频直播解说与电视直播、现场比赛的同步进行。

（3）各具特色的行文风格。

体育记者的博客在行文风格上各具特色。李承鹏的博客文笔辛辣讽刺、幽默搞笑，嬉笑怒骂中直戳中国足球的要害，让人读来酣畅痛快；董路擅长以循循善诱、娓娓道来的方式剖析、阐明观点，文风细腻；马德兴善于以“全面、历史、客观、辩证”的态度来分析问题、解决问题；冉雄飞的体育评论观点明晰、理性客观，流露出自己对足球的一片痴情；段暄的“暄儿的博客”态度率真热情、语言活泼，与他上镜时的阳光大男孩的形象一致。体育记者博客行文各有特色，满足了不同口味读者的需求，不少知名体育记者的博客聚集着自己的粉丝留言、评论，形成了固定规模的粉丝团。

三、体育迷博客

体育迷博客在许多网站的体育博客频道里被统称为草根博客、写手博客，与名人博客区分开来。“草根”（grassroots）一词来源于19世纪美国的淘金时代，当时盛传山脉土壤表层“草根”生长茂盛的地方，下面就蕴藏着黄金。后来“草根”一词被引入社会学领域，“草根”被赋予了“基层民众”的内涵。我们在这里所说的体育迷博客同样有着“草根”的特征。

（一）体育迷写作博客的动机

1. 社会互动的需求

微观社会学理论认为，个体的社会化离不开与他人的互动，个体在互动中才能发展出个性与自我，而社会互动正是以信息传播为基础。人们在互动过程中，不仅交流信息，还交流思想和感情。调查显示，33%的博客作者注册博客的原因是为了记录自己的心情，而有21%的人浏览别人的博客是因为“经常能够产生心灵的共鸣”。社会互动是在一定的情境下进行的。情境不同，人们的互动方式往往不同；不同的情境、不同类型的互动在过程上也有不同的表现形式。[①] 博客这一新型传播媒介的诞生，为社会互动提供了一种新型的情境，也引发一种新型互动模式的变革。人们在博客中记录自己的行动和心情，相互间以留言、评论、链接等形式交流，通过博客将自身参与社会互动的范围无限扩大，这区别于论坛等网络交流形式的隐匿性、不确定性，保证了人们参与社会互动的主动权和有效性。时任新浪网副总编侯小强认为：“表现欲、表达欲、自我实现欲是博客高速发展的根本动力。这是大势所趋。”社会需要更多的信任，而信任源于沟通。博客为人们提供了一个相互倾诉、交流的场所，促进了人与人、人与社会、组织与组织之间信息的有效沟通。博客对文化、对社会、对个体都具有重要的意义。

2. 草根阶层把握话语主动权

在为数众多的体育迷当中，不乏一些有着较高文化素质，同时又热爱体育、时时关注竞技场的人。他们思维活跃，见解独到，文笔犀利，总是在比赛后写出一些表达个人观点、见解的文章，并时有惊人之语和经典之作。以前，这些人到各网站的论坛上张贴自己的文章，跟在别人帖子后面留言；博客出现以后，他们便有了一片集中展示自己的空间，不再在论坛上人云亦云地跟帖，而是凭借博客这一平台掌握了自己话语的主动权。表现活跃、精通体育、文笔流畅的优秀博客写手不但在网络上赚足人气，还能引起新闻媒体的关注，受邀撰稿。

（二）体育迷博客的特征

1. 数量庞大

打开任何一个网站的体育博客，首先映入眼帘的无疑是被网站编辑推荐置顶的知名运动员或者体育记者的博客。网站的体育博客频道借名人名笔吸引眼球，这是可以理解的，但谁也不能否认，为数众多的体育迷博客才是体育博客赖以生存的根基，正是他们“点”红了体育博客，给体育博客频道带来了点击流量，同时也奉献出不少精彩博客篇章。新浪网的侯小强表示：“名人博客将是新浪长期坚持的一个运营策略。但是，这并不是新浪博客运营的唯一或主体策略。新浪博客的初衷和发展是为了给全球的网民提供个人网上空间，名人博客是特色，非名人用户是我们服务的主体和基础。所以，我们更多的精力会致力于为全体网民提供最佳的博客服务和用户体验，这其实也是新浪博客的定位。”[②] 博客网站的

① 郑杭生．社会学概论新修．北京：中国人民大学出版社，2002：30.

② 陈超．博客发展是否面临拐点．中国信息化，2007（5）.

经营者十分明白，博客最广大的支持和使用者还是草根博客，名人博客是博客频道的金字招牌，数量庞大的草根博客才是博客网站的主力军，片面追求名人博客、忽略草根博客无疑是舍本逐末。

在新浪体育博客频道，我们可以注意到编辑重点推荐的一些精彩博客，除了知名运动员、体育记者的博客，不少体育迷的精彩文章也被放在显著的位置上。值得一提的是，有一批在网络上小有名气的博客写手，无论是在各大论坛还是在各博客网站上都表现得异常活跃。他们俨然是专职的网络写手，每当有重要的体育赛事，我们可以在各著名的博客网站、论坛上见到他们应制而出的评论文章。这些文章文笔老练，风格独特，颇受部分网友的欢迎。

体育迷博客在众声喧哗的同时，能给博客迷们提供诸多新鲜的思想，更重要的是，能满足博客写手们公开发表言论、引人注目所带来的成就感。

2. 强烈的主观感情色彩

不同于名人博客开博著文留名留姓，草根博客大多不会在博客上留下自己真实详细的个人信息。《2007 年中国博客市场调查报告》的数据显示，有 35% 的人表示在博客中留下了自己的真实姓名，32% 的人留下了自己的个人照片，12% 的人留下了自己的个人履历简介，这说明在博客中透露真实身份的博客作者还是少数。从总体上来说，博客作者具有相当程度的隐匿性。正是因为博客作者的隐匿性，体育迷博客对于其所发博客文章的文责意识薄弱，他们无意坚持所谓的理性、客观、公正的原则，通常在博客中毫不掩饰地表露出强烈的主观感情色彩，所述的观点有着强烈的倾向性。

运动员、体育记者、体育迷三者博客形成独特的“三位一体”。博客不仅为运动员和记者提供了在赛场外展现自我、发表言论的机会，也给他们与体育迷的“直接”交流提供了一个恒久的平台。体育迷不仅可以在自己博客上发表对赛事、运动员的评论，也可以直接访问体育明星的博客，了解他们在赛场内外的活动、心情，表达自己的心声；体育迷还可以访问知名体育记者、评论员的博客，了解他们对于赛事的一些独到的见解，甚至可以针对他们的工作发表自己的看法。为数不少的文化素养比较高的资深体育迷长期在博客上浸淫写作，练就了扎实的文字写作功底和独到的分析评论能力，从默默无闻的体育迷成长为颇有名气的博客。

第三节 体育博客的前景

近几年随着社交网络的发展，博客在互联网上的地位日趋式微，博客的功能也逐渐被微博、轻博客、长微博等更为便捷的网络应用替代。在互联网技术更新日新月异的背景下，网民的上网行为、兴趣爱好已经与博客的功能、技术相互偏移，博客作为一种网络应用已经跨过了它的巅峰期。体育博客同样面临着日渐冷清的困境，但另一方面，体育博客也正在努力从博客专栏化、博文精品化、内容新闻化、技术革新等层面寻求新的发展方向。

一、当前博客面临的问题

（一）博客长期荒置，新闻价值较低

2013 年底，博客用户在网民中的占比为 14.2%，相比 2012 年底下降了 10.6 百分点，用户规模不断减少，且用户活跃度持续下降。中国互联网数据平台显示，2013 年下半年，博客总访问次数同比下降 27.2%，总浏览页面下降 22.3%。博客网站的现状甚至比上述统计数据更为冰冷，曾经盛极一时的名人博客已经褪去了往昔的光环，很多原本孜孜不倦更新的名人博客、草根博客，早就转战微博、微信等新式的网络应用，原本熙熙攘攘的博客已经停止更新、门前冷落。只有少数执着的博客写手像卫道士一样坚守在博客网站。

许多运动员因为训练、比赛紧凑、没有空闲等原因，博客更新频率慢，有些博客甚至长期荒置成了“僵尸”账号。搜狐博客的人气王刘翔的博客自 2007 年开通以来总计发表 19 篇博客，最新一次更新是在 2008 年 8 月 19 日。已经退役的乒乓球国手张怡宁在 QQ 空间的个人主页只发表了 22 篇日志，最新的更新时间是在 2009 年。另有运动员的博客显然是由网站编辑代为打理，很难想象一个训练、比赛任务繁重的运动员没有时间更新博客，却把博客首页设计制作得多彩多姿，还被冠以“官方博客”的名号。之于个人应用的博客被冠以“官方”的名义，本来就是一件很尴尬的事情，这样的“官方博客”有悖于博客精神的精髓，与用作商业宣传的官方网站没有什么区别。更有个别运动员的博客乃他人代笔，这种违背新闻真实性原则、愚弄受众的做法委实令人遗憾。

博客内容的个体性突出，但新闻价值较低，淡化了博客的新媒体属性。从博客的属性来考量，博客应该提供给公众有价值的信息，而不应当作个人的一本自言自语的网络日记。博客网总裁方兴东认为，中国博客在对博客的深度应用上与国外博客相比还是有一定差距。以名人博客为例，国外的名人在博客中一般都会展现自己的专业能力或者科研成果，而目前国内的名人博客大多只是记录了生活中的吃喝拉撒，这绝不应该是名人博客的主流。

（二）专业博客网站步履维艰

开辟中国 Web2.0 时代的是专业博客网站，引领中国博客狂潮的却是商业门

户网站的博客频道。同样，体育博客的红火也仅限于商业门户网站的体育博客频道，部分专业博客网站甚至没有开设体育博客频道，博客网站创业初期引领互联网改革的风光早已黯淡。

事实上，博客早就没有了创业初期风险投资的支持，倘若独立博客平台提供商没有自我“造血”功能，博客平台根本无法维持下去。2003 年 10 月 23 日正式上线的敏思博客社区坚持追求博客品格和思想的独立性，不向用户收费，不刊登商业广告，仅仅依靠站长王剑的个人投入维持网站运转。2006 年 7 月 8 日，敏思博客宣布因财政困难暂停运行，后来吸纳部分资金得以继续运行。2008 年 2 月，敏思博客宣布与星岛环球网合作，实际上是挂靠商业网站运行，这是另外一种形式的商业化。不过，几经周折之后，敏思博客最终还是于 2012 年宣布关停。

（三）体育博客的监管问题

整个互联网的监管问题由来已久。2006 年，青年作家韩寒因为不满白烨《80 后的现状与未来》一文中对于自己的批评，在自己博客上发表文章，毫不忌讳地用脏话反击白烨。最终白烨不堪韩寒粉丝的留言谩骂，关闭博客。这一事件成为当时舆论的焦点。互联网因其传播范围的广泛性、传播者身份的隐匿性，导致管理者对于其传播内容的监管难度增大、监管目标模糊，而博客的应用使每个注册用户拥有发布信息的平台，网站编辑把关的难度越来越大。

1. 体育记者相互攻讦

《足球》评论员李承鹏的博客素以文笔辛辣、率直敢言著称，批判中国足协鞭辟入里，对于与自己持不同观点的同行也不留情面。2007 年 6 月 8 日，李承鹏发表的一篇《我很崇拜头文字 D，谢谢抬举终演“三英战吕布”》的文章，同时向董路、马德兴、谢强三位体育记者评论员开火，文章涉及私人恩怨，言辞激烈，网友反应热烈，1 100 多人随后留言评论。而董路等人也不甘示弱，撰文反击，昔日兄弟一朝反目成仇。博客成了人与人之间相互攻讦的工具。一段时期内，此次事件在新浪体育博客上闹得沸沸扬扬。

2. 恶意留言充斥博客

知名运动员和体育记者作为公众人物，他们的博客一般都是实名的，慑于公众舆论的压力，即便他们在博客中透露出矛盾冲突，一般情况下也是尽量保持克制的。但是千千万万的体育迷博客绝大多数是匿名的，他们中的部分人就像躲在暗处的狙击手，不断放冷枪伤人却难觅踪影。某些人因为博客作者在博客文章中表达出来的观点、立场与自己相悖，动辄恶意留言攻击对方，甚至诅咒谩骂，进行人身攻击，不但给当事人造成精神伤害，也严重破坏了网络的文明环境。2007 年 6 月 14 日王永珀在自己的网易博客上发表《今天腰拆线了哈哈》一文，文章之后的评论中有球迷认为题目中的“腰”字是“要”的误写，继而奚落其“没有文化”。一天之后王永珀发表《我的腰上也有伤口，大家不知道不要说没文化》为自己辩解，结果引起了部分球迷更强烈的反应，189 条留言评论中有不少是恶意的辱骂。此次事件在当时引发了一场关于运动员文化素质问题的讨论。其实平心而论，在这场争论事件之后，最应该自省的正是恶意留言的球迷。即便王永珀真如部分网友所言“没文化”，他也不至于将“要”字写错，而且随后他在博客上给出了合理的解释和答复，不少球迷仍然不分青红皂白，恶语相加。这一方面反映了网民自身素质问题，另一方面也反映出目前相关部门对于博客监管的不力。

博客保障了草根阶层话语权的主动性，却导致个别人滥用话语权，污言秽语充斥网络，特别是对一些观点与自己相左的体育记者的博客肆意留言谩骂，使得不少体育记者博客关闭了博客的评论和留言。

二、体育博客的前景

截至 2014 年 6 月，我国博客和个人空间用户规模为 4.44 亿，增长率为 1.8%，网民中的使用率为 70.3%。其中，博客的使用率为 19.3%，用户规模为 1.22 亿；个人空间的使用率为 65.1%，用户规模为 4.11 亿。博客经过迅猛发展阶段之后，已经维持在一个较为稳定的状态。从各网站体育博客频道和专业博客网站的发展趋势来看，体育博客已经度过了发展的高峰期，发展态势趋于平稳，体育博客频道开设的栏目日趋成型，用户相对稳定。

（一）热门体育事件的舆情集散地

博客进入中国前五年，总体上一直呈快速增长的态势，腾讯、新浪、搜狐、网易等传统综合性网站在博客服务方面的积极推广，使博客的发展在 2007 年仍然延续着高速增长的趋势，只是随着博客的普及度越来越高，这种增长率的绝对值也在逐渐降低。当微博等社交网络应用兴起之后，博客迅速由盛转衰，2013 年达到低谷。博客已经完全从互联网发展大潮的风口浪尖退出，只是作为综合性门户网站的一个频道，向栏目化的功能转变。

体育博客的热度与热门体育事件尤其是大型体育赛事休戚相关。张德胜认为，体育赛事可以分为常规体育赛事和重大体育赛事。“在同一时间吸引全世界目光的赛事，肯定是重大赛事，比如奥运会和世界杯足球赛是理所当然的重大赛事。重大赛事一般多为赛会制比赛。”① 较之于一般性的常规体育赛事，诸如奥运会、世界杯这样的周期性重大赛会制比赛，博客网站或者门户网站的博客频道

---

① 张德胜．体育媒体通论．广州：广东人民出版社，2006：38.

会通过早期策划、宣传，大力推广名人博客等手段，引导舆论，制造“议程设置”，与社交网络互动，从而引导网民关注某一体育赛事或者体育事件，调动他们开博写博的积极性。在这种形势下，不但平日爱好体育的人对赛事倾注巨大的热情，即便平时对体育了无兴趣的人也会被这种氛围感染，对赛事表示关注和兴趣，以求获得社会认同感。

四年一度的奥运会、足球世界杯赛等大型体育赛事是博客网站发展的契机。2006 年德国世界杯期间，共有 25 万博客在新浪网发表了 110 万篇博客文章。这些数量庞大的稿件资源及其带来的流量，展示出了博客强大的竞争力。及至 2010 年南非世界杯期间，新浪博客世界杯博文总量达 1. 38 亿篇，其中带世界杯标签博文 1 293 万篇。“博客世界杯”专题总浏览量 128 万。新浪世界杯名博专栏拥有 67 位名家，其中体育名家有米卢、李承鹏、黄健翔等 10 位，文化名家有王跃文、麦家、石康、刘震云等 57 位，累计发表优秀博文 300 多篇，最高单篇博文点击超过 65 万。另外，新浪博客开展了丰富的互动活动，包括：32 强模板、发博文抽奖、球迷聊天室等。其中“天翼我的世界杯”活动，参与总人数 22. 2 万，投稿博文 51. 5 万篇，总浏览量 5 400 万。2014 年巴西世界杯以及 2016 年里约奥运会期间，网友关注体育赛事的重心已经转移到了微博、微信，但与社交网络多为碎片化、娱乐性的信息不同，博客仍然是专栏、长微博、链接转入等形式，集聚了相当一部分严肃的新闻报道和新闻评论。

（二）内容新闻化，博客专栏化，博文精品化

纵览中国互联网的发展史，新浪、搜狐、网易、TOM 作为第一代综合性门户网站，新闻领域一直是它们相互竞争、谋求发展的主战场。分别依靠即时通信和搜索起家的腾讯、百度作为第二代商业门户网站的代表，业务范围也逐步向新闻服务拓展。

1. 体育博客内容新闻化

博客的新闻化即博客内容突出新闻价值。《连线》杂志曾评论说：“博客已经成为传统新闻记者的预警系统，提前提醒即将爆发的、不引人注目的，但是突发性的新闻。”2008 年二三月份，中国女足在东亚四强赛和阿尔加夫杯上接连惨败给日本、德国、美国、挪威等队，关于外籍教练伊丽莎白与中方教练组以及队员之间的矛盾众说纷纭，但中国足协官方以及女足队内对于外界传言三缄其口。2008 年 3 月 8 日，女足主力前锋韩端的一篇《热血冷泪》的博客将女足队内的矛盾公开化。韩端在博客中说：“有太多永远也想不明白的事情令我伤心难过，曾经惺惺相惜的老朋友，走在对面也会视而不见、形同陌路，只因为我们站在不同的队列里。有太多的明枪暗箭贴着人情人性的标签教你防不胜防，稍不留神，就挨上了温柔一刀，便如同万丈高楼失足一般坠向黑暗的深渊，心往下沉，深不

见底。许多亲朋好友都在寻问，报上说韩端反对伊丽莎白，这是为什么呢？在此一并作答：不管是谁写的新闻，那只是一种误读，任何时候我都不会反对我的主教练，无论她是谁，无论什么原因。”① 不难看出，韩端在博客中承认了支持和反对外籍主教练伊丽莎白的队员之间的对立，同时也表明了自己对于主教练的支持态度。韩端此篇博客一出，第二天便成了媒体报道的新闻。3 月 10 日《羊城晚报》体育版以“在博客上爆女足内部‘明枪暗箭温柔一刀’韩端：从未这么迷茫过”为题，报道了韩端博客内容以及由此引发的女足队内的反应。此篇稿件从选题到撰写，完全取材于韩端的博客。博客以及后来崛起的微博，都是网络新闻乃至传统媒体新闻重要的新闻源。在全民博客的盛况消逝之后，有新闻价值的博客沉淀下来，在门户网站扎根立足，捍卫着博客在互联网发展史上最后的荣光。

2. 博客专栏化，博文精品化

博客的活跃群体已由早期的草根化向精英化转变，博客内容也由通俗化向专业化转变。相比于微博等社交网络的简单便捷，博客的操作略显烦琐，传播渠道更窄，普通网民主动发布博客的积极性下降。互联网的发展犹如大浪淘沙，淘尽黄沙始得金。博客从喧嚣到冷清，也正到了拂去浮华、沉淀收获的季节。仍然坚守博客并笔耕不辍的博客专栏作者和博客写手是有待博客网站深层发掘的富矿。商业门户网站的博客频道可尝试挑选优质博文在首页予以推荐，为优秀写手开辟专栏，使博客成为网站新闻资源的有益补充，甚至可以打造成核心内容资源。博客专栏化、博文精品化，是博客未来发展的一个方向。毕竟博客已经过了大笔烧钱的时代，无力在流量、用户等层面要求过多，抓住现存博客中的精华，打造“高精尖”的精品博文、专栏博客才是博客网站以及博客频道困境中的突破口。网站可尝试将博客专栏化、博文精品化的路线延伸到线下，即与传统的印刷出版业合作，挑选优质博文结集出版，实现博客作者、博客网站、传统出版业三者的共赢。

博客为图书出版提供了广阔的可供选择的资源，而图书出版又将互联网上散失的精彩篇章采撷出来，付梓变成比网络更为具体实在的纸质图书，既提炼了有价值的博客内容，也扩张了其传播的范围。早在 2006 年，地产商人潘石屹以及知名演员徐静蕾分别将博客内容结集出版。2014 年 1 月，“此间中国：新浪博客八年文章精选”丛书由中央编译出版社出版，丛书包括《这个世界是有趣的》《夜读百年中国》《不信梦想唤不回》三本书。丛书收录的文章全部都是从新浪

---

① 韩端．热血冷泪．http：//handuan10. blog. sohu. com/81160202. html.

博客挑选出来的。体育博客方面，2006年德国世界杯期间，新浪网上共有25万博客发表了110万篇文章。在世界杯开赛前，体育博客早已经活跃起来了，《博客世界杯》正是出版于世界杯开赛前夕。新浪网从体育博客中精选了数十位知名体育撰稿人和资深球迷的人气文章结集出版，“从不同角度展示了足球王国中的强者风采与英雄魅力；叙述了球迷们与世界杯的不了情缘；对过去的历届世界杯赛事、世界杯人物进行了生动、深情的回顾与评述；对2006年世界杯赛事进行了生动有趣的预测与分析”①。

（三）移动博客

移动博客（mBlog）被业内人士称为“第二代博客”，将互联网、移动互联网和无线增值业务结合在一起，它宣告了mBlog1.0时代的产生。随着手机通信业的飞速发展和手机功能的升级换代，以大型无线日记社区为概念的移动博客成为建立在博客、手机、移动互联业务三者基础之上一种崭新的WAP应用。早在2007年，艾瑞市场咨询根据Waplian统计数据显示，WAP网站用户使用手机上网的主要目的，有11%用户为了使用手机博客上WAP网，有33%用户为了下载铃声、图片、游戏、视频使用手机上网。这一数据显示了移动博客有着广阔的发展空间和潜在的商机。

移动博客的优势在于，用户随身携带一部小巧的手机，就可以随时随地将自己的所见所闻写下来、拍下来，在几秒钟的时间内发送到自己的博客上。博客发布信息往往需要一台电脑连接互联网，而移动博客只需要一部手机即可。我们不难想象这样的场景：体育比赛现场的文字、图片，甚至是视频信息，都可以通过现场观战球迷手中的一部手机，几秒钟之后见诸他们的博客上。提供给我们一线的、即时的、无限量的图文并茂的信息的人，不只是记者，还有可能是正在现场观看比赛的数万球迷。事实上，博客网站在鼎盛时期驻足不前，创新动力不足，未能足够重视移动互联网、手机等移动客户端的广阔前景，没有加快这一领域的技术创新，而是固守博客网站本位业务，错失了继续领先的发展良机。当国外的Twitter以及国内的新浪微博流行开来之后，博客网站迅速被“微博”这个青出于蓝而胜于蓝的小字辈网络应用超越。

思考题

1. 博客何时进入中国？博客之于互联网的划时代意义是什么？
2. 你是否曾注册使用博客？谈一下你所使用的博客的功能。

---

① 新浪网体育频道．博客世界杯．北京：人民体育出版社，2006．

3. 如何理解博客的自媒体属性?

4. 博客能否成为运动员发布个人新闻的平台?

5. 浏览大型体育赛事期间新浪网、腾讯网等商业门户网站的体育类博客，讨论体育博客在大型体育赛事期间的状况。

6. 为什么使用博客的人越来越少，为什么大量运动员博客闲置?

7. 如何理解博客专栏化、博文精品化的提法?

8. 博客网站为何没有将移动博客作为技术创新的方向? 移动博客之于博客网站发展的意义何在?

9. 如何看待博客与传统出版业合作的前景?

10. 讨论博客、体育博客的发展前景。

第七章　体育微博、微信传播

第一节　微博及微博的传播特征

中国互联网络信息中心2014年7月发布的《中国互联网络发展状况统计报告》显示：截至2014年6月，我国微博客用户规模为2.75亿，较2013年底减少543万，网民使用率为43.6%。

根据中国互联网络信息中心2016年7月发布的《中国互联网络发展状况统计报告》的数据，截至2016年6月，中国的微博用户规模为2.42亿，使用率为34%，与2015年底相比略有上涨。而在2013年6月底，我国微博网民规模达到3.31亿，网民中微博使用率达到了56%。

中国微博活跃用户数经历了2010—2011年爆发式增长后，从2012年开始进入一个相对平稳的增长期，2013年是微博发展的高峰期。目前微博已经成为网民获取信息的重要途径之一，微博从满足人们弱关系的社交需求上逐渐演变成为大众化的舆论平台，越来越多机构及公众人物都通过微博来发布或传播信息。微博作为一种新的网络应用，受到人们的广泛关注。国内最为知名的微博网站——新浪微博的流量已经超越部分门户网站整个网站的流量。

一、微博及微博的体育传播

（一）微博

微博也称作微博客、微型博客、微网志，英语称作microblogging或microblog，是一种允许用户即时更新简短文本（通常少于140字）并可以公开发布的微型博客形式。它允许任何人阅读或者只能由用户选择的群组阅读。微博内容可以通过不同客户端发布，包括短信、即时讯息软件、电子邮件或网页。一些微博客也可以发布多媒体，如图片或影音。

微博创始于美国，最早也是最著名的微博网站是美国的Twitter，Twitter一词甚至已经成为微博的代名词。Twitter于2006年7月面向公众开放，2007年4月开始独立运营。截至2012年3月，Twitter共有1.4亿活跃用户。在美国，以

Twitter 和 Facebook 为代表的社会化媒体融入主流社会，并逐渐发展成为与搜索引擎、门户网站和电子商务相匹敌的互联网基础性应用。

在中国大陆，Twitter、Facebook 和 Plurk 等国外微博网站一直被封锁。创办于 2007 年 5 月的饭否（http：//fanfou. com）是中国大陆地区第一个提供微型博客服务的网站，但饭否于 2009 年 7 月后被管理部门长时间关停。2009 年 8 月，新浪版微博横空出世，并且力图主导“微博”这个词的话语权。新浪微博既是对推特的拷贝继承，也有自己的创新。最主要的创新来自当时的 Friendfeed 模式（该网站后来被 Facebook 收购），也就是对每条微博都加上评论功能。同时，首创微博客同时兼图床的功能，让每条微博都能配上图。新浪微博几乎汇集了中国人在使用 BBS、博客、微博客、门户网站时大部分的形式需求，成为杀手级产品，迅速捕获中国网友的心。[①] 随后，新浪微博、腾讯微博、搜狐微博、网易微博成为中国大陆的主流微博服务。据中文互联网数据资讯中心统计，在微博用户中，新浪微博用户比例为 87. 67%，腾讯微博为 84. 69%，网易微博为 56. 12%，搜狐微博为 35. 63%，凤凰微博为 13. 61%。这说明不同微博平台用户相互重叠，新浪微博使用者最多，用户比例最高的前三大微博平台是新浪、腾讯和网易。[②]

（二）微博体育传播的现状

互联网诞生之初，就显示出了其在体育传播方面的优势，从最初的网络文字直播体育赛事，到后来的网络体育视频、体育赛事在线视频直播，一直到现在体育与社交媒体在传播方面的完美契合，较之于传统媒体，互联网在体育传播方面的优势彰显得淋漓尽致。

国外 GMR Marketing 网站曾做过一次主题为“体育与社会化媒体”的调查，调查结果显示，81% 的人更喜欢通过互联网获取体育新闻信息，人们通过互联网获取突发体育新闻信息是体育电台的 10 倍。使用 Facebook 和 Twitter 获取体育新闻的人占 41%，而有 40% 的人通过新闻网站获取体育新闻；只有 13% 的人称他们从电视获取体育新闻，4% 通过广播。[③]

而以微博等为主的社交网络应用已经与人们的日常生活、工作交织到了一起，不管人们身处何地，社交网络都能为体育迷提供体育新闻：74% 的人称他们在派对上通过社交网络了解体育信息，69% 在吃饭的时候，58% 在卫生间时；而在上班时间，86% 的人在办公桌前浏览体育新闻，33% 的人在开会时浏览体育新闻。即使体育迷在电视上收看赛事直播时，也有 83% 的人表示他们会浏览有关体育的微博。[④]

---

① 安替．“@”的乘数效应，140 字大乾坤．南方都市报，2011 - 12 - 04（A25）.

② DCCI 微博报告：新浪腾讯网易位列前三．http：//www. 199it. com/archives/59302. html.

③ GMR Marketing. Sports and social media. http：//www. 199it. com/archives/24405. html？1348302908.

④ GMR Marketing. Sports and social media. http：//www. 199it. com/archives/24405. html？1348302908.

在国内，微博也已经深刻地渗透进了体育领域：国内外知名运动员、教练员、体育官员在各个微博网站纷纷注册使用微博；体育组织开通官方微博，发布协会和赛事的相关信息；大型体育赛事组织者通过微博宣传赛事、公布赛事信息；体育媒体开通微博作为新媒体的又一个重要平台等等。中国虽然没有风靡全球的Twitter，但有新浪微博等众多本土微博网站，这些微博网站在技术开发、用户体验、用户数量上毫不逊色于国外起步较早的微博网站。2012年伦敦奥运会期间，中国网民在微博上的表现引起了西方四大通讯社之一——法新社的关注，法新社以“中国微博用户发布将近4亿奥运微博”为题，介绍了微博在中国奥运报道中的重要影响力和传播力：虽然中国军团在奥运奖牌榜上滑落到了第二的位置，但中国微博用户对于奥运会的热情绝对是世界第一。新浪微博的用户在奥运会两周的时间里发布了3.93亿奥运微博，这个数字比推特的1.5亿高出两倍还要多。①

新浪微博在中国的崛起沿袭了当年其推广博客应用的策略，即通过拉拢名人开通微博的“名人微博”战术，从而吸引广大普通网民开通微博，制造全民微博的盛况。新浪微博在推广之初，发动各大编辑部以每天不超过1 000人的数量在各个行业广泛展开邀请。名人微博虽然数量不多，但是名人效应投射到网络，却能产生巨大的影响力。诸如李开复、姚晨、赵薇、潘石屹等IT界、娱乐圈、地产界名人的一举一动，吸引着数以十万、百万计的“粉丝”关注。

对于微博网站来说，重大体育赛事是扩大微博影响力的最好时机，腾讯微博也抓住了伦敦奥运会的机会。腾讯公司融合旗下所有资源，以即时通信为基础平台，将微博、微信、QQ群、QQ空间、QQ视频及QQ秀等产品兼容，并将腾讯视频、腾讯新闻及腾讯微博等无线应用客户端紧密结合，进行了奥运化的配置和整合，形成了内容产生、推送、互动的完整链条，从而使微博平台形成了良好的内容发布、热点话题互动的氛围。

得益于广州亚运会、伦敦奥运会等国内外重大体育赛事的助力，微博在体育界的影响与日俱增，微博所承载的体育传播越来越受到体育迷和受众的青睐。有调查显示，2012年伦敦奥运会期间，PC（个人电脑）互联网用户当中有64.5%的人选择通过微博了解奥运会的相关新闻报道。② 2012年伦敦奥运会开幕，截至7月29日12点，新浪微博有关奥运首日赛事的话题量已达1 014万，奥运视频播放量达9 236万。8月6日，因为在伦敦奥运会中取得两金一银一铜，人气爆

---

① AFP. China microBloggers post almost 400m Olympic messages. http：//sports. sina. com. cn/o/2012 - 08 - 15/12276191348. shtml.

② 易观智库．数说2012伦敦奥运会．http：//www. 199it. com/archives/68333. html.

棚的孙杨成为新浪微博首位粉丝突破一千万的运动员！而在2012年8月7日，刘翔在伦敦奥运会男子110米栏预赛中因摔倒被淘汰后，引发微博网友的强烈关注，新浪微博的峰值发送量达到每秒19 183条，刷新体育赛事期间微博发送量纪录。据新浪微博公布的数据，在比赛开始后1小时内，用户发布的与刘翔相关的消息达到410万条，单就“刘翔摔倒”这一话题的微博讨论量就达到110万条。上海市政府新闻办公室官方微博@上海发布向刘翔表示支持：“刘翔俯下身子，深深亲吻曾带给自己荣耀、失意和历练的栏架。也许，这就是人生。刘翔，我们会定格这一刻，哪怕这一刻在有些人看来并不完美。”

二、微博的传播特征

互联网技术更新日新月异，新技术、新应用的开发推广让广大网民应接不暇。每一项新的互联网技术、应用的开发，只要其技术特点便捷、实用，其特性符合广大网民的趣味、爱好，相关技术应用很快就会引发互联网行业全局性的变革。从当年博客的兴起，到如今社交网络、微博的流行，无一不体现这一互联网技术开发应用的规律。

微博是一个基于用户关系的信息分享、传播以及获取的平台，用户可以通过电脑或手机网页、客户端登录微博，发布文字信息（也可发布图片、视频等），并实现即时共享。“微博”顾名思义，即微博客，它与博客有着千丝万缕的关系。但相对于博客而言，微博对于使用者的电脑技术和文化水平的要求更低，操作也更为便捷，与他人的互动性更强，用户黏度更大，实现了用户通过互联网获取信息和发布信息的完美结合，表现出其独有的传播特性。

（一）传播方式便捷

《现代汉语词典》对于“便捷”一词的释义是：直捷而方便；动作轻快敏捷。便捷一词如此浅显易懂，让人怀疑以该词概括一种全新的网络应用的特性是否得体。所谓特性，即某一事物所特有的以区别于其他事物的性质。微博的便捷性也要与其他网络应用和传统媒体相比较研判。新兴网络媒体较之于传统媒体的优势无须赘述，而微博较之于其他网络应用，一个鲜明的特性就是使用便捷。

事实上，电脑的操作使用原本是一项技巧性比较强的技术，只不过在当今社会，电脑作为基本的生活和工作工具，大部分人已经学会基本操作技能。从最初的电子邮件、即时通信、网络论坛、网络视频，到新近的博客等网络应用，它们的使用步骤、操作技术、传播内容都比微博烦琐。使用即时通信工具，人与人之间以一对一人际传播为主，传播幅度有限。博客的出现，已经将互联网上的社会化媒体推进了一大步，公众人物纷纷开始建立自己的网上形象。然而，博客上的形象仍然是化妆后的表演，博文的创作需要考虑完整的逻辑，这样大的工作量对于博客作者是很重的负担。[①] 在某些社交网络类型里，如一度风靡全国的人人网、开心网，人与人的沟通是封闭的，个体被以个人主页的形式局限在有限的网络空间之内。而微博则可以通过实时转发信息、互相评论，在瞬间将个体的微博置于公共网络空间，达到最大范围的沟通。“微博这种简短的书写形式自古以来就是人类力所能及的书写方式，只不过我们的文化和教育限制或排除了这样的书写形式。”[②] 微博的核心功能仅仅是输入140个以内的字，然后点击“发布”即可，这种形式大大降低了写作门槛，让更多草根阶层加入微博。

在中国，微博于2011年快速崛起，目前有近半数网民使用，成为网民获取新闻信息的重要渠道。近年来网络新闻使用率起伏不定，网民通过互联网获取新闻信息的渠道正在转向微博。一种传播媒体普及到5 000万人，收音机用了38年，电视用了13年，互联网用了4年，而微博只用了14个月。艾瑞咨询的调查数据显示，用户选择获取资讯途径的主要考虑因素当中，“资讯获取方便”成为首要考虑因素，75.5%的用户选择这一因素。相比较而言，内容时效性、内容覆盖范围、使用体验、内容可信度等因素都排在其次。[③] 因此我们也不难理解为何微博在短时间内风靡全球，成为互联网最热门的网络应用。

（二）传播速度即时

快速及时，原本就是网络媒体在新闻传播方面的优势，微博更是把网络媒体传播快速的优势发挥到了极致。即时信息是微博所能提供的最为独特的信息类型，微博用户以最短的字符随时随地发送自己的所见、所闻、所感，而发送的设备除了手机这种随身媒体外，互联网上的诸多客户端都可以成为上传微博内容的端口，内容和媒体形式的便捷性能最大程度保证微博用户页面上信息的即时性。[④]

微博即时性特点不限于微博发布传播信息的即时，并将获取信息的即时、评论转发信息的即时、更新信息的即时汇聚一体，使人们更方便快捷地发布、传播信息，获取、评论信息，可以随时随地通过微博表达观点、联络朋友。转发是微博不同于博客或其他网络信息发布平台最重要的特色。转发一般包括两种含义：一种是微博用户之间的转发，另一种是普通网站的信息向微博的一键转发。[⑤]

---

① 胡卫夕，宋逸．微博营销．北京：机械工业出版社，2011：8－9.

② 保罗·莱文森．新新媒介．何道宽，译．上海：复旦大学出版社，2012：142.

③ 艾瑞咨询．新闻资讯渠道价值研究报告．2016：21.

④ 喻国明，欧亚，张佰明，王斌．微博：一种新传播形态的考察．北京：人民日报出版社，2011：2.

⑤ 胡卫夕，宋逸．微博营销．北京：机械工业出版社，2011：105.

"转发"既实现了微博平台上的信息即时传播，又聚合了互联网其他技术应用上的内容的即时性传播。

（三）传播信息碎片化

在当前这个快节奏的社会当中，人们进行深度阅读的时间越来越少，而更倾向于通过一种便捷的方式，利用自己的零碎时间，浏览自己需要和感兴趣的信息。市场研究公司TNS在全球范围内开展了一项名为"数字生活"的研究项目。调查结果显示："新闻、体育和天气"是网民使用频率最高的网络活动，但它们在重要性与使用时间上均不占有突出地位。这一调查结果反映出，网民通过互联网获取新闻资讯的方式是碎片化的。在微博和社交网络等新兴网络应用的影响下，网民越来越习惯于快速、简单、互动性和社交性强的信息互动方式，而不会倾注大量的时间在电脑前深度阅读或者大书特书。

微博140个字的限制，是微博传播信息碎片化最典型的表征。Twitter公司在当初设计微博140字的限制时，其实是来自手机每条短信英文字数限制，最初的Twitter玩法就是用非智能手机的短信向一个电话号码更新自己的状态。140个字母大概是20个英文单词，也就是一句话的篇幅，本来就是发你正在干什么。基于朋友关系网的简单消息汇集，用户前面有一个@符号，所有后来的转发、图形、不同的客户端、短链接都是网友的创造。[①]

不过信息传播的碎片化，绝不意味着微博承载的信息量有限，因为技术上的改进，受140个字符所限的微博，也能承载无限量的信息。微博传入中国后，开始仍保持了140个字符的限制，因为汉语言简意赅的优势，140个汉语字符大约等于85个英语单词，所以中文微博的信息量是Twitter的三四倍。Twitter用户更倾向用Twitter发布简单信息和状态，而中国的微博用户则可以发布信息量更大与更有深度的内容。加上融入长微博、轻博客等许多新的网络技术应用，微博不仅弥补了140个字符的短缺，还将博客、社交网络等网络应用兼容并收、取长补短。另外，140个字的限制从来不是因为技术问题，而是沿袭微博发明之初的惯例而已，只要服务商稍作改变，微博可以不设字数限制。微博在中国的传播内容更为充沛，承载的信息量更大，在网络传播中承担着更为广泛、更为厚重的功能。

（四）节点为中心聚合交互传播

如果把微博比作一张无形的网，微博上的每一个用户就是这张网上的一个个节点，每一个节点与周边其他节点纽结。这种节点间纽结的第一层关系是通过关

---

① 安替．"@"的乘数效应，140字大乾坤．南方都市报，2011－12－04（A25）．

注和粉丝（即关注和被关注）来实现的，第二层关系通过次一级的关注和被关注微博用户的转发来实现。对于每一个微博用户来说，他们的微博都是以自我节点为中心，聚合自己关注的其他节点（微博），与被关注的节点（微博），实现一种单向或双向的传播。微博的传播并不受节点关注与否的约束，彼此没有关注关系的微博也可以通过转发评论相互影响、传播。微博的这一传播特点，既展示出了高度的聚合交互性，又不受这一特性的制约，显示出高度的开放性，所以微博的传播效应巨大。

在这种传播模式下，一旦微博内容新奇、新闻价值高，经过层层转发，无限扩张，类似于核裂变效应。微博作为一种网络技术应用，又被赋予了高度的开放性。它不排斥其他互联网技术应用，反而将既有的和新生的互联网技术应用吸纳进来，糅合到自身的微博平台，兼收并蓄，取各家之长为己用。（图 7－1）截至 2012 年 3 月底，新浪微博平台已有 24 万开发者在新浪微博开放平台上提交了超过 28 万款应用，其中 3.4 万款应用通过了审核，数据还在持续增长。腾讯微博平台目前也有近 29 万开发者加入其中。[①]这些网络应用丰富了微博的传播平台，延展了微博的功能，不断地赋予微博新的生命力。

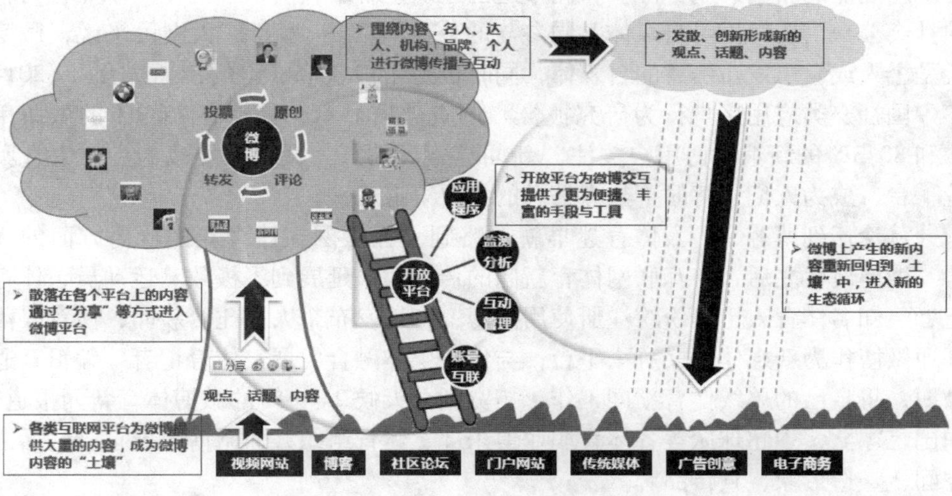

图 7－1　微博激活了各类互联网应用，构建起一个以微博为节点的互联网“生态系统”[②]

① DCCI 互联网数据中心 . 2012 中国微博蓝皮书 . 2012：11.

② CIC& 新浪合作微博白皮书——微博引领的中国社会化商业发展与变革. 2011.

第二节　体育微博的传播形态

一、微博的体育新闻传播

体育是社会大文化的有机组成部分，体育为社会政治、经济服务，同时也受到社会政治和经济的制约，体育对于国家和社会有着举足轻重的作用。张德胜在《体育与新闻传播关系研究》中认为，随着我国体育事业的发展和体育竞技水平的提高，体育对新闻传播的吸引力越来越大，成为新闻传播不可缺少的题材，体育的全面、协调和可持续发展对新闻传播发展产生了重要的影响作用。现代社会体育发展加快了新闻传播正态发展，包括扩大了新闻传播主体、拓展了新闻传播空间、提升了新闻传播产业。①

微博的广泛影响首先体现在对社会话语空间的释放。个人信息获取和发布能力的提高，推动了信息的自由流通，进一步消弭了前互联网社会话语权和信息传播权的中心化状态。带有鲜明“自媒体（we media）”特征的微博进一步改写了传统新闻业的新闻产制标准。新闻报道已经从记者编辑所从事的专门职业行为转向社会公众借助微博等自媒体共同参与的公共活动。② 对于广大网民来说，微博既是个人或组织发布信息的自媒体，同时也是用户获取资讯的传播媒介。《2014年中国社交类应用用户行为研究报告》调查数据显示，分别有75.9%的微博用户和80.3%的新浪微博用户关注“新闻/热点话题”。微博已经成为一个大众舆论平台，成为人们了解时下热点信息的主要渠道之一。

从论坛到博客，广大体育迷早就领略到了互联网在体育新闻传播方面的优势。微博诞生之后，将互联网体育新闻的传播效果延展到了极致。运动员、体育记者、知名体育人士等纷纷注册使用微博，直接发布个人或比赛新闻；体育媒体开通微博作为新媒体的又一个平台，与传统媒体融合发展；体育记者、编辑开通微博，将自己的单线体育新闻工作，拓宽到全天候24小时的微博体育新闻报道；中国足球队、中超球队等各体育职业俱乐部、体育组织开通微博拓展自己的话语空间，塑造形象，宣传品牌。

新闻是对新近发生或发现的事实的报道。从宽泛的角度来讲，通过微博发布的体育领域的新闻都可以称作体育新闻传播，但在实践中，微博的体育新闻传播

---

① 张德胜．体育与新闻传播关系研究．国家体育总局2005年体育社会科学研究项目．

② 喻国明，欧亚，张佰明，王斌．微博：一种新传播形态的考察．北京：人民日报出版社，2011：25－26．

主要是体育新闻工作者和体育媒体通过微博发布或转载体育新闻。

（一）体育新闻工作者微博

体育新闻工作者微博是指在媒体从业的体育编辑、体育记者、体育解说员等开设的微博。采访、报道、评论体育赛事原本就是体育新闻工作者的老本行，他们将个人从事体育新闻报道工作中的点滴记录于微博，或者对体育新闻转发评论，内容充实，新闻价值颇高，具有较高的专业水准。

专业化的大众传媒系统是现代社会的产物，作为重构社会关系的抽象系统的一部分，大众媒体系统的合法性地位和机构生命力的延续来自公众的信任。因而，公信力始终是媒体公开倡导的价值指向。媒体系统享有的信赖一部分固然来自媒介产品长期以来建立的可信度，另一部分则来自媒体对专业操作工具的垄断和其规模的不可超越性。当工具和知识为少数人所有，专业知识便蒙上了神秘的面纱，“人们常常是带着某种嫉妒的眼光去看待那些据称是由专门知识构筑起来的专业；专门知识恰似某种不对外开放的商店，其内部人员（比如律师或社会学家）所使用的专门术语仿佛是存心修筑起来以阻隔外人进入的厚重高墙”①。

博客、微博这些被称作自媒体的网络技术应用，则揭开了大众传媒神秘的面纱，也将新闻工作者从禁锢的专业化的“厚重高墙”里解放出来，他们既可以将刊载于专业媒体的新闻报道发表到个人微博上，也可以发表供职媒体不能发表的内容。微博传播打破了传统的依赖于专业媒体方可实现大众传播的模式，每个人（当然包括新闻工作者）都可以使用微博这种“自媒体”，不经把关人这一环节的限制，直接而独立地进行大众传播。所以许多新闻工作者在其微博个人简介里写上类似“本微博只代表个人观点，与供职单位无关”的声明，撇清自己与从业单位的关系，一来避免言论过失殃及所在媒体组织；二来摆脱束缚，表明言论自由立场。微博高度的互动性便于记者与体育迷的交流，受众反馈简便，体育新闻传播效果更为直观。

（二）体育媒体微博

鉴于微博日渐增长的影响力，不管是传统媒体还是网络媒体，先后在各微博网站上开通自家媒体的官方微博，拓展媒体品牌影响力。新浪微博之发轫就注重与传统媒体的合作共进，诸如邀请传统媒体记者编辑、社长总编开通微博，在传统媒体刊登微博广告，给记者付费发微博，达到与传统媒体在新闻内容和微博渠道上的互补目的。

麦克卢汉在《媒介通论：人体的延伸》一书中指出：媒介具有有机体的性

---

① 刘津．博客传播．北京：清华大学出版社，2008：140.

质，因此媒介是人体的延伸。① 我们也可以这么认为，微博是记者个人及其供职媒体的再度延伸。记者采写的新闻在其供职的媒体上发表，这家新闻媒体的受众了解到相关新闻报道，这可以看作是信息的第一轮传播。对于传统媒体来说，信息的第一轮传播因为地域性、传播媒介的限制，这一轮信息传播的方向和范围都是有限的。如果新闻稿件发布到网络上，从理论上来说，这篇稿件刹那间就可以被全世界的网民读到，这是信息的第二轮传播。这一轮的传播广度是无限的。借助微博这一新媒体平台，既能实现新闻的汇集与发布，又能构建多媒体的传播形式，传统媒体的新闻内容传播面大增，媒体知名度也由地方扩散到全国。

体育媒体微博大致可以分为两类：一类是微博母体网站自身的体育栏目板块的微博，如新浪体育、新浪体育视频、新浪网球、新浪高尔夫、阿森纳新闻、曼联新闻。这一类微博旨在将网站相应的体育新闻内容移植到微博，丰富微博的新闻内容，拓展新闻传播空间。另一类是其他传统媒体、网络媒体的体育微博和专业体育媒体的微博，如新华体育、南都体育、广州电视足球特区、TOM 中国篮球大本营，东方体育报、看峰篮球、乒乓世界 TTW、足球周刊、CCTV 天下足球、CCTV 风云足球、山东体育休闲广播 1021。

二、运动员的微博传播

运动员微博是指现役或退役运动员开通的微博，从广义上来说，还包括从事体育事业的人士开通的微博，譬如体育教练、体育官员的微博等。微博较之于博客，在操作技巧和文化知识方面的要求较低。个人微博的经营和写作无须进行繁复的版面设计，也无须下笔成章、长篇大论，只需以简短的语言记录个人生活、工作中的片段。微博的这一特点尤为运动员所欢迎。几年前博客兴盛之时，许多运动员开通博客，却疏于打理，很多博客徒有空壳，鲜有内容更新。而通过微博发表数十字或者几张图片，甚至单单转发评论他人微博，是再简单不过的事情了。

为鼓励网民开通使用微博，新浪微博面向 28 个分类 486 个职业的知名人士和行业精英开放自助申请认证，其中就包括“体育”大类，下面又细分了足球、篮球、小球项目、综合项目、排球、体育高管等 31 个小类。在各家微博网站开通微博的运动员总数，因为分散、匿名等原因无法具体统计。但我们可以通过新浪微博公布的一项数据，窥豹一斑：截至 2012 年 2 月 15 日，2012 赛季中超联赛 16 支球队全部都已开通新浪官方微博，而新浪体育也开通了各队的微博新闻滚

---

① 胡正荣．传播学总论．北京：北京广播学院出版社，1997：238.

动播报。除了这些官方的新闻资讯，16 强阵中大部分球员、教练、总经理等也都开通了新浪微博，中超 16 支球队中开通了新浪微博的球员、教练、管理层已经突破 500 名，他们其中有许多是非常活跃的微博用户。①

（一）运动员通过微博展现自我

美国社会学家 E. 戈夫曼提出的角色距离理论认为，社会中的人"进入角色"需要具备三方面条件：第一，获得了承担某种角色的认可；第二，表现出了扮演这一角色所必需的能力和品质；第三，本能地或积极地，在精神上和体力上均投入这一角色。

我国是一个体育大国，竞技体育发达，近几届奥运会上中国已经处于奖牌榜的第一集团，国际上知名的运动员不在少数，他们已经用成绩和金牌证明了自己的能力，也具备了成为明星、名人的条件。但是国内各单项体育协会、俱乐部和媒体对于体育明星的包装一直都不太成功。体育明星过多地参加社会活动、商业活动，甚至会因为训练和利益分配等原因而与其主管部门产生矛盾。在国内外赛场上披金挂银的高水平运动员除了得到业内对于自己成就的认可，自然也希望"获得承担某种角色的认可"，得到更广范围内的人的尊重，扩大知名度，获取更多利益。所以活跃在赛场一线的体育明星们愿意借助微博这个平台宣传自己，增加曝光率，扩大自己的知名度。相对于传统媒体对于运动员的被动的单向宣传和报道，运动员自己开通微博是一种主动展现真实自我的过程，微博也为运动员本人与体育迷两者之间的双向交流提供了一个良好的互动平台。另一方面，传统媒体乐于采访、宣传那些获得过奥运冠军、世界冠军的当红明星运动员，却忽略了许许多多同样热爱和奉献于体育事业的大多数平凡的运动员，而他们同样渴望自己的训练和成绩得到别人的关注、了解和支持。微博这一互联网工具，正迎合他们展现自我的需要。

许多运动员在微博上发布的不仅仅是与其所从事的体育项目相关的内容，他们更善于通过微博展示自己生活中的一面，展示自己的个性、兴趣爱好，甚至平日的衣食住行等琐事，以期获得粉丝的关注、认可乃至仰慕。伦敦奥运会期间，中国体操队的冯喆因为频频在微博中大讲趣事，改编各种小段子，被网友称作"体育圈的郭德纲"；时任上海申花队门将王大雷通过自己的微博展示了自己足球之外的另一面：收集篮球鞋的嗜好，喜欢 hip-hop 音乐，追求时尚……

（二）微博开启运动员个人的自媒体

长期以来，大部分人对于体育运动员的了解来源于传统的专业媒体。传统媒

---

① 中超 500 名球员教练微博一览　全新角度关注中国足球. http：//sports. sina. com. cn/j/2011 －03 －31/17565513581. shtml.

体善于将一名在国内外赛场上取得卓越成就的优秀运动员宣传塑造成一个高、大、全的形象，也可能将一名犯过失的运动员全盘否定，所以读者从媒体那里了解到的并非一名运动员作为社会一员的全貌。运动员的信息经由新闻媒体这一环节，难免会因各种主客观因素发生信息的扭曲、失实，给当事人造成困扰。

传统专业媒体虽然保证了媒体组织一贯稳定的产出，同时也内置了媒体无法超越的限定和结构缺陷。在科层结构中，新闻是一个生产流水线建构的产品，定性的操作程序所固有的弊端表现在：由记者的常规“采访”方式而造成的对固定信息源的过分依赖，使记者逐渐远离新闻的真实现场，而成为组合他人话语的编码者和转述者，由此带来媒体实时报道为某些势力所左右的问题。媒体为保障常规报道，在重要的地域、机构布设了一张由记者和编辑组成的“新闻网”。“新闻网”的存在，造成了媒体新闻报道的模式化和重复性，那些处于网孔中的地带，总是被专业化的判定筛除。①

博客、微博这种自媒体的诞生，弥补了专业媒体的缺陷。自媒体与专业媒体机构所产生的信息，一个是个体的产物，一个是组织的产物，两种信息系统结构迥异。② 2012 年 9 月 17 日，网易体育发表了一篇署名“两个我”、题为“郝海东：自己从不怕得罪人　松江不想冲超是胡扯”的新闻报道③，这篇新闻报道大段使用采访郝海东的直接引语，言之凿凿。但翌日当事人郝海东便通过微博转发表示：“网易体育，感谢你们对我以及松江俱乐部的关注理解支持。但是在这里跟你们说一下，在没有采访我本人的情况下，不要说是郝海东说的，不管这件事这篇文章对我有没有利。我不想炒作，也不想走什么法律程序，希望你们以后注意不要再发生这种事情了。”显然，如果没有微博，郝海东对于网易体育的报道恐怕只能徒叹奈何。借助微博，郝海东亲自做出声明，既澄清事实，也更让读者信服。微博犹如新闻人物当事人手中的照妖镜，一旦有虚假新闻这类“妖”出现，当事人可以通过微博发声以正视听。

体育明星通过微博发布的信息，有时极具新闻价值，引起的新闻效应可能比记者采访报道更为强烈。2012 年 5 月 3 日，广州恒大队在亚冠联赛小组赛主场输给韩国全北现代队之后，恒大队外援孔卡因为对于自己在比赛中被替换下场感到不满，他通过翻译发布了一条微博：“我不明白为什么总是我被感觉疲惫，被轮休，为什么很久之前生病在上场比赛中就要坐板凳？如果我上场，就证明我身

---

① 刘津．博客传播．北京：清华大学出版社，2008：96－97.

② 刘津．博客传播．北京：清华大学出版社，2008：94.

③ 两个我．郝海东：自己从不怕得罪人　松江不想冲超是胡扯．http：//sports.163.com/12/0917/23/8BL2PRKK00051C8L.html#p＝7M9OEQHE0B6P0005.

体状况良好，反之如果我的身体状况不好就不会上场。试问，一个身体状态不佳的球员如何罚入那么重要的点球？为什么教练组的计划总是孔卡轮休？”比赛当中，时任恒大队主教练李章洙用姜宁替换孔卡下场时，孔卡就不停地摇头表示不满，媒体也已经对孔卡的态度表示出强烈的关注。当孔卡这条微博一出，立即引发了孔卡与主教练李章洙不和的争议。微博短时间内转发超过 5 000 次，微博内容被许多家媒体引述转载。

另外，运动员利用自己的专业所长，对自己从事的体育项目赛事发表自己的观点、评论，会比专业体育评论员的论点更为专业，更有见地。如 2012 年 10 月 2 日，广州恒大队亚冠四分之一决赛被淘汰之后，国内足球运动员纷纷点评比赛，对恒大队的淘汰表示惋惜。李玮锋通过微博表示：“坐在家里安静地看完了恒大队的比赛，真心话今天踢得不错。比对手在技战术上完全高一个档次，唯一欠缺的是运气和亚冠比赛的经验，相信明年亚冠你们会带给球迷惊喜。”前国脚李毅发布微博：“当你拥有很多机会不去珍惜的时候是要受到惩罚的，这就是足球！”前国脚徐阳发布微博表示：“广州恒大踢了今年中国足球最精彩的一场比赛，只是别埋怨队员。如果把中国足球所有的希望只寄托在恒大一支球队的身上，寄托在这一场比赛中，那显然是不公平也不现实的，如果中超还有一支球队冲击四强呢？水还未到，渠当然难成。亚冠每年都有，擦干眼泪，中国足球还在路上。”

（三）新闻来源即媒介

博客变革了传统的“运动员—新闻媒体—体育迷”的传播模式，使人人是自媒体、博客即媒体成为现实，大众传播媒介不再是高不可攀的“公器”，人人得以握有博客这种近似于大众传播媒介的“私器”。而微博的出现，则使得这种“私器”使用起来更为简易便捷，传播速度更为迅疾，传播效果更为显著。博客仍是以用户相对独立的域名存在，而微博则被置于整个微博网站信息滚动发布的大窗口之下。

麦克卢汉“媒介即讯息”的观点，认为真正有意义的讯息并不是各个时代的媒介所提示给人们的内容，而是媒介本身。换句话说，人类只有在拥有了某种媒介之后才有可能从事与之相适应的传播和其他社会活动。媒介最重要的作用就是“影响了我们理解和思考的习惯”。麦克卢汉高度肯定了传播媒介对于人类社会活动的革命性的影响。“媒介即讯息”之于微博而言，我们可以理解为微博改变了人们获取信息的方式和渠道，打破了新闻媒体对信息的垄断和隔离。人们可以直接通过微博获取信息；而新闻来源直接在微博上发布信息，文责自负，无须经过任何专业新闻媒体的编辑和把关。

运动员发布的颇有新闻价值的微博，则会被新闻媒体直接引述，独立编辑成为一条体育新闻。譬如新浪体育2014年5月26日刊载的一条新闻——《张稀哲为飞铲道歉：是我不冷静　对不起了迪亚曼蒂》，就是围绕一名运动员在微博上的一句致歉话语而写就的。这条新闻的发稿时间与当事人微博的发布时间仅仅间隔20分钟。

张稀哲为飞铲道歉：是我不冷静　对不起了迪亚曼蒂

新浪体育讯　5月26日晚，2014赛季中超第14轮最后一轮展开一场焦点战，排名第二的北京国安坐镇工体1比1战平领头羊广州恒大。与1比1这样相对和气的比分相比，比赛中，双方火药味十足，尤其是下半场比赛中，张稀哲飞铲迪亚曼蒂的一幕让人惊心，这一幕甚至被多名解说员定义为红牌动作。比赛结束之后，张稀哲很快就在微博上向迪亚曼蒂表达了歉意。

这一幕发生在比赛的第78分钟，张稀哲禁区左侧面对恒大队的三人防守，球最终被迪亚曼蒂断掉，当迪亚曼蒂将球带到边线附近后一个转身躲过了赵和靖的铲球，但随即跟上回抢的张稀哲却用一记凶狠的飞铲将迪亚曼蒂铲倒在地，当值主裁判李俊向张稀哲出示了黄牌，而倒地后的迪亚曼蒂则捂住自己的伤腿痛苦不已。

比赛结束之后，张稀哲也对自己在比赛中的这一举动感到懊悔，他在微博上表示："今天是自己不冷静，对不起了迪亚曼蒂！"

因为本场比赛的这张黄牌，张稀哲累积四张黄牌将停赛一场。

三、微博的体育文化传播

体育文化首先是人类在其自身的生产和发展过程中，为了健康以及全面和谐发展而主动、有意识地进行的一种肢体锻炼活动。其次，是指在各类体育活动的发展和进行过程中，为了体育活动的顺利有序进行，所形成、指定的各种制度文化。再次，体育文化是深层次的体育精神文化，包括人们在体育活动中的价值观念、思维方式、审美情趣和民族心理等。最后，是应包括各种物化形式的体育文化，即以人类创造的物质形式而存在，蕴含体育文化内涵的物质产品。[①] 体育文化也可以解构为不同类型的体育文化，如不同民族的体育文化、不同国家和宗教地区的体育文化、不同区域的体育文化、不同地理条件下的体育文化、不同运动项目的体育文化。

① 王岗．体育的文化真实．北京：北京体育大学出版社，2007：13．

微博作为一种新生的网络技术应用，尚未被全方位、系统化地应用于体育文化传播，但微博因其传播的开放性等特点，已经展现其在体育文化传播方面的优势：一些政治层面禁忌的话题，投射于体育层面则可以在微博上展开探讨；传统媒体上显得“阳春白雪”的话题，在微博里“下里巴人”，通俗易懂。如北京奥运会之后，国内关于竞技体育金牌战略所依托的举国体制利弊的讨论，关于群众体育、学校体育、全民健身开展状况的讨论，伦敦奥运会引发的关于奥林匹克精神的讨论等。广义的体育文化囊括万千，而狭义的体育文化各家学说莫衷一是，本章单就上述几个体育文化层面的切入点探讨微博的体育文化传播。

（一）关于举国体制的讨论

北京奥运会和伦敦奥运会上，中国代表团分别位居金牌榜的一二位。中国人从20世纪80年代实现奥运金牌零的突破，到如今争金夺银如探囊取物；从改革开放之初，到如今经济总量世界第二，其背后的国际国内政治经济环境已经发生天翻地覆的变化，奥运金牌对于中国人的情结和意义已经发生迁移。在当下，中国竞技体育是否有必要继续坚持举国体制，引发了许多体育人士、体育媒体的讨论。

相比于传统媒体和其他新媒体而言，微博的传播反馈及时、明了；从技术层面而言，微博的传者和受众在交流时处于对等的位置，微博即时转发评论的特点尤其适合开展讨论性话题。

2011年李娜法网夺冠、2012年伦敦奥运会之后，举国体制几度成为微博讨论的热点话题，这些话题大都由体育界学者和体育记者如黄健翔、李承鹏、杨明、卢元镇等发起传播，并最终引发传统媒体关于举国体制的讨论。以新浪微博为例，截至2012年9月，搜索关键词“举国体制”，相关微博有1 348 028条，而同期以百度搜索所有互联网网页，关键词“举国体制”有2 680 000个。单新浪微博里关于举国体制讨论的数量即相当于互联网网页数量的一半，由此可见微博里关于举国体制讨论的热度和广度。

在新浪微博拥有1 300多万粉丝的知名体育评论员黄健翔自2009年10月到2012年8月先后发表了62条微博表达自己关于举国体制的评论，其中最受关注的一条微博的转发数量达到了45 590次，评论10 892条。（图7－2）一般认为，微博的转发和评论者，属于微博的深度阅读者，也就是说单单这一条微博，其直接影响的受众就有四五万人。如果再计入1 300多万粉丝中的阅读者（只阅读而没有转发评论）和间接转发阅读者，其传播范围和传播效果不亚于一家传统媒体。

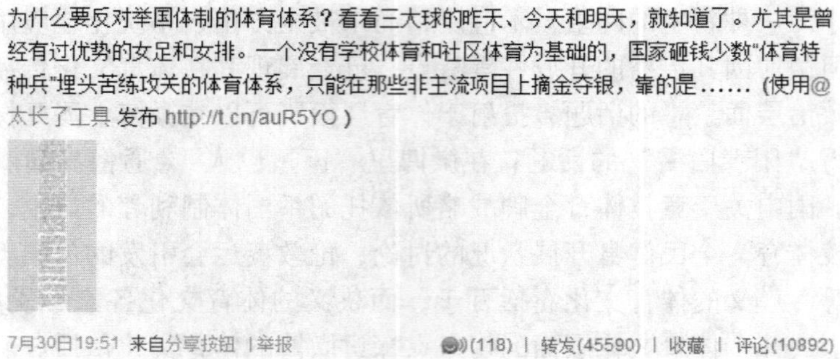
为什么要反对举国体制的体育体系？看看三大球的昨天、今天和明天，就知道了。尤其是曾经有过优势的女足和女排。一个没有学校体育和社区体育为基础的，国家砸钱少数"体育特种兵"埋头苦练攻关的体育体系，只能在那些非主流项目上摘金夺银，靠的是……（使用@太长了工具 发布 http://t.cn/auR5YO）

7月30日19:51 来自分享按钮 | 举报　　(118) | 转发(45590) | 收藏 | 评论(10892)

图 7－2　黄健翔微博中关于举国体制的观点

传媒界人士的微博以影响力见长，而体育界人士关于举国体制的评判则颇有现身说法的意味，其观点引经据典，更有说服力。华南师范大学教授、博士研究生导师卢元镇在伦敦奥运会前后共发表了 13 条微博探讨举国体制，作为一名资深的体育社会学家，他对举国体制的认识和评判发人深思。如 2012 年 6 月 16 日卢元镇发表的微博："一方面竞技运动需要政府给予特殊的支持和资助，一手扶植起来了精英竞技；另一方面政府对竞技运动实施干预有了来自'民族''国家'的借口；于是就建立起了国家垄断性的精英竞技管理体制，就是举国体制，经过近三十年的运作，这个体制，成了一块烫手的山芋。"他还以学者的视角为举国体制追本溯源："有人说举国体制是学习苏联的遗留物，错！苏、俄从来没有建立过由政府出资的长期集训的国家队制度。有人说它是中国的首创独创，更错！它的鼻祖当属 30 年代德国的希氏。他采用政府高度集中的体制，在 1936 年在第 4 届冬奥会上让德国队战胜了美国，4 个月后的夏季柏林奥运会上又大胜美国，称雄于世界。"①

值得一提的是，微博中关于举国体制的讨论，其传播范围绝不仅仅局限于微博，新华社、《人民日报》、各大新闻门户网站以及其他传统媒体，开通专栏、版面或专题讨论举国体制，还引发了包括体育管理者、体育学者、体育迷在内的诸多国人重新关注、思索举国体制。

（二）伦敦奥运引发微博上的关于体育精神的讨论

2012 年 8 月 13 日伦敦奥运会闭幕式在伦敦碗举行，国际奥委会主席罗格致辞称"这是一届快乐的奥运会"。伦敦奥运会不乏快乐，但奥运会举办的前前后后也充满了争议。国际奥委会在《奥林匹克宪章》"奥林匹克主义的原则"条款中有这样一段话："每一个人都应享有从事体育运动的可能性，而不受任何形式

---

① 卢元镇．新浪微博"真实的卢元镇"．http：//weibo.com/u/2734747685.

的歧视，并体现相互理解、友谊、团结和公平竞争的奥林匹克精神。”奥运会旨在传播奥林匹克精神，但伦敦奥运会的诸多争议不断地挑衅着奥林匹克精神。国际奥委会前主席萨马兰奇曾经说过，媒体是一届奥运会是否成功的最终评判者。时过境迁，今非昔比，随着微博的广泛应用，评判一届奥运会成功与否的话语权不再为媒体垄断，广大的体育爱好者和网民更有资格，也有能力和条件借助微博来评判奥运会。在7月28日伦敦奥运会开幕式期间，新浪微博在线人数超过2 400万。截至28日16时，新浪微博上发布奥运微博条数达1.2亿次，信息量相当于133本《红楼梦》，有240万条奥运微博发自东道主英国。[①] 截至8月13日8点，新浪微博上有关奥运的话题共有3.9亿条，微博真正成为奥运会的第一交流平台。[②]

总体而言，伦敦奥运会固然是成功的，但这不能掩盖其中的许多问题。尤其在微博等自媒体、社交网络高度发达的今天，成功之处被人们认为理所当然，纰漏之处可能被无形放大，引人诟病。伦敦奥运会从筹办工作到比赛过程，从开幕式到闭幕式，从场内到场外，暴露出了许多问题，诸如安保失当、黑市门票交易、座位倒塌、羽毛球消极比赛、英国队多次重赛、朝鲜国旗错挂、升旗方式争议、证件乌龙等，引发了人们关于奥林匹克精神、体育精神的争议，甚至引发国际政治纠纷。这其中，涉及中国选手的争议，自然会成为微博上的热点话题。

中国游泳队16岁的选手叶诗文在女子400米个人混合泳决赛中打破世界纪录，她成绩超过世界纪录1秒多，比自己最好成绩快5秒，最后50米的速度比获得男子400米个人混合泳金牌的美国游泳选手瑞恩·罗切特（Ryan Lochte）还要快。在赛后的新闻发布会上，很多西方媒体记者开始就兴奋剂话题围攻叶诗文。虽然国际奥委会医务委员会主席阿恩·伦德奎斯特（Arne Lundqvist）已经表示，没有理由怀疑叶诗文的成绩不是真的，但美国一位游泳教练和部分西方媒体仍然对此喋喋不休。

“有关叶诗文受到服用兴奋剂指控的消息，成为中国领先微博网站新浪微博上最热门的话题之一，引发了100多万条评论。”[③] 包括体育人士、新闻工作者在内的众多中国网民一边倒地支持叶诗文，谴责西方媒体的偏见。新浪网记者刘峰发表微博：“真想砸场子，西方记者很多咄咄逼人的话题，基本上完全不尊重人了。”体育评论员黄健翔在微博中表示：“叶诗文的成功和某些外国人的兴奋

---

① 新浪成为伦敦奥运网民首选互动观赛平台.http://tech.sina.com.cn/i/2012-07-28/18367440021.shtml.

② 新浪微博开创奥运新时代.http://2012.sina.com.cn/z/weibolondon.

③ 席佳琳.中国网民为叶诗文辩护.http://www.ftchinese.com/story/001045791.

剂指责，让国人一喜一怒。对那些‘有罪推定式’提问，应坚决拒绝回答，因为这样的提问本身已经侵犯他人尊严。”

用户在这些微博平台上发表了数百万条有关奥运会的话题，其中大部分与主流媒体相呼应，即对中国运动员的出色表现给予掌声和祝贺，尤其是获得两枚游泳金牌的叶诗文。在主流媒体报道了西方教练和记者所声称的叶诗文掺杂了民族主义热情后，网民在新浪微博上发表了无数篇充满愤怒的文章来反击西方媒体的指控。[①] 网友对于这一事件的看法不局限于体育层面，甚至上升到了政治角度。“西方媒体攻击叶诗文的唯一动机是因为她是中国人!”一名取名 AC Lao Shen 的博客作者在新浪微博上写道。“那是西方媒体对中国成功的真实态度，典型的酸葡萄!”Nanxi Yujiao 写道。中国负面形象的严重程度让许多中国人震惊。在海外的中国学生和游客往往觉得，他们国家在西方被妖魔化和误解了。[②]

菲尔普斯狂揽 18 枚奥运金牌，被西方媒体奉为英雄；一个中国女孩打破世界纪录，却饱受质疑。奥运会是集体育精神、民族精神和国际主义精神于一身的世界级运动盛会，象征着世界的和平、友谊和团结。和平、友谊、团结就是奥运精神。在这里，奥运精神却被质疑、嫉妒、污蔑所替代。幸好，如今掌控话语权、控制舆论风向的不再是几家强势的西方媒体，全球网民都可以通过微博发出自己的声音，表明自己的立场，明辨是非，明白事理。

四、微博的体育组织传播

鉴于微博显著的传播效果和日益增强的影响力，微博早已不限于个人用户注册使用，许多机关单位、企业团体注册使用微博，宣传品牌，推广业务。微博的传播特性使微博平台兼具即时营销、品牌宣传、公关传播和客户管理四个角色。

微博不同于组织单位的官方网站，网站虽连通于互联网，但作为个体本身却是孤立的。而微博一经注册使用，即作为一个节点存在于微博网络当中，一旦被关注，关注者无须特别访问，就可以在本人微博上看到他人发布的信息。所以，再热门的官方网站，也无法兼具或者替代微博的作用。

微博平台的出现为各行各业带来了全新机遇和挑战。通过这个平台，企业可以进行互动营销、品牌传播、与自己的客户进行沟通、提供客户服务等等，且近乎是“无本之利”。因此，大量企业开始进驻到微博平台。以新浪微博平台为例，目前企业入驻量已经超过 16 万，主要分布于 22 个行业。根据《财富》报

---

① CNN. Forget Twitter，in China it´s the Weibo Olympics. http：//tech. sina. com. cn/i/2012 - 08 - 02/21217460092. shtml.

② 席佳琳．中国网民为叶诗文辩护．http：//www. ftchinese. com/story/001045791.

道，有143家500强企业开通新浪微博，占总数的29%。国内方面，共207家中国500强企业开通新浪微博，占比达41%；1 060家外国企业开通新浪微博，其中，美国企业208家，位于国外企业微博榜首，日本以178家企业入驻排在第二，另外有194家企业在开通微博账号时选择地点为“海外”，未标明具体国家。[①] 在政府机关开通微博方面，据新浪微博统计，截至2013年上半年，新浪认证的政务微博账号已超7.9万个，发博总数超过6 000万条，被网友转评总数约3.6亿次。

不仅企业、政府机关，体育领域的各体育组织、单项体育协会、体育团体、体育赛事组织方及其工作人员也顺应时势开通微博。网民也越来越乐于通过微博而不是通过登录新闻网站或官方网站来关注喜欢的运动队、体育俱乐部等体育组织。原因也不难理解，新闻网站上的体育新闻五花八门，应有尽有，却不一定是你喜欢的；官方网站的新闻给人呆滞刻板的印象，不如微博来得轻松活泼。Iabuk网站进行了一项调查发现，使用社交网络来关注他们喜爱的体育队伍的用户在过去一年（2011年）从13%翻了将近一倍到21%，Twitter是体育粉丝们关注运动员和足球俱乐部尤其热门的场所，而像Facebook那样的网站则多被用来实时讨论比赛。另外有35%的用户认为他们更可能在社交网络上对自己喜爱的体育品牌有更积极的态度，每10个体育粉丝中有4人愿意参与社交网络上与体育内容有关的品牌推广互动活动。[②]

体育组织是一种社会机构。它是人们为了合理而有效地达到发展体育运动、正确引导体育运动、严格控制体育运动的目标，有计划有组织地建立起来的一种社会机构。[③] 目前体育组织的微博大致可以分为三类：一类是各级体育行政部门、体育官方组织、体育单项协会在微博网站开通的微博，如“中国足协竞赛管理部”“CFA新闻办”“昆明市足球协会”“中国奥委会官网”“DFB_ Team（德国国家足球队官方微博）”；一类是以赛事为中心的体育赛事主办方、承办方、组织者开通的微博，如“中国足协杯”“意大利超级杯组委会”“中网ChinaOpen”；一类是体育俱乐部或与体育产业相关的企业单位及其工作人员出于工作需要开通的微博，如“广东体博会”“广州恒大足球俱乐部”“青岛中能官方微博”“拜仁慕尼黑中文网站”。

（一）体育组织官方微博

当前上述体育组织微博的经营状态参差不齐。一般来说，官方意味浓厚的体

---

① DCCI互联网数据中心．2012中国微博蓝皮书.

② Iabuk. Sport consumption on social media doubles. http：//www. iabuk. net/news/sport-consumption-on-social-media-doubles.

③ 吕树庭，卢元镇．体育社会学教程．北京：高等教育出版社，1995：199.

育组织微博少有更新，暮气沉沉，粉丝寥寥可数。如在新浪微博开通的“昆明市足球协会”，经新浪认证为“昆明市足球协会官方微博”，但只有2011年1月4日发布的一条微博：“昆明在足球路上还有哪些不足欢迎大家多提宝贵意见。”之后再无更新，时隔两年后才发布第二条微博。

但此类体育官方组织的微博，因其信息源的垄断、权威等原因，发布的部分信息颇有新闻价值，也不容忽视。这里有一个特别的例子：2011年1月10日，国内知名专业体育报纸《体坛周报》第2 290期刊载了特派记者邵峰关于国家队主教练高洪波的新闻采访报道——《卡塔尔人没有退路，但我们更喜欢挑战!》。（图7－3）高洪波接任国家队主教练以来很少接受媒体采访，更别说独家专访，因此本期《体坛周报》在头版和A4版重点推荐的独家专访尤其吸引读者眼球，整篇采访报道采用一对一的对话体写作方式，言之凿凿。《体坛周报》的竞争对手、另一家知名专业体育报纸《足球》与中国足协有合作关系，身为国家队主教练的高洪波接受《体坛周报》的独家专访而置《足球》不顾，似乎并不妥当。当天16时5分，中国足协在新浪微博注册的“中国足球队”更新了微博：球迷朋友大家好！目前我们正认真准备和卡塔尔的比赛，我们发现《体坛周报》记者邵峰发表了对高洪波的独家专访，经核实没有此事。自到多哈以来，高指导没接受过任何国内媒体的专访，我们呼吁媒体的报导要客观真实，不要无端炒作，以免影响队伍的备战。再次感谢广大球迷和媒体对国足的支持，我们会竭尽全力!（图7－4）

这则微博等同于宣布《体坛周报》的采访报道是假新闻。

图7－3　2011年1月10日《体坛周报》头版和A4版

（二）体育赛事微博

以赛事为中心的体育赛事主办方、承办方、组织者开通的微博，通常在赛事期间更新频繁，微博内容包括赛事筹备、票务信息、赛事播报、运动员状况、比赛花絮、与粉丝互动等项目，有时还举行赛事比分竞猜等有奖活动，调动粉丝的积极性，利用微博特有的传播优势进一步吸引眼球。这类微博旨在吸引球迷关注，引导球迷观赛，回馈赛事赞助商，传播赛事品牌。但是此类体育微博的更新明显受赛事的周期性影响，赛事举办期间门庭若市，赛事间歇期即随之沉寂。

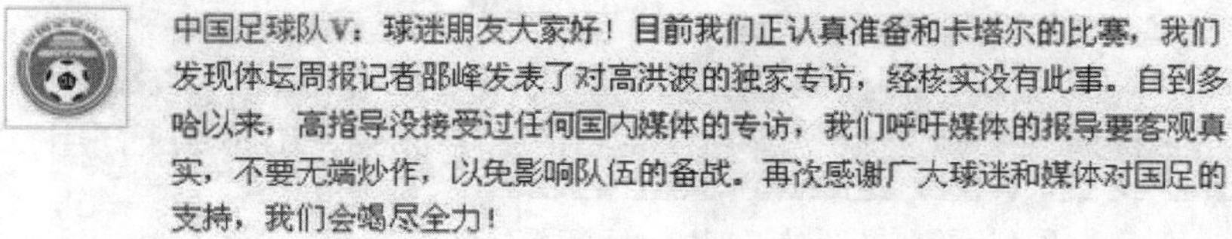
中国足球队V：球迷朋友大家好！目前我们正认真准备和卡塔尔的比赛，我们发现体坛周报记者邵峰发表了对高洪波的独家专访，经核实没有此事。自到多哈以来，高指导没接受过任何国内媒体的专访，我们呼吁媒体的报导要客观真实，不要无端炒作，以免影响队伍的备战。再次感谢广大球迷和媒体对国足的支持，我们会竭尽全力！

图7－4　中国足协在新浪开通的“中国足球队”微博于2011年1月10日16时5分发布的微博

2012年意大利超级杯赛在北京国家体育场举办，意甲联赛的尤文图斯队和那不勒斯队于8月11日移师北京一决胜负。这场比赛不是一般的足球商业比赛，而是每年一度的由意大利足球甲级联赛冠军对阵意大利杯冠军的足球锦标赛，赛事在北京举办是出于开拓中国市场的考虑，所以赛事的品牌传播和票务营销至关重要。意大利超级杯组委会在新浪微博、腾讯微博、网易微博等注册了“意大利超级杯赛组委会”“意大利超级杯赛”等微博，以推广赛事品牌，营销票务，普及意大利足球文化。其中，意大利超级杯组委会在新浪微博开通的“意大利超级杯赛组委会”共发布微博251条，粉丝11 107个，新浪微博共有88 623条“意大利超级杯”相关原创微博，280 296次讨论。组委会在腾讯微博开通的“意大利超级杯赛”共发布微博55条，粉丝350 183个，涉及“意大利超级杯”的话题共620 640条，原创微博19 569条。（图7－5）

图 7－5　腾讯微博“意大利超级杯”话题下的微博

（三）体育机构微博

商业性质的体育俱乐部及其附属机构的微博可统称为体育机构微博，这类微博较为活跃，更新频繁，粉丝众多，如“广州恒大足球俱乐部”“AC 米兰足球俱乐部”“拜仁慕尼黑足球俱乐部”等。体育机构微博一般为相关体育机构长期经营，发布较多关于体育机构的信息，举办各种有奖转发活动，注重与粉丝的互动交流。体育俱乐部及其新闻机构的微博还特别注重与新闻媒体单位、体育记者的交流与合作，在体育新闻报道方面互惠互利。一些职业体育俱乐部的微博发布的信息，有时还具有较高的新闻价值。广州恒大足球俱乐部于 2012 年先后发布过处罚球员和教练员的处理决定，都是通过官方微博公布的。微博里一一列举关于处理决定的文字说明、文件扫描件，链接官方网站，球迷、体育媒体一目了然。

第三节　体育微博传播的问题与对策

一、体育微博传播存在的问题

（一）微博的可信度问题

微博内容的可信度问题并非是其独有的缺陷，事实上这是网络媒体的通病，其症结归根结底在于互联网作为新闻媒体过于强化其传播快速即时的优势，造成信息传播过程中的把关环节缺失，同时也与管理部门的监管滞后、个别网友散布不实言论有关。片面追求传播速度，忽略信息把关，造成微博上虚假信息、谣言和不良信息泛滥，使微博传播信息的可信度备受质疑，甚至威胁到微博的生存。饭否等微博网站被关停整改就是前车之鉴。

另外，互联网信息安全无法得到严密的保障，也给作为传播媒介的微博留下了隐患。美国当地时间2013年4月23日，美联社（AP）的官方Twitter账号被盗，并发布了一则“突发新闻”：“白宫发生两起爆炸，奥巴马受伤。”该消息立即在美国资本市场引起恐慌，并持续了几分钟。纽约股市道琼斯工业平均指数随之大跌约150点；标准普尔500种股票指数和纳斯达克综合指数也出现较大跌幅；纽约油价也跟随下跌；与此同时，投资者涌向风险较低的国债市场，致使美国国债价格上扬。虽然美联社很快撤掉了这条消息，并表示其Twitter账户遭受黑客攻击，关于白宫遇袭的消息是假的，但由此造成的恶劣影响无法挽回。

一项对24 000名北美地方媒体用户的调查结果显示，在回答“最信任的媒体”这个问题时，45%的人选择电视，20%的人选择报纸，18%的人选择广播电台，而选择数字媒体和社会化媒体的只有13%和4%。[①] 这里的“社会化媒体”即社交网站，在美国，Twitter与Facebook都划归这类网站。无独有偶，美国南加州大学安纳堡学院数字未来中心主管杰夫·科尔（Jeff Cole）的研究调查表明，四分之三的美国网民将互联网视为获得信息的重要来源，但是多数人认为在线信息并不可靠；有15%的美国网民认为，只有少数在线信息值得信赖；7%的网民质疑他们在互联网上获得的绝大多数信息。相比之下，网民更加信赖政府网站和大型媒体，79%的受访者认为他们从政府网站中获得的信息是可靠的。[②]

显然，虽然人们已经广泛地使用微博等社会化媒体获取信息，甚至在生活工作中已经离不开微博，但人们对其传播信息的真实性仍然存疑。这也是微博作为新闻媒体长远发展的障碍所在。

（二）体育微博的伦理问题

自由、开放和共享是互联网的核心精神，但任何事情如果把握不好度，就会造成过犹不及的后果。博客、微博等“自媒体”赋予了网民媒体的权限，但无

---

① Triton Digital. Survey finds that consumers trust traditional media more than digital. http：//www. editorandpublisher. com/TopStories/Article/Survey - Finds - that - Consumers - Trust - Traditional - Media - More - Than - Digital.

② 中文互联网数据资讯中心．美国南加州大学：调查显示美国网民更信赖政府网站和大型媒体. http：//www. 199it. com/archives/20363. html.

论是政府还是行业，都没有一套令人信服、方法得宜的制度来规范、约束网民在互联网上的言论。体育微博同样存在这个问题，且不说普通网民良莠不齐，个别人利用微博进行人身攻击、语言谩骂，即便是被万千青少年奉为偶像的知名运动员的微博，也偶有恶劣的言语爆出，造成种种负面影响。中国女足球员袁帆、山东鲁能队球员买提江、南昌衡源队主教练朱炯、中国国奥队主力门将王大雷都曾在微博中谩骂球迷，言语之污秽令人瞠目。

其中，王大雷微博谩骂球迷事件发生在2010年广州亚运会期间，影响十分恶劣。2010年11月8日，国奥队在亚运会第一场比赛中0比3惨败日本，首发出场的中国队守门员王大雷由于对失球负有责任成为球迷攻击的对象，许多球迷到王大雷微博上谩骂。11月9日12时54分，王大雷发布微博称："你们啊也就这点×[①]能耐，说你们是球迷真的都抬举你们了，×××××××，我从来不回避我想说的东西，中国足球就是有了你们这群××才是影响进步关键，落井下石，说的东西能不能有点创意，有点真实性好不好，不懂全在那装懂，不服你们可以来找我，别××像个娘们似的在背后指手划脚。"13时37分王大雷又发布一条微博，"我从来不回避我的话语，你们这些没有能耐的狗男狗女，怎么你们又想出来主持大局，可惜你们的智商有点过低，真的为你们感到惋惜，你们错了，看到鬼话我从来不会急，想来看我的笑话，呵呵你们又错了，我根本不在乎，少在我这说你们有多么地爱足球，因为你们真的不懂足球，回家数数足球有多少个皮子，再回来吧。"

时值广州亚运会期间，中国足球国奥队是广大体育迷和媒体关注的焦点。王大雷的微博在短时间内被转载，吸引了无数网友转发、评论；而且，绝大多数网友是在骂他。当天下午国奥队在广州大学城华工体育场训练，备战与吉尔吉斯斯坦队的小组赛。训练结束后，王大雷面对众多记者声称："我不是很在意这件事儿，无所谓，我也没说什么脏话，你觉得哪句话脏?"他显然低估了微博的影响力。当天下午15时40分，王大雷又发了一条微博，这次他将矛头指向了足球记者："出来得还挺快，呵呵。听说中国的职业足球记者有7 000余人，我估计得有4 000人跟足球有仇，没这个必要吧。我再说一遍，我说的不是全部的球迷不好，球员怎么就不是人了，受到人身攻击就不能说话了，我真不明白了，我又不是蜘蛛侠，被进球就××，扑出去还××，我真的怀疑你们是不是天天工作压力大来我这撒气的了。"

王大雷的这几条微博，不但伤及球迷，还将矛头指向体育记者，造成了极其

---

① 原文脏话用"×"代替。

恶劣的影响。运动员参加亚运会，适逢主场办赛，本是展示中国体育健儿和中国体育良好形象的机会，争取运动成绩和精神文明双丰收，但王大雷完全无视自己亚运会中国代表团成员的身份，赛事期间在微博上爆出污言秽语，不仅损毁了自身声誉，也毁坏了中国足球的声誉，在社会上造成了不良影响。中国体育代表团不得不召开专门会议和新闻发布会处理此事。

遗憾的是中国的运动员并没有从王大雷这次微博事件中吸取教训。2011 年 9 月8 日，2012 年伦敦奥运会女足预选赛亚洲区决赛，中国队以 0 比 1 不敌澳大利亚队，基本无缘伦敦奥运会。就在全国上下一片痛惜和反省，主教练李霄鹏以及韩端等队员都表示要养精蓄锐，争取打好最后一场与日本队的比赛的时候，中国女足主力后卫袁帆于 9 月 10 日凌晨在网上发微博。当时就有两名网友在微博评论中质疑她为什么这个时间还不睡觉，还让其反思输球责任。遭到质疑，袁帆在 00：35 到 00：41 之间，一连发了 7 条微博进行回击，语言非常出格，不堪入目。[①]

（三）运动员微博的新闻价值缺失问题

《中国 SNS 和微博用户行为研究报告》的调查显示，57.6% 的用户使用微博的目的是“记录心情或生活经历”。这表明，对于大多数普通微博用户来说，微博作为社交网络的“社交属性”日渐彰显，而作为信息传播的“媒体属性”却不显著。理想情况下的“所有人对所有人”传播的微博，局限为“自己人对自己人”的人际传播模式。

大部分的运动员微博与草根微博在写作动机和本质上没有多大区别，在微博中叙述自己的生活琐事，或者简单几行字交代一下比赛行程，跟网友打个招呼，即便记述平日训练的内容，也并无多大新闻价值。各个体育项目明星运动员，微博粉丝多者以千万计，他们在微博上的只言片语会引起粉丝、体育迷和新闻媒体的强烈关注。但对于绝大部分的运动员微博来说，开通之初网友可能会因为新鲜感而关注浏览，倘若日复一日、年复一年微博的内容都是关于吃喝、自拍之类的生活琐事，网友迟早会失去兴趣。

二、体育微博传播的对策与建议

（一）新闻传播层面：体育媒体新闻传播的新平台

网络媒体日渐兴盛已是不争的事实，传统媒体对此也早有应对，报纸、广

---

① 刘淼．球员微博骂球迷：王大雷骂人是狗　袁帆连发 7 条．http：//sports. cn. yahoo. com/ypen/20110910/580716_1. html.

播、电视几乎都拥有电子版或网站、在线直播；每逢新的网络技术应用出现，传统媒体尤其是纸媒总会亦步亦趋地“屈尊移驾”新平台，从网站到电子版，从博客到微博……

1. 传统媒体积极进驻微博

目前传统媒体还拥有新闻资源和新闻内容层面的优势，在新闻传播领域“内容为王”的规则不会改变，这一点无论是对传统媒体还是网络媒体来说都是一样的。“优质的内容必将是最终的主导；而优质的内容，优质的文化，应该是通过不同形式获得价值认可。”[①] 另一方面，随着国内微博用户群体不断扩大，重大突发事件的发布和传播速度已经大大超过传统媒体，因此越来越多传统媒体已经开始利用微博寻找新闻源，并对自身进行宣传推广。

2011 年，媒体微博快速发展，在新浪微博开通微博的媒体账号数从 2011 年 1 月的 2.1 万增长到 12 月的 7.9 万；其中，媒体机构账号占 14.7%，媒体人账号占 85.3%。同时，粉丝数也近似直线增长，截至 2011 年 12 月底粉丝数已经突破 1.2 亿，超过新浪微博用户总数的 1/3。[②] 截至 2012 年 12 月 27 日，在新浪微博平台经过认证的媒体微博（包括媒体机构和媒体个人）已达 110 166 个。[③] 令人意外的是，开通微博最多的媒体并不是占尽天时地利的网络媒体，而是被视作网络媒体竞争对手的传统媒体。报刊、广播、电视、通讯社等以新闻单位开通的微博占了媒体类微博总数的 79%。（图 7 – 6）

体育领域的媒体账号纷杂，无法具体统计。统计新浪微博“媒体汇”中电视类“电视栏目”，其中“体育类节目”有 93 个；“媒体汇”杂志类微博中体育杂志微博有 36 个；体育类电台频率微博有 6 个；体育类的报纸（含机关报、都市报、专业报）共 13 个。截至 2012 年 10 月 1 日，上述获得新浪微博官方认证的体育类传统媒体机构微博共计 148 个。据人民网舆情监测室发布的《2012 年新浪媒体微博报告》统计，在所有媒体人开通的微博中，体育媒体微博占 1%。事实上，仍有不少最新认证或尚未认证的体育类传统媒体微博，另外也有许多体育类传统媒体微博尚未被新浪微博编辑划归入“媒体汇”分类，所以体育类传统媒体机构的微博的实际数量远远大于上述统计数字。

---

① 孙冕 .《新周刊》与传统期刊的数字化之路 . 传媒，2007（5）.

② 新浪微博数据中心 . 2011 年度媒体微博研究报告 .

③ 人民网舆情监测室 . 2012 年新浪媒体微博报告 .

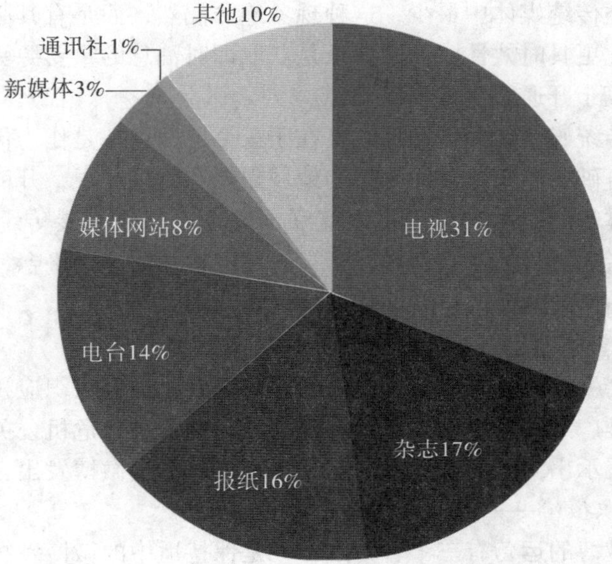

图 7-6　新浪微博媒体机构类型分布图①

新闻媒体的多样性和传播渠道的多元化使得媒体对舆论的表达与引导发挥着越来越重要的作用。尽管网络技术发展迅速，但传统新闻媒体作为现代社会最重要的信息载体，应该彰显媒体的职业精神，客观、公正、准确地进行报道，还原事实真相，及时、正确地引导舆论。② 传统媒体进驻微博，将更为严谨的新闻内容注入互联网，有利于净化微博上体育新闻传播的舆论环境。

2. *微博弥补传统媒体新闻源和传播效果反馈的不足*

与新媒体相比，纸媒的记者编辑，甚至是总编辑，都缺乏精确的读者行为数据作为后台支撑。对一个信息源如何进行处理，处理到什么时间为止，会影响到多大范围的受众，这完全有赖于新闻从业人员的经验判断。而新闻产品生产之后，覆盖到哪些受众，反馈如何，这也只能通过报社偶尔的市场调查，从零碎的信息中获取相对清晰但仍然是十分模糊的概念。③ 在网络媒体出现之前，在缺乏对比的情况下，传统媒体的这些短板无人在意；网络媒体、新媒体出现之后，传统媒体就相形见绌了。在上文相关统计中，开通微博的传统媒体机构和媒体人的数量多于网络媒体，而媒体机构中杂志账号数量高于报纸和电台，媒体人中杂志

① 人民网舆情监测室．2012 年新浪媒体微博报告．

② 王伟．浅议新媒体时代中国环境新闻报道特点——从 PM2.5“成名”说起．新传媒，2012（2）：43.

③ 王晖辉．纸媒转型三大难题的思考．中国记者，2012（10）．

账号数量在四类传统媒体中最少，这种现象绝非偶然，而是有其必然性：报纸的信息与杂志相比更具时效性，而微博正是获取即时消息的重要源头，因此报纸媒体工作者更热衷于开通微博寻找新闻源。

微博之于传统媒体新闻传播的意义在于三个层面：一是作为传统媒体新闻传播的新平台，打破传统媒体新闻传播的地域限制和物理局限，开辟新的互联网渠道，将传统媒体的传播内容全面推向互联网受众；二是拓展传统媒体新闻源渠道，媒体从业者通过微博寻找新闻线索；三是通过微博这一平台，更为直观地收集受众的反馈信息，从而改进新闻传播的内容和形式。

（二）形象塑造层面：体育组织和个体善用微博

微博是一个受众广泛、免费开放的新媒体平台，体育组织应积极主动利用这个平台，宣传推广组织的纲领、宗旨、赛事、活动，进行危机公关，与广大体育迷展开互动，展示出组织的亲和性。运动员则可以通过微博发出自己的声音。

1. 体育组织微博——融入大众的传播

体育组织微博的运营有三个着力点：一是保持适中的微博发布频率；二是微博内容活泼亲和；三是注重与组织成员、粉丝的互动。

体育组织首先要保持适中的微博发布频率，借此激发微博的活力，保证微博内容的时效性。据统计，微博发布以每天 10～20 条为宜。微博的发布也要避免让粉丝产生刷屏的感觉，所谓过犹不及，频繁的刷屏很可能导致粉丝取消关注。微博发布的时间段也应特别关注。微博开始活跃是从一天的早上 8 点钟左右开始，在 10～12 点达到一个峰值，然后是下午 2～4 点，晚上 8～12 点信息的发布量相比其他时段也较多。晚上 12 点过后信息发布量急剧下降，约在深夜两点之后到达冰点。由于人们登录微博的次数因为习惯不同且带有随机的性质，在活跃度较低如早上 7 点发布的信息，很容易被淹没在随之而来的发布频率迅速增加的信息潮中。选择活跃度较高的时段发布信息，也更容易得到转发和进一步的传递。①

其次，微博的内容要活泼耐读，有亲和力，恰当地使用图片，图文并茂，增强粉丝对微博内容的认知感。每一条微博可以通过标题归类，方便粉丝分辨和阅读。用话题模式“#”加在标题两边，形成一系列的话题微博，更容易在微博里传播，也便于粉丝进行检索，持续关注同一话题。组织微博的经营管理，要注重细节方面的把握，譬如引述他人微博内容，最好注明内容来源，一来表示对原创者的尊重，二来也加强了与其他微博的友好互动。

---

① 胡卫夕，宋逸．微博营销：把企业搬到微博上．北京：机械工业出版社，2011：103．

再次，体育组织微博可调动组织成员使用微博，转发他们微博中有关组织事务的内容，使作为组织的微博具体化，增强微博的人情味。微博的一个重要特征就是互动与反馈。微博要想得到粉丝的认同，仅仅向粉丝展示自己的内容是远远不够的，还应该展示出善于倾听的姿态，重视受众的信息反馈。体育组织微博与粉丝的互动，也可以借鉴商务微博运营的经验，譬如通过有奖转发等活动刺激粉丝评论转发，扩大微博的传播力。

广州恒大足球俱乐部在新浪开通了官方微博“广州恒大淘宝足球俱乐部”，微博拥有807多万粉丝，累计发表3 306条微博。该微博发布的内容涵盖了恒大队的比赛信息、比分播报、球衣售卖、票务信息、赛事宣传海报等方方面面，微博与恒大俱乐部的工作人员、体育媒体官方微博、体育记者微博、赞助商耐克公司的微博、中国足协的官方微博开展了广泛的互动转发，达到非常理想的传播效果。广州恒大队2012年亚冠联赛小组赛客场输给武里南联队当天以及翌日(2012年5月15日和16日)，“广州恒大足球俱乐部”一词在微指数数据统计“热议度”一项的指数高达8 476和9 583；2013年11月9日，广州恒大夺得亚冠联赛冠军之后发布的一条微博：“我们是亚洲之王!”获得20 608次点赞，46 371次转发，14 368条评论。

2. 运动员微博——报道自己的新闻

新浪微博曾为中超联赛球员编辑制作了一个“微博时代球员的假期生活”的专题，专题按语是：“越来越多的球员使用微博，他们也渐渐地习惯于将自己的生活展示给大众，与球迷分享他们难得的假期生活。这样在球员的冬季间歇期，我们也就可以在了解他们未来一年的转会情况以外，了解他们更为生动的假期故事，这也与他们过去和未来的足球生涯有着千丝万缕的联系。”这一微博专题将中超球员在微博里展示的假期生活归纳为如下几个类型：①欢乐吃喝型；②甜蜜成婚型；③大晒幸福型；④改走“文艺范儿”型；⑤热心公益型；⑥艰苦奋斗型；⑦业余活动丰富型。[①]

能够跻身中超联赛的足球运动员算得上专业体育运动员当中的佼佼者，“名人战略”是新浪网博客、微博运营的一贯战略，只要有这些知名的运动员开通微博，不管他们发布的内容是比赛训练还是衣食住行，微博网站宣传推广的目的也就达到了。上述新浪微博专题策划对中超球员生活类型的归纳，基本概括了当前运动员微博的内容。不难看出，上述七种类型微博，内容大多涉及运动员日常生活，甚至涉及个人兴趣、隐私，与广大球迷最为关注的体育赛事层面相关的信

① 微博时代球员的假期生活. http：//sports. sina. com. cn/j/holiday/index. shtml.

息稀少。

事实上，运动员的价值是在体育竞技中体现出来的，核心价值源于其在所从事的体育运动中取得的成绩。风物长宜放眼量，运动员微博里的只言片语固然也能引起大量球迷粉丝的转发和评论，但归根结底，最能体现运动员微博价值的还是与其从事的体育赛事相关的信息资源。如今关注运动员微博的不仅有球迷，还有体育记者，特定时期焦点运动员的微博，负责相关项目的记者需要时不时关注刷新，以防漏掉微博上透露出来的重要新闻。2011 年底，上海申花队引进法国球星阿内尔卡的消息在国内外传得沸沸扬扬。英国通讯社以“阿内尔卡的中国新征程”为题报道上海申花队与阿内尔卡的签约，引述了上海申花队队员于涛和王大雷在微博里对阿内尔卡加盟的欢迎之词。于涛在微博上写道：“不激动那是不可能的！热烈欢迎我们的新队友！”王大雷则转发了申花官方微博关于阿内尔卡转会的快讯，并在微博上写道：“可以跟阿内尔卡做队友，真的是荣幸啊！”

运动员微博已经成为体育媒体的重要新闻来源。2012 年伦敦奥运会期间，腾讯公司签约运动员共计 200 多名，所签运动队占所有团队的 80%。此外，腾讯还几乎包揽了除张斌外的 30 名体育名嘴和公知。而在海量的冠军资源背后，还有一个接近 600 人的报道团队，包括 120 名前方记者以及 450 名后方编辑，以此支撑快速、海量的采访和报道工作。[①] 这也是新媒介环境下体育新闻报道的特色。微博上的体育新闻报道，运动员微博是不可或缺的一个环节，运动员微博内容不应拘泥于个人生活琐碎，还应注重提高微博内容的新闻价值和传播价值。体育迷和网友，自然也包括体育记者，更希望从运动员微博上获得与体育赛事相关的有新闻价值的信息。

（三）赛事营销层面：体育赛事的微博传播

体育赛事是以体育竞赛为中心的特殊事件，它是为满足人民群众参与或观赏体育竞赛的需要，运动员在规定的时间和地点按照预定的竞赛规程开展的有一定社会影响的竞技性体育活动的总称。[②] 体育赛事营销即把传统的营销原理和过程运用到体育赛事产品以及借助体育赛事本身来营销的非体育产品的营销活动。体育赛事营销活动过程通常包括两方面内容：一是直接向消费者营销体育产品或服务，即体育赛事本身的营销，如比赛门票的销售、纪念品的销售等；二是借助体育赛事对其他企业的产品或服务进行的营销，即作为广告载体的体育赛事营销，如企业赞助、场内外企业广告宣传、赛事无形资产销售等。因此，贯穿体育赛事

---

① 向霜．腾讯鏖战伦敦奥运战术：借力产品独占冠军资源．http：//www.donews.com/original/201208/1406662.shtm.

② 王晓东．体育赛事营销传播．北京：北京体育大学出版社，2011：22.

营销全过程的实质内容理应是一种服务，必定要以服务为价值取向，以满足顾客的需求和欲望为最终目标。①

体育赛事主办方、承办方除了通过票务中介等体育产业公司进行体育赛事营销之外，还可以自主开通微博，以微博这一新媒体为平台进行赛事的营销。微博是一种易操作、低成本而又高效的信息传播工具。通过微博营销，可以以低成本协助非营利性组织实现志愿者管理、内部营销、网上募款、财务公开、分享信息和创造知识等多方面诉求。与其他媒体相比，微博自身的属性决定了它能够成为非营利组织的最佳传播平台。② 体育赛事的微博传播，应囊括以下七个层面的内容：体育赛事理念和赛事品牌、体育赛事资讯、体育比赛微博直播、体育赛事赞助商传播、体育赛事媒体服务、服务观众、微博线上活动。

表 7－1　体育赛事微博传播的内容

体育赛事的微博传播	具体工作
体育赛事理念和赛事品牌	体育赛事的起源、历史、赛制、主题曲、吉祥物、历届成绩、冠军等
体育赛事资讯	原创首发的体育赛事新闻、赛事筹办进程、比赛花絮、转发媒体的赛事报道等
体育比赛微博直播	比赛的文字直播、比赛图片和视频的即时发布、现场观众微博的引述和转发
体育赛事赞助商传播	体育赛事赞助商名称的嵌入、微博图片中的赞助商标识、赞助商产品的推介等
体育赛事媒体服务	微博公示媒体证件办理事宜、现场记者区指引、新闻发布会、运动员资料、转发评论体育记者的微博
服务观众	体育赛事票务销售情况、场馆交通信息、场内观赛指引、电视转播预告、与微博粉丝互动等
微博线上活动	招募体育赛事志愿者、微博转发的门票抽奖、赛事竞猜等微博线上活动

① 侯晋龙．体育赛事营销的本质及营销观念创新研究．北京体育大学学报，2006（5）：597.
② 胡卫夕，宋逸．微博营销：把企业搬到微博上．北京：机械工业出版社，2011：140.

“体育赛事理念和赛事品牌”的传播内容包括体育赛事的起源、历史、赛制、主题曲、吉祥物、历届成绩、冠军等，深入浅出、潜移默化地传播赛事。“体育赛事资讯”应包含原创首发的体育赛事新闻、赛事筹办进程、比赛花絮、转发媒体的赛事报道等。虽然目前大部分体育赛事都有电视直播或网络视频直播，但有调查显示，即便体育迷在电视上收看赛事直播时，也有83%的人表示他们会浏览有关体育的微博，所以“体育比赛微博直播”不可或缺。“体育赛事赞助商传播”旨在维护体育赛事赞助商的权益、履行赞助合同，如在微博文字里嵌入赞助商名称、在赛事图片里暴露赞助商标识等，但应避免过多的直白广告。媒体作为传播者，在大型体育赛事中的重要性不容忽视，体育赛事期间媒体服务的水平影响媒体对整个赛事举办成功与否的评判。除了专门的媒体服务机构，微博上的“体育赛事媒体服务”也可以担负起媒体服务的部分工作。因为如今有许多记者使用微博，体育赛事微博可以通过微博与采访赛事的体育记者建立联系，在微博上公示媒体证件办理、现场记者区指引、新闻发布会等事宜，也可以直接转发评论体育记者的微博，与体育媒体建立良好的关系。“服务观众”包括体育赛事票务销售情况、场馆交通信息、场内观赛指引、电视转播预告等。“微博线上活动”包括招募体育赛事志愿者、微博转发的门票抽奖、赛事竞猜等在线活动，旨在进一步传播体育赛事，调动体育迷和粉丝现场观赛的积极性。

开通新浪微博并实名认证的“特步中国大学生五人制足球联赛”微博是运营较为成功的一例体育赛事微博。五人制足球在我国并未普及，特步中国大学生五人制足球联赛也并非每周都有比赛，但该微博几乎每天更新微博，微博内容绝不拘泥于五人制足球。该微博常设的发布话题有赛事直播、名人名言、球星风采、早安语录、晚安语录、赛事预告、足球纪事、足球也疯狂、球迷加油站等等。该微博的头像和背景都设置为中国大学生五人制足球联赛和赞助商特步的标识，虽然中国大学生五人制足球联赛比赛场次不多，但该微博活力四射，可谓体育类微博的一棵常青树。

（四）体育微博的监管与自律

微博是互联网最新诞生的网络技术应用，在运营过程中存在许多问题，其中最为突出的甚至随时可能危及微博生存的问题就是政府政策监管和行业规范问题。据新华社2012年3月30日报道：国家互联网信息办公室发言人披露，一批传播谣言的互联网站被依法查处。一些不法分子在互联网上无端编造、恶意传播“军车进京、北京出事”等谣言。少数网站违反国家相关法律法规，疏于管理，致使网上谣言传播，造成恶劣社会影响。根据《全国人民代表大会常务委员会关于维护互联网安全的决定》《互联网信息服务管理办法》《互联网新闻信息服务管理规定》等法律法规，国家互联网信息办公室责成有关地方网络管理部门进行严肃查处，电信管理部门依法对梅州视窗网、兴宁528论坛、东阳热线、E京网等16家造谣、传谣，疏于管理造成恶劣社会影响的网站予以关闭。针对新浪和腾讯微博客网站集中出现的谣言，违反国家有关法律法规，造成恶劣影响的问题，北京市和广东省互联网信息管理部门分别对两个网站提出严肃批评，做了相应惩处。两个网站表示要认真落实相关要求，采取整改措施，进一步加强管理。[①]

新浪微博和腾讯微博“从3月31日上午8时至4月3日上午8时，暂停微博客评论功能”[②]。当前中国两家最为强势的微博网站虽然没有跟其他网站一样被关闭，但暂停微博评论的惩处，可谓敲响了微博监管的警钟。

体育领域的假新闻和谣言虽然没有政治谣言那么敏感，但是对于当事人的伤害和恶劣影响同样严重。据有关研究，假新闻出现频率较高的题材多是社会、文化、体育；相对较少的是经济、时政。究其原因，可能与中国当下新闻语境下对不同新闻题材把关的严格程度有关。政经类题材，约束性很强，容不得轻忽，假新闻出现的频率就很低；而社会、文化、体育等领域题材的约束则相对宽松，泥沙俱下，成为假新闻的重灾区，比例高达61%。[③] 百度新闻2011热搜榜之十大假新闻中，就有“李娜怀孕”这一条体育领域的假新闻。

借鉴博客信息管理的经验，对于微博的管理至少应该从政府监管和行业自律两个层面下手。

1. 微博的政府监管

政府层面的监管应当着力于政策法规的约束，弱化行政手段干预。一方面要对微博平台和用户的使用行为与言论进行管理，做到对健康网络环境的保护。2011年12月16日，北京市人民政府新闻办公室、北京市公安局、北京市通信管理局、北京市互联网信息办公室公布了《北京市微博客发展管理若干规定》，并自公布之日起施行。规定中要求“任何组织或者个人注册微博客账号，制作、复制、发布、传播信息内容的，应当使用真实身份信息，不得以虚假、冒用的居民身份信息、企业注册信息、组织机构代码信息进行注册”。这种实名制的规定，可以在一定程度上强化微博用户的责任意识和自律意识，既有效地遏制了微博上的虚假信息、谣言和不良信息，同时又保障了用户的话语权。另一方面，政府层面的监管要起到对微博平台健康发展的扶持和促进作用。这其中的权衡对于

---

① 一批传播谣言的互联网站被依法查处 . http：//news. xinhuanet. com/politics/2012 - 03/30/c_122911337. htm.

② 新浪微博公告 . http：//weibo. com/z/notice20120331.

③ 张涛甫 . 十年百条虚假新闻的样本分析：《新闻记者》“年度十大假新闻”评选十年分析报告之一. 新闻记者，2011（5）：6.

微博的发展具有重要的影响。

2016年12月，国家新闻出版广电总局下发《关于加强微博、微信等网络社交平台传播视听节目管理的通知》，旨在进一步规范互联网视听节目的传播秩序，加强微博、微信等网络社交平台（含微博账号、微信公众号）面向公众传播视听节目的管理。通知规定：利用微博、微信等各类社交应用开展互联网视听节目服务的网络平台，应当取得《信息网络传播视听节目许可证》（AVSP）等法律法规规定的相关资质，并严格在许可证载明的业务范围开展业务。在网络平台上使用微博账号、微信公众号等各类社交应用开展互联网视听节目服务，且已持有《信息网络传播视听节目许可证》的机构，应当按照许可证的各项要求开展业务；未持有《信息网络传播视听节目许可证》的机构和个人使用微博账号、微信公众号等各类社交应用开展互联网视听节目服务，应由网络平台作为该项服务的开办主体，按照视听节目管理的各项要求，对节目内容履行内容把关等各项管理责任，节目范围不得超出平台自身许可证载明的业务范围。网络平台对不符合上述要求的微博账号、微信公众号等，不得为其提供接入服务等技术支持。[①] 另外，通知还对利用微博、微信等各类网络社交平台传播电影、电视剧、网络剧、网络电影、新闻节目、纪录片、专题片、综艺节目等视听节目的行为做出了规定。

2. 微博的行业自律

行业规范方面，目前业内在积极推进行业规范的制定，目的就是形成健康的微博平台环境，保证微博的顺利运营。以新浪微博为例，为构建和谐、法治、健康的网络环境以及自身平台的建设发展，推出了一系列管理规则，例如《新浪微博社区公约（试行）》《新浪微博社区管理规定（试行）》《新浪微博社区委员会制度（试行）》等。虽然这些规则只是在新浪微博自家平台上推广执行，但是已经得到行业内的认可，在向统一的行业规范制定方面迈出了重要的一步。

第四节　微信的体育新闻传播

微信是腾讯公司于2011年推出的一个为智能手机、平板电脑等智能终端提供即时通信服务的免费应用程序，微信支持跨通信运营商、跨操作系统平台通过网络快速发送免费语音短信、视频、图片和文字。另外，微信还提供朋友圈、公众平台、消

---

① 中华人民共和国国家新闻出版广电总局．国家新闻出版广电总局发布微博、微信等网络社交平台传播视听节目的管理规定．http：//www. sarft. gov. cn/art/2016/12/16/art_113_32237. html.

息推送等功能。截至 2014 年第二季度末，微信的月活跃账户数达到 4.38 亿。

一、微信的新闻传播

微信的核心功能是社交工具，早期依靠免费的（消耗少量网络流量）语音通信迅速征服用户，一直到现在，与他人交流沟通是微信用户最主要的目的。“网民在微信上使用较多的内容分别为文字聊天、语音聊天，二者使用比例均在 80% 以上。此外，使用朋友圈的比例为 77%，群聊天的比例为 61.7%，社交因素在微信应用里表现较强。”① 微信的社交功能与新闻传播没有直接关系。与微博相比，微信的核心功能是即时通信和社交，新闻传播的功能较为薄弱。

2012 年，微信推出后来定名的“微信公众平台”。公众平台账号分为三类：服务号、订阅号、企业号。服务号给企业和组织提供更强大的业务服务与用户管理能力，帮助企业快速实现全新的公众号服务平台。企业号为企业或组织提供移动应用入口，帮助企业建立与员工、上下游供应链及企业应用间的连接。订阅号为媒体和个人提供一种新的信息传播方式，构建与读者之间更好的沟通与管理模式。据统计，截至 2014 年 7 月底，微信公众号有 580 万个，且每日新增1.5 万个。

微信订阅号是微信平台上新闻传播的主要渠道。微信平台上，新闻单位、媒体、社会组织、个人可以实名申请订阅号，订阅号传播的内容由申请的组织和个人决定，所以订阅号的传播内容不尽是新闻，也有其他非新闻的商业、服务、知识、娱乐等信息。据统计，“微信用户关注的公共账号中，41.5% 的微信用户会关注媒体类账号，微信是用户获取新闻资讯的一个重要手段”②。企鹅智酷的调查数据与此十分接近，“用户关注微信公众账号的主要目的是获取资讯、方便生活和学习知识。其中获取资讯为微信公众账号最主要的用途，它的比例高达 41.1%”③。

二、微信订阅号的传播特征

（一）由一点到多点的多级传播模式

微信订阅号的信息传播不同于微信中以语音、文字交流的人际传播模式。微信订阅号大多是以订阅号为传播者、以关注用户（粉丝）为受众而进行的一点对多点的群体传播。这种传播模式与微博既有相似之处，也有不同之处。相似之处在于微博和微信都是用户（粉丝）主动关注作为传播者的微博、微信，继而

---

① 中国互联网络信息中心 . 2014 年中国社交类应用用户行为研究报告.

② 中国互联网络信息中心 . 2014 年中国社交类应用用户行为研究报告.

③ 腾讯科技，企业智酷，中国信息通信研究院政策与经济研究所 . 微信的“影响力”：首份微信平台数据化研究报告 . 2015：22.

接收其发布或推送的信息，作为主动关注的受众表现出一定的主动性；不同之处在于微博是一种开放的传播模式，所有注册用户可以通过浏览或他人转发看到非关注微博用户发布的信息；微信订阅号是一种相对封闭的传播模式，只有关注用户才能接收到订阅号的信息，关注用户对订阅号信息的转发也仅限于朋友圈。其他扩散微信订阅号所发布的消息的方式则需要较多操作步骤，如发送给朋友（通讯录中的好友）或在浏览器中打开并在电脑终端上传播。

1940 年，美国传播学者拉扎斯菲尔德提出两级传播理论，认为信息从大众传播媒介到受众，经过了两个阶段，即信息首先从大众传播到意见领袖，再传播给社会大众。微信订阅号的传播模式类似于两级传播，即信息由订阅号推送给关注用户，关注用户再依据信息内容和自己的偏好，决定是否将信息转发到朋友圈。这一传播过程，微信订阅号关注用户的角色类似于两级传播中的意见领袖。不过，微信订阅号的传播远不止从传播者到关注用户的两级传播，关注用户的好友看到关注用户转发到朋友圈的信息，仍然可以转发这条订阅号信息；只要信息内容有足够的吸引力，这条信息可能被多次多层转发，实现多级传播。不难看出，微信订阅号的传播，先是由订阅号这一点传播到多点的关注用户，是为第一级传播；再由关注用户在朋友圈的第二级转发，以及后续的多级多次转发，最终实现由一点到多点的多级传播。

（二）微信平台、移动终端内的封闭传播

微信订阅号从传播渠道到信息内容适用于智能手机、平板电脑等小屏幕的移动终端设备，虽然用户也可以通过个人电脑浏览订阅号发布的信息，但操作步骤略为复杂，订阅号的信息格式也不适合在电脑上阅读。从传播范围而言，微信订阅号的传播局限于微信平台内部；从传播载体而言，微信订阅号主要在智能手机、平板电脑等移动终端传播。

与其他网络应用相比，微信的这种略显封闭的传播模式有其局限性。互联网的发展日益讲求跨平台、跨应用的开放分享式传播，如新闻网页以及各类 App 应用上的信息大都可以分享到微博、微信、社交网络等平台，以期实现传播范围最大化。显而易见，微信的这种局限于微信平台、移动终端内的封闭传播模式限制了信息的传播范围。

三、体育新闻类微信订阅号

虽然公众平台账号数目庞大，并且实名注册，但每一个账号的运营状态不尽相同。据统计，在数百万微信公共账号里面，只有不到 20% 的账号拥有 1 万以上粉丝，而剩下超过 80% 账号粉丝数量低于 1 万，其中不少账号长期弃置，鲜

有信息推送。具体到体育新闻类的微信订阅号，具体数量还不得而知。

（一）体育新闻类微信订阅号的出现

国家互联网信息办公室于2014年8月7日发布《即时通信工具公众信息服务发展管理暂行规定》，“即时通信工具服务使用者为从事公众信息服务活动开设公众账号，应当经即时通信工具服务提供者审核，由即时通信工具服务提供者向互联网信息内容主管部门分类备案。新闻单位、新闻网站开设的公众账号可以发布、转载时政类新闻，取得互联网新闻信息服务资质的非新闻单位开设的公众账号可以转载时政类新闻。其他公众账号未经批准不得发布、转载时政类新闻”。因此，无论是新闻媒体、社会组织用户或个人注册微信订阅号应提供组织机构代码、授权运营书、身份证、个人照片等证明材料，实行后台实名制。虽然相关法规对于发布、转载时政类新闻的公共账号限制严苛，但体育新闻类微信订阅号一般不涉及时政类新闻的发布或转载，因此在内容发布方面较为宽松。

体育新闻类微信订阅号一般由体育媒体、体育组织、体育新闻工作者、体育迷注册，定期或不定期群发体育新闻等资讯。体育媒体注册的微信订阅号如足球报、体坛周报、东方体育日报、网球大师杂志、乒乓世界TTW、CCTV足球之夜、篮球公园、虎扑足球网等，体育组织注册的微信订阅号如拜仁慕尼黑足球俱乐部、阿森纳足球俱乐部、温布尔登网球公开赛等，体育新闻工作者注册的微信订阅号如黄健翔谈、杨毅侃球、超级颜论等。体育迷注册的微信订阅号为数众多，但内容多为转载，原创性不强；在技术层面与其他订阅号对等，事实上传播力和影响力有限。

（二）体育新闻类微信订阅号的写作编辑特点

根据现时微信订阅号的设置，大部分订阅号每天只能群发一次文字、图片、语言、视频或图文消息列表，一个列表最多可以包括8条消息，每条消息可以编辑文字、图片、语音、投票等内容。微信公众平台群发消息的人数没有限制，只能群发给粉丝（关注用户），不支持群发给非订阅用户。

1. 群发消息以图文结合为主

虽然微信订阅号的消息内容可以包括文字、图片、语音、视频、投票等，但大多订阅号对语音和视频的使用较少，偏重以文字和图片编辑消息。为吸引关注用户的眼球，迎合网友快速阅读的习惯，订阅号的发布模板突出图片的选择和运用，每条图文消息必须配有一张封面图片，显示在消息列表和正文当中。(图7－7)有不少图文消息以图片和图表为主，刻意减少文字，尽量节省关注用户的阅读时间，以图片的视觉冲击感吸引用户浏览并持续关注。体育新闻的冲突性特点决定了新闻图片的不可或缺，有的订阅号图文消息中的图片数量达十几张乃至数十张。

图7－7 体坛周报微信订阅号群发消息列表

2. 内容的流行性和文本娱乐化倾向

订阅号非常注重群发消息的内容品质，以期通过核心的内容资源吸引更多的用户更为恒久地关注账号。运营订阅号的编辑团队通常是“80”和“90后”的年轻人，他们深谙网友和体育迷的阅读口味，关注当前社会流行时尚，并且力求将社会中的流行元素注入订阅号上的体育新闻当中，将体育与流行、时尚、影视、娱乐元素融合，达到最大化的传播效果。因此，我们通过订阅号消息知晓体育新闻之余，也会对其中杂糅的幽默段子、流行元素、娱乐八卦会心一笑。另外，订阅号文本中网络流行语大行其道，点开一则订阅号消息，从标题到正文，满屏皆是“你造吗”“小鲜肉”“脑洞大开”“甜死啦”“节操满地”等不规范的网络用语，有的措辞甚至涉嫌不文明用语。不过，这些网络流行语拉近了订阅号与关注用户间的距离，或为年轻网友、体育迷所乐见。

不管你是否认为这种体育新闻编辑方式背离了传统的新闻写作规程，这类订阅号消息的确会吸引更多的体育迷甚至非体育迷关注，越是有着明显的娱乐化倾向的消息，越是有较高的阅读量，博得更多的点赞；而按部就班写就的新闻则备受冷落。

2014 年 8 月 14 日，体坛周报微信订阅号推送了一则消息：【神级科普】能让邓小平典当衣服买门票的比赛究竟是哪一场？时值电视连续剧《历史转折中的邓小平》热播，电视剧第 5 集和第 6 集出现了小平同志与足球相关的内容，体坛周报订阅号以专业体育媒体的态度，考证剧情是否属实。此文图文并茂（15 张图表，2 900 字），既普及了体育历史知识，也把握了当时的流行热点，堪称订阅号体育新闻写作编辑的典范之作。

【神级科普】能让邓小平典当衣服买门票的比赛究竟是哪一场？①

为纪念邓小平同志诞辰 110 周年，48 集电视连续剧《历史转折中的邓小平》目前正在 CCTV1 热播。电视剧反映了 1976 年 10 月粉碎“四人帮”到 1984 年实行全面改革开放的历史，全景式地再现邓小平同志与党和人民一起走过的不平凡岁月。其中，电视剧第 5 集和第 6 集出现了小平同志与足球相关的内容，还原了 1977 年邓小平亮相“工体”观看中国青年队与香港队比赛的一幕。剧中，小平同志在中场休息时去往更衣室看望了比赛双方的队员、教练、官员和裁判员，并出现了如下对白——

“不瞒你说，我 16 岁到法国勤工俭学。我为了看一场足球——当时是阿根廷和乌拉圭比赛——我当时没有钱，我就把衣服给当了。”

那么，是什么样的比赛能让邓小平不惜当掉衣服也要买门票去看呢？比赛对阵双方真如电视剧所言是阿根廷与乌拉圭吗？

1. 这场比赛的举行时间是？

查阅邓小平同志的旅欧年历，我们可以发现：1920 年 10 月，邓小平抵达法国，不久入诺曼底区巴耶男子中学学习。1926 年 1 月，离开法国赴苏联。1927 年春，离苏回国。那么这场比赛的举行时间只可能在 1920 年 10 月—1926 年 1 月间。

2. 这场比赛的性质是？

比赛需要典当衣服去购买门票，门票价格不会太低，肯定是一场重要国际足球比赛，有足够的吸引力，比赛双方应该是两国正式国家队，而非业余队之间的较量。

3. 小平同志看的是奥运会足球比赛？

搜索相关新闻，我们在权威的中国共产党新闻网上看到这么一段介绍：

---

① 体坛周报微信.【神级科普】能让邓小平典当衣服买门票的比赛究竟是哪一场？. http://mp. weixin. qq. com/s? ——biz = MjM5NTE2NDM5Mg = = &mid = 200972320&idx = 1&sn = c98c9f422bfb11f4cd9d38df18b64086&scene = 1&from = singlemessage&isappinstalled = 0#rd.

“1924年，法国巴黎举行第八届奥运会，为了观看足球比赛，邓小平不惜拿出生活费来购买球票。他后来回忆说：‘5个法郎是一天的饭钱，而且看球时坐的位置又最高，连球都看不清楚。’直到晚年，他还清楚地记得那次比赛的冠军是乌拉圭队。”——摘自《党史纵览》杂志。

由此，我们似乎可以推断小平同志看的也许是一场奥运会足球比赛。那么这场比赛是不是在乌拉圭和阿根廷两队间进行的呢?

查阅权威数据，在1920年10月—1926年1月间，乌拉圭队与阿根廷队一共进行了27场正式比赛，比赛地全部为南美城市，并无一场在欧洲进行。

4. 比赛是乌拉圭队VS神秘队?

但是，既然小平同志能“清楚地记得那次比赛（1924巴黎奥运会）的冠军是乌拉圭队”，那么我们也许可以就此推断，他所观看比赛的对阵方之一的确是乌拉圭队，至于另一方，如果不是阿根廷，它是谁?

1924年巴黎奥运会足球比赛一共有意大利、西班牙、捷克斯洛伐克、土耳其、瑞士、立陶宛、美国、爱沙尼亚、乌拉圭、南斯拉夫、匈牙利、波兰、法国、拉脱维亚、荷兰、罗马尼亚、爱尔兰、保加利亚、意大利、卢森堡、瑞典、比利时、埃及23支球队参加，采用单败淘汰制。乌拉圭是其中唯一来自南美的球队，而他们正是在1923年美洲杯决赛中击败了阿根廷，才获得这唯一参赛资格的。最终，在1924年巴黎奥运会上，乌拉圭队一路杀入决赛，获得男足金牌。

通过查询比赛地，可以发现，乌拉圭队有4场比赛是在1924年奥运会主会场奥林匹克体育场进行，剩下一场与美国队的较量在Bergeyre体育场进行。奥林匹克体育场位于巴黎远郊的科隆布，而Bergeyre体育场则位于巴黎市区内的19区。考虑到当时小平同志的经济条件，长途跋涉去郊区看一场足球比赛的可能性有多大呢?而这一场不惜当掉衣服也要看的比赛是发生在乌拉圭队与美国队之间吗?当时已深受共产主义思想影响的他，会不会去看一场有美国人参加的比赛呢?

5. 是否可能是国家队以外的较量?

最后一个疑问是，这场比赛有没有可能不是国家队之间比赛而是一场两国俱乐部的比赛呢?为此，我们请体坛周报南美足球专职记者程征老师核查了阿根廷队及阿根廷五大俱乐部的相关资料，在限定时间段内，只有博卡青年队在1925年前往欧洲打过友谊赛。资料显示，他们期间一共进行了19场比赛，在西班牙打的场次最多，13场，在德国打了5场，在法国只打了一场，且对手因年代久远已不可考。而阿根廷国家队和其他俱乐部队的记录上都没有欧洲行程。

6. 推导到此结束，我们真的尽力了……

《历史转折中的邓小平》的制片方称，此剧“送给各级领导审查的光盘超过一万张”。剧本更是耗时三年打磨，每一句重要台词都经过与当事人和相关文献资料的反复核对，堪称是一部以纪实文献的叙事手法拍摄的电视剧。但，就这一句台词的引申背景而言，我们无法寻找到一个准确的答案。那么，能让小平同志不惜典当衣服也要买票一看的足球比赛究竟是一场什么样的较量呢？这个疑问只能留待读者自己分析了。

【邓小平旅欧年历】

1920 年 10 月，抵达法国，不久入诺曼底区巴耶男子中学学习。

1921 年 4 月，到克鲁梭市施奈德钢铁总厂当轧钢工。月底，辞去工作赴巴黎。7 月下旬，中国共产党成立。10 月，进香布朗工厂做工。

1922 年 2 月，进哈金森橡胶厂做工。1922 年夏，参加旅欧中国少年共产党（次年改名为旅欧中国共产主义青年团，也称中国社会主义青年团旅欧支部）。

1923 年夏，参加旅欧共青团支部工作，开始了职业革命家的生涯。

1924 年，参加旅欧共青团机关刊物《赤光》的编辑工作。7 月，当选为旅欧共青团执行委员会书记局委员，同时转为中国共产党党员。

1925 年春，任中共旅欧支部里昂地区特派员。6 月至 9 月，参与组织旅法华人多次举行的声援国内五卅反帝运动的大规模示威和集会。11 月，进雷诺汽车厂做钳工。

1926 年 1 月，赴苏联，在莫斯科中山大学学习。

1927 年春，离苏回国。

【延伸科普】

邓小平在“工体”观看的是什么比赛？

1977 年 7 月 30 日，北京举办“长城杯”国际足球邀请赛决赛。“长城杯”是“文革”结束后，我国举办的第一次国际足球邀请赛。中国国家队并没有作为一支球队参赛，而是被打散成中国一队、二队和中青队三支球队。

邀请赛于 1977 年 7 月 17 日在京开幕，一共有 12 支球队参加，经过 28 场激烈的角逐，中国青年队、香港队、朝鲜大同江队、中国一队荣获前 4 名。扎伊尔队、伊朗队、摩洛哥队、中国二队、墨西哥自治大学队、埃塞俄比亚队、几内亚二队、日本联队分获 5 至 12 名。

7 月 30 日决赛当天，邓小平令人意外地出现在北京工人体育场的看台上，全场观众起立鼓掌，时间长达 2 分多钟。邓小平也走到主席台前排，连连向观众们挥手致意。这是他第三次复出工作后的首次公开亮相，意义深远！新华社当天在发布这一消息时说，“当邓小平副主席等领导人走上主席台时，全场 8 万观众长时间地热烈鼓掌”。这一刻欢呼的人们或许已经意识到：以后的岁月，中国的命运将和这位容光焕发的老人紧紧连在一起。

据史料记载，这场决赛的最终比分是2比1。中青队在上半场先丢一球的情况下，连追两球，逆转香港队，获得最后的冠军。而球队涌现出来的李富胜、左树声等新星，日后都成为国足主力。

1977年长城杯夺冠的中国青年队大名单

领队：张俊秀

教练员：张宏根、李国宁

队员：李富胜、庞春宁、傅胜利、廖贤木、刘志才、李福宝、陈奕明、欧伟庭、张光莹、王峰、左树声、奚忠康、杨玉民、丁龙发、杨培桓、黄向东、王群发、王建英

此外，电视剧也还原了邓小平同志谈足球的诸多经典语录：

"足球不仅是一种运动，而且是一种精神象征!"

"要卧薪尝胆几十年，通过我们几代人的努力，无论如何把足球搞上去!"

"足球裁判的黑哨要不得!"

"中国足球要从娃娃抓起!"

"中国要派裁判出国学习，培养自己的国际级足球裁判。"

"中国足球要多与国外学习交流，这么大一个国家，足球要搞起来才要得!"

"那个足球不上去，老百姓要骂娘。"

（注：因篇幅所限，原文中的图表删除，文字略有删改）

3. 延展阅读平台，力求内容差异化

传统媒体、网络媒体、体育组织开通的微信订阅号，群发消息多为转载本媒体其他平台已发布的新闻，将既有的新闻传播渠道延伸到微信平台，增加新闻内容和媒体品牌的传播广度。如阿森纳足球俱乐部官方微信，由腾讯微博上的阿森纳俱乐部官方微博认证，同时阿森纳足球俱乐部在腾讯微博、新浪微博都有官方认证的账号；同样情况的还有拜仁慕尼黑足球俱乐部等体育组织。体育组织的微信订阅号大多由组织成员或资深球迷组成的团队运营，有的也交由当地专业体育媒体代为打理。

各类媒体把微信订阅号当作扩大新闻内容和品牌传播的平台之外，还特别注重微信订阅号内容的原创性，展示新媒体内容的特色，力求订阅号内容与本媒体内容的差异化。同时，订阅号也重视与关注用户间的互动，不定期开展线上和线下活动，以抽奖等方式提高关注用户的活跃度。

个人注册的微信订阅号水平参差不齐，国内知名的体育新闻工作者如颜强、黄健翔等人的订阅号发布的资讯内容质量较高，基本为原创的新闻评论，拥有较

多的关注用户和较高的阅读量。大部分个人注册的微信订阅号或拷贝粘贴既有的新闻资讯，或长期弃置，关注用户寥寥无几。

（三）体育新闻类微信订阅号传播与编辑存在的问题

微信作为一个以即时通信和网络社交为主的平台，已经形成了集即时通信、社交、新闻传播、电子商务等功能于一体的相对独立的互联网生态系统。在新闻传播层面，虽然微信公众平台尤其是订阅号为众多体育组织、体育媒体提供了一个较为完善、易于操作的新闻传播平台，但它毕竟是第三方平台，体育组织尤其是体育媒体只能将其作为新媒体阵地上的一杆大旗，而很难将其作为自有媒体平台重点打造。

1. 原创新闻内容较少，内容复制拼凑，逻辑性不强

体育新闻类微信订阅号一般有体育媒体或体育组织择取媒体、官网上的部分新闻信息放到微信平台上推送，几乎没有针对微信订阅号专门采写的新闻。缺少自办媒体、没有原创新闻内容的订阅号推送的新闻大多由二手信息编辑制作而成软新闻，这类新闻的内容系复制其他媒体或引述网友评论拼凑而成，上下文逻辑性不强，片面追求娱乐性。如下列几则某体育新闻类订阅号推送的信息，从标题可见一斑：《讲道理：为什么说最适合棒球运动的星座是处女座》《体坛跨界大神：没拿过诺贝尔奖的球员都不是好影帝》《高洪波下课！国足让我这个有妇之夫 41 天守身如玉》《广州德比：关爱恒大富力女神记者成长协会》。事实上，此类应制而出的与其说是新闻，不如说是以体育作为娱乐噱头的微信订阅号推文，除了吸引球迷眼球博取点击率，没有任何新闻价值。

2. 选题片面追求舆论热点，忽视新闻内容

体育新闻类微信订阅号为了吸引受众眼球，提高阅读量，用尽各种手段和技巧编辑推文，在选题方面极力向网络舆论场的热点新闻话题靠拢，搭上舆论热点的顺风车，提高阅读量，吸纳粉丝。但这种哗众取宠、打擦边球的做新闻的手法，使得编辑人员把重心放在了寻求订阅号营销技巧的捷径上，忽视了新闻内容的价值，难以提升订阅号及其母体体育媒体和体育组织的品牌价值，注定只能在微信公众平台上扮演为他人作嫁衣的角色。

3. 语言杂糅网络流行语，语言文字失范严重

“网络社区的虚拟性、网上发言可隐身的特点，一定程度上降低了一些人的羞耻感，使其表达趋于放纵、粗鄙，以之发泄戾气，或获得某种违禁的快感。”[①]网络语言一直有粗鄙化的特点，体育新闻类微信订阅号也没能避开网络语言鄙俗

---

① 张世平．网络语言唯文明方行远．光明日报．2016－08－07．

化的污染，甚至在一定程度上迎合使用网络流行语，滥用谐音文字、粗制滥造词语、夹杂污染秽语，语言文字失范现象严重。例如某体育媒体的微信订阅号推出的一篇推文，节选部分内容如下："是的，你没有看错。库里今天下午来到了广体。而且是突袭！突袭!! 突袭!!! 全××是套路。这××不科学呀，为啥毫无征兆。某某君当时正在午休，简直是从梦中惊醒，以迅雷不及掩耳盗铃之势来到了案发... 哦不，活动现场。结果等待我的只有一个车屁股。某某君伤心欲绝地刷起了票圈，然后心情就变好了，因为来不及见库里的不止某某君一个（仰天狂笑中）......" 短短162个字符的文字，从遣词造句到标点符号运用，从句型语法到文明用语，错漏百出。

（四）体育新闻类微信订阅号传播与编辑的改善策略

1. 从碎片化阅读和网络流行语的窠臼中脱离出来，突出新闻价值，回归"说人话"常态

"网络语言因其生动、多样、富于表现力，以及与当代生活特别是与青年一代思想感情紧密联系的特点，而受到社会各方面广泛关注和竞相模仿。事物发展中出现鱼龙混杂、泥沙俱下的情况，是必然过程和自然规律，关键是要加强对网络语言的监测、研究，并引导社会规范使用。"① 碎片化阅读的方式和习惯是移动互联网发展初期网友与网络应用相互作用的结果，随着移动互联网生态环境和软件应用的改善，碎片化阅读很可能被摒弃，以网络流行语生搬硬套、缺乏新闻价值的推文终将失去对受众的吸引力。体育新闻类微信订阅号编辑的新闻还是应该把握新闻的本质，为受众提供有新闻价值的资讯，而不是纠缠于网络流行语、娱乐化的窠臼。我们不妨借用网络流行语一言以蔽之——让微信订阅号的新闻回归"说人话"常态。

2. 发挥平台优势，整合体育新闻、电子商务等功能

作为社交网络的衍生功能，微信公众平台关注用户的黏度较强，体育媒体和体育组织应充分利用这一优势，发掘平台的各项功能，加强与受众的互动，将体育新闻与受众反馈、用户调研、电子商务等功能整合到一起，站稳移动互联网时代微信平台这一块阵地。不少体育组织已经将官方网站、购物商城、官方App嵌入公众平台，并将产品营销与新闻传播巧妙结合，如微信订阅号"皇家马德里足球俱乐部""拜仁慕尼黑足球俱乐部"等。

3. 开放微信公众平台，优化消息页面

为打造独立的移动互联网生态系统，微信的所有信息主要在微信公众平台、

---

① 张世平．网络语言唯文明方行远．光明日报．2016－08－07．

移动终端内传播，虽然这两年微信主动开放了一些功能，但总体而言，微信公众平台尤其是订阅号还是比较封闭的；即便是订阅号传播的信息，也只能通过复制链接的方式传播到其他互联网应用中去，这对于意在最大限度传播新闻的体育媒体以及打造品牌、商业营销的体育组织来说，受到了一定的束缚。因此，很多媒体和组织只是把微信订阅号当作移动互联网上标识品牌的一杆大旗，而非占领移动互联网的阵地；体育媒体和体育组织另行投入人力财力打造独立的互联网应用，如新闻客户端、电子商务类客户端、官方网站等。流失了优质的新闻内容传播者，微信平台便无法与体育媒体、体育组织实现真正意义上的开放、共享、合作、发展。微信应进一步开放公众平台的功能和用户权限，优化升级订阅号消息的编辑页面，从战略和战术层面为注册的媒体、组织和个人开拓更为开放和广阔的发展空间。

思考题

1. 中国大陆地区第一家微博网站是哪一家？
2. 世界范围内使用最为广泛的微博网站是哪家？中国大陆地区使用最为广泛的微博网站是哪家？
3. 微博传播有何特征？
4. 如何理解微博以节点为中心聚合交互传播的模式？
5. 思考你关注的体育人士的微博在内容上有何特点？
6. 为什么说微博开启运动员个人的自媒体？
7. 哪些体育新闻工作者的微博更新频繁，粉丝众多？
8. 讨论微博在体育文化传播中的重要性。
9. 体育组织该如何使用微博？
10. 结合实例讨论大型体育赛事微博传播运营的策略。
11. 体育赛事的微博传播，应包括哪些方面的内容？
12. 讨论当前微博体育传播过程中存在的问题。
13. 如何看待传统媒体开通并使用微博？
14. 微博是否会像博客一样衰落？说出你的理由。如何维持微博在互联网上的持久活力？
15. 微信的主要功能是什么？
16. 微信的哪部分应用承载新闻传播的功能？
17. 微信订阅号的信息传播有什么特征？
18. 体育类微信订阅号的写作编辑有什么特点？

第八章　新媒介环境下的重大体育新闻事件报道

2009 年 11 月 4 日，《辽沈晚报》体育版刊载《中国足球近日掀起扫赌风暴》，报道称“中国足坛在本月已经掀起扫赌打黑的暴风骤雨，已经有诸多职业俱乐部工作人员、球员以及圈内人士接受调查”。知名体育评论员李承鹏、郝洪军、黄健翔等纷纷通过各自博客、微博发表评论。此后长达三年多的时间里，中国足坛反赌（或有“足坛反腐”“反赌扫黑”“打假扫黑”等类似措辞）经历了专案组侦查、涉案人员协助调查、刑拘逮捕、受审宣判等数个阶段，直至 2013 年 2 月份中国足协正式公布对涉案俱乐部的处罚方案之后才算尘埃落定。整个事件引起了各类新闻媒体的密切关注和持续跟踪报道，成为这一时期各类媒体体育新闻报道的重要内容。

传播学学者马歇尔 · 麦克卢汉在 20 世纪 60 年代提出“媒介环境”一词，随着新的传媒技术的应用和普及，拜伦 · 霍克认为“现代媒介生态学扩展了马歇尔 · 麦克卢汉关于作为环境的媒介的观念，当新媒体和技术出现的时候，这个环境也在持续地进化”①。麦克马纳斯提出了新的媒介环境的一些特征（McManus，1994）：以往印刷技术和广播技术之间的清晰界限正在逐渐消失；我们正在从媒介缺乏的状况转为媒介过剩的状况；我们正在从将传播内容灌输给大众的泛播转变为针对群体或个人的需求设计传播内容的窄播；我们正在从单向的媒介转变为互动的媒介。② 显而易见，近年来人类所面临的媒介环境与十几年前相比已经发生巨大的变化。

从此次足坛反赌新闻报道的内容上来看，在三年多的时间里，各类媒体的足坛反赌新闻报道铺天盖地、纷繁复杂，几乎每天都有反赌进展的新闻报道；从报道的形式上来看，报纸、广播、电视、网络媒体（博客、微博）全面跟进，各领风骚；从总体趋势上来看，相关新闻报道由浅入深、由虚及实，对足坛反赌这一事件的报道日渐深入，社会影响日渐扩大。从 2009 年 11 月到 2013 年 3 月，足坛反赌新闻报道体现了新的媒介环境下重大新闻事件各类媒体连续性报道的特点。

---

① 陈力丹，易正林．传播学关键词．北京：北京师范大学出版社，2009：154.

② 陈力丹，易正林．传播学关键词．北京：北京师范大学出版社，2009：280.

一、报纸：足坛反赌新闻报道的先锋

近年来，随着新媒体的发展，报纸日渐式微。然而在足坛反赌的报道中，纸媒凭借自身的新闻资源和内容优势，多次爆出独家新闻，与网络媒体各有所长，不落下风。

（一）综合类报纸：独家新闻尽显资源优势

地方性媒体在新闻资源方面有各自的优势，辽宁省公安厅的反赌专案组就在沈阳，《辽沈晚报》自然占尽地利人和，在足坛反赌伊始报道《中国足球近日掀起扫赌风暴》，高擎足坛反赌报道的大旗。（图 8－1）

B12 足球

中国足球近日掀起扫赌风暴

据悉，已有辽籍相关人士接受调查

辽沈晚报

中超，怎一个乱字了得！

国青狂胜不足喜

贝克汉姆年底加盟AC米兰队

图 8－1 2009 年 11 月 4 日《辽沈晚报》足球版报道《中国足球近日掀起扫赌风暴》

中国足球近日掀起扫赌风暴[①]

据悉，已有辽籍相关人士接受调查

本报讯　记者刘志向报道　“赌球”不除，中国足球永远暗无天日，这是阻碍中国足球发展的大毒瘤。昨日，据权威人士披露，中国足坛在本月已经掀起扫赌打黑的暴风骤雨，已经有诸多职业俱乐部工作人员、球员以及圈内人士接受调查。

据透露，最近公安机关已经破获一个涉嫌操纵国内联赛的赌博团伙。目前，警方正在缜密侦查搜集证据。据悉，大批的球员、教练以及俱乐部工作人员牵涉其中。据可靠消息称，来自广东某俱乐部的前总经理、副总以及财务总监等6人已经被警方带走协助调查。另外，成都、深圳等地的相关人员也被警方控制。据悉，已有辽籍相关人士接受调查。

最近一段时间，有关部门一再关注中国足球现状，确立了重振中国足球雄风的决心，也给了有关部门扫赌打黑的信心和动力。在破获赌博团伙之后，警方也掌握了大量的铁证，一直以来无法实现的证据采集已经不再是问题。

据熟悉内情的人士透露，此次扫赌打黑行动全国联动，涉及范围之广、涉及足球圈之深都是史无前例的，一些现役球员、足球工作者、教练、裁判、退役球员以及相关人员都在调查范围之列。而此次行动将是中国足坛向赌球挥起的一记致命重拳，很有可能导致多米诺骨牌效应，彻底涤荡整个足坛，还中国足球一个纯净的环境。

而在世界范围内，赌球是足球发展的大敌，很多国家付出了惨痛的代价，为此不惜动用举国之力打击赌球。在1994年，马来西亚警方展开扫赌行动，抓获涉嫌参与赌球、操控比赛的球员、教练员、裁判等200余人，并导致马来西亚联赛一度瘫痪。此事对赌球业是一次有力的震撼，越南、印尼、泰国等国家随后纷纷效仿，掀起了足坛反腐的司法行动、惩治赌球队员、打击地下赌庄的行动。1998年，越南当年联赛的12支参赛球队，至少74名球员涉及足球腐败，他们全部被肃清，印尼的地下盘口也遭到扫荡，泰国赌球业失去了印尼盘口的支援，一度萎靡不振。

然而，时至2009年，赌球大有抬头之势，并深度侵染中国足球。本报曾两次身先士卒力主足坛打黑，并向有关部门提供了国内足坛相关人员参与赌球的铁证。此次中国足坛的扫赌打黑风暴则是拯救濒危的中国足球的一剂强心剂，本报将密切关注此次行动的最新进展。

---

① 刘志向．中国足球近日掀起扫赌风暴．辽沈晚报，2009－11－04（B12）．

表 8－1　有关足坛反赌进展情况的独家新闻报道

报道时间	最早报道媒体	新闻标题
2009 年 11 月 4 日	《辽沈晚报》	中国足球近日掀起扫赌风暴
2009 年 11 月 4 日	《体坛周报》	抓赌第一案惊现足坛
2009 年 11 月 5 日	《半岛晨报》	打击赌球风暴已秘密持续一年多　中国足坛先后有上百人被调查　此番高层志在挖出“足球蛀虫”
2009 年 11 月 6 日	搜狐体育	“扫赌风暴”先打庄家　足协官员涉嫌坐庄疑被抓
2009 年 11 月 9 日	《羊城晚报》	这次，轮到经纪人栽了
2009 年 11 月 16 日	《半岛晨报》	扫赌有了新突破　原海利丰领队被拘 （注：当日捷报联盟的多家报纸刊发消息）
2009 年 11 月 30 日	《足球》	反赌烈火烧进中超
2009 年 12 月 15 日	《成都商报》	前山东队长邢锐被警方带走协助调查
2009 年 12 月 18 日	《半岛晨报》	厦门 2005 年冲超场次涉假　50 万买通海利丰让其放水?
2010 年 1 月 20 日	《体坛周报》	足协要员“失踪”
2010 年 1 月 21 日	《足球》	专案组带走南勇
2010 年 3 月 8 日	《成都商报》	一场中甲胜利收费 5 万元　黄俊杰执法明码标价

通过以上表格统计的内容我们不难看出，足坛反赌进展各阶段标志性的新闻都是由报纸率先报道。只不过在当前新媒介环境下，重大新闻一经报道便迅速被其他媒体特别是网站转载，首先发布消息的报纸反而容易被忽视。网络媒体在报道硬新闻方面的时效性当属第一，但对于新闻资源依赖性较强的新闻报道，报纸仍以多年积淀的采访人脉资源占据优势。在网络新媒体日盛的新媒介环境下，报纸仍以新闻资源和新闻内容捍卫着第一媒体的荣誉，这也将是报业转型所依仗的核心竞争力。

（二）专业体育报纸：深广的体育人脉资源和深度的报道

专业体育报纸素以体育界广博的人脉资源见长，在重大体育事件报道方面最有话语权。中国足坛反赌风暴报道，专业体育报纸当仁不让。2009 年11 月 4 日，《体坛周报》头版刊登新闻报道《抓赌第一案惊现足坛》（图 8－2）；2009 年 11 月 5 日，《足球》头版刊登《反赌风暴》；2010 年 1 月 20 日的《体坛周报》爆出《足协要员“失踪”》，掀起足坛反赌报道的新高潮；2010 年 1 月 21 日，《足球》

发表了题为“专案组带走南勇”的专题报道，详细披露了中国足协副主席南勇、杨一民被专案组带走的前前后后。这些敏感消息都是在中国足协讳莫如深、公安部门尚未公开案情的情况下，由专业体育报纸通过各种渠道率先打探到消息并报道出来的。相比而言，电视和网络媒体的权威代表——中央电视台和新华网发布的是由公安部证实后的消息，时效性打了折扣。

FIFA
体坛周报
车·运动
www.titan24.com
2009.11.4
抓赌第一案惊现足坛
40+
科比空前大满贯
A10-16

图 8－2　2009 年 11 月 4 日出版的《体坛周报》头版

《辽沈晚报》的一篇《中国足球近日掀起扫赌风暴》揭开了反赌新闻报道的序幕，而后几个月的时间里，高擎反赌新闻报道先锋大旗。率先报道反赌相关进展情况的媒体正是报纸。

二、网络媒体：海量资讯与意见领袖

回顾足坛反赌新闻报道，各类媒体的新闻报道载体不同、风格迥异，在整个媒介环境中各自扮演着举足轻重的角色。报纸以内容资源见长，而网络则以迅捷地汇聚海量资讯见长。

（一）新闻网站：专题报道全面详尽

《辽沈晚报》的《中国足球近日掀起扫赌风暴》一经刊登，即引起了各方关注。见报的当天上午，各大网站便纷纷转载，并在体育板块置顶推荐。此后，随着一个个猛料见诸报端并借助电子版报纸在网络上广泛传播，网站之间互相转载，很快便形成了一场报道中国足球反赌风暴的“信息风暴”。

相比于传统媒体的从业人员，网站的体育记者多数年纪较轻、人脉不够广，获得独家消息的途径不多。因此，在足坛反赌报道之初，网络媒体主要以转载传统媒体的相关新闻为主。当然，网络媒体的广泛转载，也给传统媒体提供了更多的信息源。一旦网上出现某教练、某球员被传“失踪”的消息，各地记者便纷纷通过各种信源求证。这样一来，传言无论被证实还是被证伪，都会形成新的新闻素材。网络媒体对于报纸的转载，除了具体的消息，还有版面，通过展示各种具有冲击力的版面，让更多的网民了解到该事件的重要性。除了转载报纸的内容，电视视频也为网络媒体提供了丰富的新闻内容。

当然，随着报道的深入，网络媒体绝不仅局限于单纯的转载，稍具规模的网站几乎都会在体育板块开设足坛反赌专题（图 8 – 3、图 8 – 4）。专题通常包括最新动态、各方声音、阶段总结、历史回顾、关系图表等内容。相比于报纸、电视受到空间和时间的限制，网站的反赌报道专题可谓最为全面、最具连贯性。其中，尤以大事记和涉案人员关系网络链接最能体现网络的独特优势，因为足坛反赌始终处于动态过程中，网站可以根据实际情况随时进行修改，使网民可以从纵向和横向上掌握最新的动态。

在互动性方面，网络媒体也充分发挥了自身的优势。请嘉宾做网谈、问卷调查、征文等形式，使得更多的人参与到足坛反赌报道中来。嘉宾们在网站做客的谈话内容，也反过来成为传统媒体的信息源。

图8－3 人民网体育频道“中国足坛反赌打黑风暴”专题

图8－4 腾讯体育“反赌打黑风暴”专题

（二）博客、微博：意见领袖推波助澜

在足坛反赌报道中，有几位资深体育记者始终站在舆论的最前沿，借助博客披露相关资讯，扮演“意见领袖”① 的角色发表评论，一时间引领足坛反赌报

---

① 意见领袖（opinion leadership）一词源自于保罗·拉扎斯菲尔德的“两级传播”理论，是指在人际传播网络中经常为他人提供信息、意见、评论，并对他人施加影响的“活跃分子”，是大众传播效果形成过程的中介或过滤的环节。意见领袖是两级传播中的重要角色，是人群中首先或较多接触大众传媒信息，并将经过自己再加工的信息传播给其他人的人，具有影响他人态度的能力，他们介入大众传播，加快了传播速度并扩大了影响。

道，成为各类媒体足坛反赌新闻报道的风向标。

2009年11月3日23时05分，《辽沈晚报》记者郝洪军在自己的博客上发表博文——《足坛打黑出重拳　数十人正接受警方调查!》，这是各类媒体中最早的关于本次足坛反赌的报道。郝洪军这篇博文是预先发布的《辽沈晚报》次日的相关新闻报道，通过博客提前发布足坛反赌新闻，一方面可以提前在网络上造势，另一方面也减轻了报社独家发布新闻可能面临的压力。

足坛打黑出重拳　数十人正接受警方调查![1]

(2009－11－03　23：05：49)

有些事很幽默，更似天意！一直自称不怎么打假球的北京国安拼争了16年得个冠军，弹冠相庆之际，许多打假球的俱乐部的总经理、球员等开始纷纷接受警方调查，并有接二连三落网之势。这让我想起全运会闭幕式那天晚上，在济南街头喝酒时，一个哥们问我："知道吗？XX因赌球被抓了?"我说，不会吧！现在谈赌球，如同在资本主义国家谈卖淫嫖娼，它都快成了人人可以炫耀的职业了，怎么还会存在被抓呢？

回到沈阳，类似消息不断传来。重庆、广州、南京等地兄弟们纷纷询问，经过打探，理想真的要成为了现实！北方某地警方10月中旬南下广东，某俱乐部总经理、副总等相关六人被带走，北上协助调查。同时，曾混迹足坛的许多球员、教练等神秘失踪，消息灵通人士透露，辽宁籍几个资深足球人成为被警方重点关照人士……而青岛、深圳、陕西等地某些足球人也有被控制迹象！

不是不报，时间未到！慨叹天意，因为此次足坛打黑有深厚的背景。不久前，党和国家领导人相继对足球给予高度重视，足球有广泛影响，但它的发展与百姓的精神需求之间差距越来越大，什么原因？中国足球10多年来的实践告诉我们，赌球等操纵比赛之违法行为已成为滞缓中国足球发展的毒瘤！中国足球要天亮，天亮前必须彻底扫黑！

中国足坛扫黑不是一次两次，但大多流于形式，从未涉及赌球的实质人员。以至当年一个龚建平成为替罪羊。这是一条羊，还是一群羊？是领头羊，还是弄几条老弱病残的凑数？这些都值得探究。希望一夜间就会变成绝望。三年前，我接到来自上海的举报人提供的线索时，也曾想借此机会刮起扫黑一阵旋风，但最后呢？我们搜集到的所有证据没人重视，更谈不上根据举报立案侦查了！

从目前掌握的信息来看，此次扫黑不仅是打击网络赌博，网络赌博即使赌资

---

① 郝洪军．足坛打黑出重拳　数十人正接受警方调查！. http：//blog. sina. com. cn/s/blog_47131f5f0100fgqu. html.

上亿，也就是个赌博罪！打击的重点是什么？应该是线下那些操纵当年甲A甲B，以及中超中甲的行为。这些人有俱乐部总经理、有教练、有球员、有裁判，当然也有官员，甚至还有演艺界人士及官宦子弟……

可以想象，在掌握大量事实的基础上，要把这些人抓起来，据不完全揣测，一二百人也挡不住！这会是什么局面？有点像上世纪90年代初的马来西亚，赌球成风，警方重拳出击，200来人被抓，导致大马联赛不得不休克一年，但换来的是大马足球的一度的新生！

中国足球衰到极点了，真该出手了！据了解，本次警方行动规模之大，决心之大，涉及范围之广，超出人们想象！怎么办？只能期待警方疏而不漏，也感谢警方为世界第一运动所要做出的具有中国特色的贡献！我们真诚期待——拯救中国足球的不是中国足协，而是中国警察！

《足球》的资深体育评论员李承鹏素以无所忌惮地揭露批判中国足球黑幕著称，他对本次足坛反赌更是“不依不饶”。李承鹏自2009年11月以来，在新浪博客上陆续发表20多篇博文评论足坛反赌，大胆揭露足坛黑幕。这些博文访问量从十几万到几十万次不等，又被其他媒体转载，影响力甚广。这些意见领袖所传达的信息和所持的意见，直接影响着广大网民对足坛反赌的认识和看法。

在足坛反赌事件报道过程中，微博作为一种新生的网络应用，成为知名人士和网友自由发表言论的舆论场。2009年11月4日，揭开足坛反赌新闻报道的第一天，著名体育评论员黄健翔发了一条微博：“据报道中国足球的‘反赌工作’将进入破冰期。一条爆炸性消息在足球圈内不胫而走，沈阳一个涉嫌操纵国内联赛的赌博团伙被警方抓获，多名足球圈人士涉嫌与赌博团伙合作，操纵国内联赛赛果。”李承鹏于2010年9月13日发了一条微博：“关于打假扫黑现在群情得很，都变正确了，不仅央视不敢回忆当初为了谢亚龙封杀我，连体坛周报都不说当初我写书是为了炒作了，都站队了，都明白人了，说了很多，可是这事鹏爷我不写，你们写有用吗，骂谢亚龙不算牛，三年前敢骂他才牛！央视该向我道个歉吧，法院也该向我道歉。”这条微博的转发量为1 580，评论量为1 756，引发不少网友的共鸣。在中国足坛反赌事件报道后期，随着博客在中国的衰落，微博主导了中国互联网的舆论场，这种局面一直延续到今天。

本次足坛反赌事件声势日盛，受到多重因素的推动，其中一个不可忽略的因素就是媒体的高度关注。在各类媒体的报道中，作为足坛反赌报道意见领袖的郝洪军、李承鹏、黄健翔、马德兴等知名体育记者的影响力不可低估，他们将各类信息汇总，发表评论，经由博客、微博广泛传播，再经过其他媒体的转载，对足坛反赌报道起到了推波助澜的作用。

三、电视：央视报道以正视听

（一）央视的报道提升了社会对足坛反赌的关注度

本次足坛反赌报道，如果说报纸是报道的先锋，网络媒体的跟进气势磅礴，那么以权威姿态“盖棺定论”的媒体就是中央电视台。广播、电视媒体在足坛反赌新闻报道方面呈现中央电视台唱独角戏的局面。足坛反赌过程中几次阶段性的案情突破，虽然会有报纸、网络报道风吹草动的迹象，但能从公安部门获得官方消息的媒体单位只有中央电视台和新华社。所以，当中央电视台的新闻见诸荧屏之后，也意味着之前媒体捕风捉影似的猜测性报道的终结。特别是在真假消息满天飞的互联网上，中央电视台的反赌新闻报道往往起到以正视听的传播效果。

某一个社会事件的影响范围，往往可以用央视的关注程度作为风向标。中国足坛掀起的反赌风暴很快受到央视关注，中央电视台通过一套、二套、五套和新闻频道四个频道的几个栏目，持续报道足坛反赌的最新进展，将这一原本属于体育范畴的事件提升到全社会关注的层面。自 2009 年 11 月 4 日媒体披露辽宁警方控制王珀等赌徒的消息后，央视新闻中心记者宋飞京一行就飞往沈阳。继 14 日央视午间新闻报道之后，16 日下午 1 时，央视《新闻直播间》节目再次对足坛反赌进行了报道。直到 11 月 25 日官方正式在中央电视台公布打假扫黑消息，在这二十多天里，央视对这场风暴的追踪报道让百姓看得很解渴。[①]

（二）央视的报道是足坛反赌新闻报道的阶段性总结

2009 年 11 月 25 日，公安部通过央视第一次公布打假扫黑的案情，透露了“王鑫等人涉嫌利用商业贿赂操纵国内个别足球比赛结果”案件的初步情况。当天央视《焦点访谈》重点关注了这一案件的进展，既有对专案组负责人的采访，也有对涉案人员的采访。这是公安部门首次主动公开向媒体透露足坛反赌的案情进展情况。（图 8－5）《辽沈晚报》发布足坛反赌新闻以来，中国足协和公安部门三缄其口，几乎所有媒体的相关报道都是从各种途径获得的“小道消息”，难免有道听途说之嫌，权威性和真实性无法保证；而这次中央电视台公布的案情，则是由专案组人员亲口证实了正在调查中的案件，观众也通过电视这一媒介“眼见为实，耳听为实”。自此以后，中央电视台每公布一次案情进展情况，也就标志着媒体的足坛反赌新闻报道进入一个新的阶段。

---

① 郝洪军．球事儿：中国足坛反赌打黑第一现象．北京：中国三峡出版社，2010：26.

图 8－5　中央电视台《焦点访谈》栏目报道《足坛反腐再聚焦》

2011 年 12 月 19 日，中国足球反腐案的开庭引起了社会各界的关注。在当天晚上央视的《焦点访谈》节目中，针对本次足球反腐案的开庭，对中国足球近两年的反赌打黑事件进行了详细的讲述，并分析案件始末。节目组记者直接进入高墙电网的看守所内面对面采访曾经的中国足协官员、如今的阶下囚——谢亚龙、杨一民、南勇、李东生等人。在 2011 年 12 月 10 日播出的《焦点访谈》节目中，主持人白岩松在国家体育总局会议室就中国足坛反赌打黑一事采访了时任国家体育总局分管足球的副局长蔡振华。2012 年 4 月 25 日各地法院开庭审理中国足坛反赌系列案件，6 月 13 日辽宁省丹东、铁岭、沈阳、鞍山四地的中级人民法院一审公开宣判，中央电视台都做了独家采访报道，并且在数个新闻节目里发表了《直击第二批足球反腐案庭审》《第二批足球反腐系列案一审宣判》等电视新闻报道，相关报道中有大量庭审现场画面，谢亚龙、南勇、蔚少辉、李东生、李明、申思、祁宏、江津等犯罪嫌疑人逐一“亮相”。此类极为难得的新闻画面，被各类新闻网站大量转载，连报纸也直接对央视报道画面截屏用以制作新闻图片发稿。

与中央电视台相比，各地方电视台显然无法接触上述新闻采访的资源，地方电视台的相关报道除了转播央视的相关画面，也只能以主持人播报搭配图文、评论的形式跟进。这是由我国特殊的传媒体制决定的，与不同新闻单位的新闻工作者的采编能力无关。中央电视台凭借国家级电视台的优势地位，独享特殊的新闻采访资源，在足坛反赌电视新闻报道中唱独角戏。

四、报纸、电视、网络互为“媒介的媒介”

中国足坛反赌新闻报道有着特殊的时代背景。中国足坛存在的各种问题积弊已久，长期以来一直是新闻监督和公众舆论的焦点所在。在司法介入的形势下，中国足坛反赌事件犹如喷发的火山，一时间公众、政府、媒介这三个主体默契联动，形成紧密互动的掎角之势——公众义愤，制造舆论；媒体导向，拓展舆论；政府重视，强化舆论；司法介入，重拳出击，所以才有了长达数年的反赌系列新闻报道。对于新闻媒体来说，网络媒体“方兴未艾”却受身份以及法规制度掣肘，报纸、电视等传统媒体“江河日下”却仍有着“新闻单位”的优越性，当前的媒介环境决定了中国足坛反赌新闻报道中各类媒介所扮演的角色和起到的作用。

传播学者杰伊·布罗尔特和理查德·格鲁辛提出过“重新媒介化”（remediation）的概念。他们认为，每一种媒介都被当作修正另一个媒介缺陷的尝试而开发出来的。重新媒介化因而成了“媒介的媒介”（the mediation of mediation）：媒介的每一个行动依赖于其他媒介的行动。媒介不断地对其他媒介进行评判、复制和取代，这个过程是媒介所必需的。媒介从根本上需要其他媒介才能运作。[①]

“重新媒介化”理论似乎为网络媒介转载传统媒体的新闻这一行为提供了理论依据。随着网络媒体日渐强势，网络以报纸、电视等传统媒体作为新闻源也不再受到传媒业界过多的诘责。报纸由于自身载体的局限，越来越依赖网络来扩大自身的影响力，具体形式包括报纸电子版和他方网站转载。依据“重新媒介化”理论，网络媒体转载报纸新闻的二次传播，正是“修正另一个媒介缺陷”，这个被修正的媒介正是报纸。由于报纸的载体——新闻纸的局限，无论报纸影响力多大，其传播信息的广度都不可能与网络相提并论。特别是各占一方发行市场的地方性报纸，其影响力要辐射发行范围之外，主要借助于网络新媒体。

电视的短板是播放的影像瞬间即逝的不可逆性，而网络可以有目标、有选择地保存并重复播放电视影像，扩展了电视传播的空间和时间。本次足坛反赌报道，中央电视台获得了不少独家新闻采访资源，央视公布的反赌案情进展受到各类媒体和受众的强烈关注，电视画面上的一次播映（或有重播）远远不能满足所有人的关注。因此诸如央视《新闻直通车》《焦点访谈》等栏目播报的反赌案情进展情况，迅速被网站甚至报纸转载，形成新闻内容的第二次传播。正如布罗尔特和格鲁辛所言，“媒介的每一个行动依赖于其他媒介的行动。媒介不断地对

① 陈力丹，易正林．传播学关键词．北京：北京师范大学出版社，2009：161．

其他媒介进行评判、复制和取代，这个过程是媒介所必需的”。

报纸、电视、网络媒体之间已经不是单纯的对立竞争关系，置于新媒介环境下，在重大新闻事件报道中，各类媒体形成一种相辅相依的互动关系。各类媒体各擅所长，取长补短，互为“媒介的媒介”，实现了不同介质资讯的传播和共享。

思考题

1. 探讨新媒介环境下某一体育新闻事件报道，分别梳理报纸、电视、网络等媒体的报道特点。

2. 网络媒体日益强势的今天，报纸还有什么优势？

3. 为什么在中国足球反赌新闻报道中，中央电视台多次独家采访报道相关新闻，而其他电视台则没有？

4. 专业体育报纸在足坛反赌新闻报道中展示了哪些优势？

5. 为什么说报纸、电视、网络互为“媒介的媒介”？

6. 网络媒体是否可以完全取代传统媒体？请谈谈理由。

附录一　术语界定

传播

是人类的一种基本社会功能，按照人类传播活动的形态、结构和功能，人类传播类型可以分为人内传播、人际传播、群体传播、组织传播和大众传播。

网络传播

指通过计算机网络进行的人类信息（包括新闻、知识等信息）传播活动。在网络传播中的信息，以数字形式存贮在光、磁等介质上，通过计算机网络高速传播，并通过计算机或类似设备阅读使用。网络传播以计算机网络为基础，进行信息传递、交流和利用，从而达到其传播的目的。①

传播效果

狭义是指传播者的信息传播行为在受传者身上引起了包括认知、情感、态度和行为等方面的变化。广义是指信息传播活动对受众和整个社会产生的所有影响和结果的总和。②

新闻源

是指向新闻工作者提供有可能制作成新闻报道或特稿的思想和大致信息的人物、地点以及组织。③

传播媒体

或称“传媒”“媒体”或“媒介”，指传播信息资讯的载体，即信息传播过

---

① 匡文波．新媒体概论．北京：中国人民大学出版社，2012：9.

② 肖沛雄．新编传播学．广州：广东人民出版社，2006：139.

③ 鲍勃·富兰克林，等．新闻学关键概念．诸葛蔚东，等译．北京：北京大学出版社，2008：329.

程中从传播者到接受者之间携带和传递信息的一切形式的物质工具。现在已成为各种传播工具的总称，如电影、电视、广播、印刷品（书刊、杂志、报纸），可以代指新闻媒体或大众媒体，也可以指用于任何目的传播任何信息和数据的工具。

传统媒体

传统媒体是相对于近几年兴起的网络媒体而言的，以传统的大众传播方式即通过某种机械装置定期向社会公众发布信息或提供教育娱乐的交流活动的媒体，包括电视、报刊、广播三种媒体。①

网络媒体

又称“互联网媒体”，指借助国际互联网这个信息传播平台，以电脑、电视机以及移动电话等为终端，以文字、声音、图像等形式来传播新闻信息的一种数字化、多媒体的传播媒介。互联网媒体相对于早已诞生的报纸、广播、电视等媒体而言，又是“第四媒体”。从严格意义上说，互联网媒体是指国际互联网被人们所利用的进行新闻信息传播的那部分传播工具性能。

新媒体

这是一个宽泛的传播概念，它可以指称下列这些互有联系的事物中的任何一个：新兴的数字技术和数字平台；在线新闻；电子和多媒体出版（尤其是在因特网和万维网上）。② 也有学者将新媒体定义为：借助计算机（或具有计算机本质特征的数字设备）传播信息的载体。③

体育媒体

指专门报道体育活动的新闻媒体。从狭义上说，它们是指专业的体育新闻媒体，如体育报纸、体育杂志、体育电视、体育电台、体育互联网、体育手机等；从广义上说，除了专业体育新闻传媒外，体育媒体还包括一般新闻传媒中的体育版面或板块。④

---

① 维基百科，http：//zh.wikipedia.org/wiki/传统媒体.

② 鲍勃·富兰克林，等．新闻学关键概念．诸葛蔚东，等译．北京：北京大学出版社，2008：210.

③ 匡文波．新媒体概论．北京：中国人民大学出版社，2012：19.

④ 张德胜．体育媒体通论．广州：广东人民出版社，2006：1.

体育新闻

指新近的或正在发生的体育事实的报道。

移动互联网

广义上是指用户使用手机、上网本、笔记本等移动终端，通过移动网络获取移动通信网络服务和互联网服务；狭义上是指用户使用手机终端，通过移动网络浏览互联网站和手机网站，获取多媒体、定制信息等其他数据服务和信息服务。①

App

互联网应用与服务可以简称为 App（application），就是可以在手机终端运行的软件，也叫手机应用程序。类似于电脑上的软件，安装在手机桌面后，点击桌面的软件图标即可进入查看内容，不需要登陆浏览器访问网址这些复杂的步骤。②

官方新闻网站

指由我国新闻单位建立的网站，而新闻单位是指依法设立的报社、广播电台、电视台和通讯社；其中，中央新闻单位包括中央国家机关各部门设立的新闻单位。官方新闻网站一般简称为新闻网站，有时也称作新闻门户网站。

商业门户网站

或称门户网站、商业网站、综合性商业网站、综合性非新闻单位网站，是互联网上最早涉足新闻服务的一类网站，属于《互联网新闻信息服务管理规定》中划分的互联网新闻信息服务单位中的第二类：非新闻单位设立的转载新闻信息、提供时政类电子公告服务、向公众发送时政类通讯信息的互联网新闻信息服务单位。在互联网发展早期，新浪、搜狐、网易被认作三大门户网站。近年腾讯发展迅猛，流量已经超越上述三家网站，与前三者并称四大商业门户网站。

---

① 中国互联网络信息中心. 中国移动互联网调查研究报告（2014 年 8 月）.

② 中国互联网络信息中心. 中国移动互联网调查研究报告（2014 年 8 月）.

新闻客户端

主要指移动新闻客户端，即安装于智能手机和平板电脑等移动终端，以传播新闻内容为主要功能的客户端。新闻客户端一般可通过手机下载或电脑下载的方式在智能手机、平板电脑等移动终端设备安装使用，支持当前国内外流行的智能手机、平板电脑的操作系统，如 Android、Symbian、Windows Phone 等系统以及苹果 iPhone 系列手机、iPad 平板电脑等。

网络视频

指通过互联网，借助浏览器、客户端播放软件等工具，在线观看视频节目的互联网应用。①

博客

指由 BSP（博客平台提供商，或称作博客服务托管商）提供，网民通过注册获得使用资格的一种网络空间，网民可以在上面发表自己的言论、观点等供他人浏览。

微博

也称作微博客、微型博客、微网志，英语称作 microblogging 或 microblog，是一种允许用户即时更新简短文本（通常少于 140 字）并可以公开发布的微型博客形式。它允许任何人阅读或者只能由用户选择的群组阅读。微博内容可以通过不同客户端发布，包括短信、即时讯息软件、电子邮件或网页。中国互联网络信息中心对于微博的定义是：微博客（micro blog）的简称，是一个基于用户关系的信息分享、传播以及获取平台，用户可以通过 WEB、WAP 以及各种客户端组建个人社区，以 140 字左右的文字更新信息，并实现即时分享。

体育微博

指运动员、体育记者、体育管理者等体育工作者和体育组织开通的微博，以及内容涉及体育的微博。

---

① 中国互联网络信息中心 . 2013 年中国网民网络视频应用研究报告（2014 年 6 月）.

微信

是腾讯公司于2011年推出的一个为智能手机、平板电脑等智能终端提供即时通信服务的免费应用程序，支持跨通信运营商、跨操作系统平台通过网络快速发送免费语音短信、视频、图片和文字。另外，微信还提供朋友圈、公众平台、消息推送等功能。截至2014年第二季度末，微信的月活跃账户数达到4.38亿。

社交类应用

泛指以社交功能为基础的互联网应用，包括狭义的社交网站、微博、即时通信工具、博客等互联网垂直应用。①

社交网站

狭义的社交网站，即与Facebook形态和功能类似的、基于用户真实社交关系从而为用户提供一个沟通、交流平台的社交网站，这些网站一般鼓励用户尽可能提供真实信息。在中国这类网站主要包括QQ空间、朋友网、人人网、开心网、豆瓣网、微视、啪啪等。②

即时通信类应用

又被称作聊天软件、聊天工具、即时通信工具等，英文名称为Instant Messaging，简称IM，指能够通过有线或者无线设备登录互联网，实现用户间文字、语音或者视频等实时沟通方式的软件。③

PC

英文全称是Personal Computer，即个人计算机或者个人电脑，一般是指台式机和笔记本电脑。

移动终端

或称移动设备，一般指智能手机和平板电脑。

---

① 中国互联网络信息中心.2014年中国社交类应用用户行为研究报告.

② 中国互联网络信息中心.2014年中国社交类应用用户行为研究报告.

③ 中国互联网络信息中心.2014年中国社交类应用用户行为研究报告.

附录二　网络新闻传播相关法规

互联网站从事登载新闻业务管理暂行规定

第一条　为了促进我国互联网新闻传播事业的发展，规范互联网站登载新闻的业务，维护互联网新闻的真实性、准确性、合法性，制定本规定。

第二条　本规定适用于在中华人民共和国境内从事登载新闻业务的互联网站。

本规定所称登载新闻，是指通过互联网发布和转载新闻。

第三条　互联网站从事登载新闻业务，必须遵守宪法和法律、法规。

国家保护互联网站从事登载新闻业务的合法权益。

第四条　国务院新闻办公室负责全国互联网站从事登载新闻业务的管理工作。

省、自治区、直辖市人民政府新闻办公室依照本规定负责本行政区域内互联网站从事登载新闻业务的管理工作。

第五条　中央新闻单位、中央国家机关各部门新闻单位以及省、自治区、直辖市和省、自治区人民政府所在地的市直属新闻单位依法建立的互联网站（以下简称新闻网站），经批准可以从事登载新闻业务。其他新闻单位不单独建立新闻网站，经批准可以在中央新闻单位或者省、自治区、直辖市直属新闻单位建立的新闻网站建立新闻网页从事登载新闻业务。

第六条　新闻单位建立新闻网站（页）从事登载新闻业务，应当依照下列规定报国务院新闻办公室或者省、自治区、直辖市人民政府新闻办公室审核批准：

（一）中央新闻单位建立新闻网站从事登载新闻业务，报国务院新闻办公室审核批准。

（二）中央国家机关各部门新闻单位建立新闻网站从事登载新闻业务，经主管部门审核同意，报国务院新闻办公室批准。

（三）省、自治区、直辖市和省、自治区人民政府所在地的市直属新闻单位建立新闻网站从事登载新闻业务，经所在地省、自治区、直辖市人民政府新闻办公室审核同意，报国务院新闻办公室批准。

（四）省、自治区、直辖市以下新闻单位在中央新闻单位或者省、自治区、直辖市直属新闻单位的新闻网站建立新闻网页从事登载新闻业务，报所在地省、自治区、直辖市人民政府新闻办公室审核批准，并报国务院新闻办公室备案。

第七条　非新闻单位依法建立的综合性互联网站（以下简称综合性非新闻单位网站），具备本规定第九条所列条件的，经批准可以从事登载中央新闻单位、中央国家机关各部门新闻单位以及省、自治区、直辖市直属新闻单位发布的新闻的业务，但不得登载自行采写的新闻和其他来源的新闻。非新闻单位依法建立的其他互联网站，不得从事登载新闻业务。

第八条　综合性非新闻单位网站依照本规定第七条从事登载新闻业务，应当经主办单位所在地省、自治区、直辖市人民政府新闻办公室审核同意，报国务院新闻办公室批准。

第九条　综合性非新闻单位网站从事登载新闻业务，应当具备下列条件：

（一）有符合法律、法规规定的从事登载新闻业务的宗旨及规章制度；

（二）有必要的新闻编辑机构、资金、设备及场所；

（三）有具有相关新闻工作经验和中级以上新闻专业技术职务资格的专职新闻编辑负责人，并有相应数量的具有中级以上新闻专业技术职务资格的专职新闻编辑人员；

（四）有符合本规定第十一条规定的新闻信息来源。

第十条　互联网站申请从事登载新闻业务，应当填写并提交国务院新闻办公室统一制发的《互联网站从事登载新闻业务申请表》。

第十一条　综合性非新闻单位网站从事登载中央新闻单位、中央国家机关各部门新闻单位以及省、自治区、直辖市直属新闻单位发布的新闻的业务，应当同上述有关新闻单位签订协议，并将协议副本报主办单位所在地省、自治区、直辖市人民政府新闻办公室备案。

第十二条　综合性非新闻单位网站登载中央新闻单位、中央国家机关各部门新闻单位以及省、自治区、直辖市直属新闻单位发布的新闻，应当注明新闻来源和日期。

第十三条　互联网站登载的新闻不得含有下列内容：

（一）违反宪法所确定的基本原则；

（二）危害国家安全，泄露国家秘密，煽动颠覆国家政权，破坏国家统一；

（三）损害国家的荣誉和利益；

（四）煽动民族仇恨、民族歧视，破坏民族团结；

（五）破坏国家宗教政策，宣扬邪教，宣扬封建迷信；

（六）散布谣言，编造和传播假新闻，扰乱社会秩序，破坏社会稳定；

（七）散布淫秽、色情、赌博、暴力、恐怖或者教唆犯罪；

（八）侮辱或者诽谤他人，侵害他人合法权益；

（九）法律、法规禁止的其他内容。

第十四条 互联网站链接境外新闻网站，登载境外新闻媒体和互联网站发布的新闻，必须另行报国务院新闻办公室批准。

第十五条 违反本规定，有下列情形之一的，由国务院新闻办公室或者省、自治区、直辖市人民政府新闻办公室给予警告，责令限期改正；已取得从事登载新闻业务资格的，情节严重的，撤销其从事登载新闻业务的资格：

（一）未取得从事登载新闻业务资格，擅自登载新闻的；

（二）综合性非新闻单位网站登载自行采写的新闻或者登载不符合本规定第七条规定来源的新闻的，或者未注明新闻来源的；

（三）综合性非新闻单位网站未与中央新闻单位、中央国家机关各部门新闻单位以及省、自治区、直辖市直属新闻单位签订协议擅自登载其发布的新闻，或者签订的协议未履行备案手续的；

（四）未经批准，擅自链接境外新闻网站，登载境外新闻媒体和互联网站发布的新闻的。

第十六条 互联网站登载的新闻含有本规定第十三条所列内容之一，构成犯罪的，依法追究刑事责任；尚不构成犯罪的，由公民机关或者国家安全机关依照有关法律、行政法规的规定给予行政处罚。

第十七条 互联网站登载新闻含有本规定第十三条所列内容之一或者有本规定第十五条所列情形之一的，国务院信息产业主管部门或者省、自治区、直辖市电信管理机构依照有关法律、行政法规的规定，可以责令关闭网站，并吊销其电信业务经营许可证。

第十八条 在本规定施行前已经从事登载新闻业务的互联网站，应当自本规定施行之日起60日内依照本规定办理相应的手续。

第十九条 本规定自发布之日起施行。

网络出版服务管理规定

第一章　总　则

第一条　为了规范网络出版服务秩序，促进网络出版服务业健康有序发展，根据《出版管理条例》《互联网信息服务管理办法》及相关法律法规，制定本规定。

第二条　在中华人民共和国境内从事网络出版服务，适用本规定。

本规定所称网络出版服务，是指通过信息网络向公众提供网络出版物。

本规定所称网络出版物，是指通过信息网络向公众提供的，具有编辑、制作、加工等出版特征的数字化作品，范围主要包括：

（一）文学、艺术、科学等领域内具有知识性、思想性的文字、图片、地图、游戏、动漫、音视频读物等原创数字化作品；

（二）与已出版的图书、报纸、期刊、音像制品、电子出版物等内容相一致的数字化作品；

（三）将上述作品通过选择、编排、汇集等方式形成的网络文献数据库等数字化作品；

（四）国家新闻出版广电总局认定的其他类型的数字化作品。

网络出版服务的具体业务分类另行制定。

第三条　从事网络出版服务，应当遵守宪法和有关法律、法规，坚持为人民服务、为社会主义服务的方向，坚持社会主义先进文化的前进方向，弘扬社会主义核心价值观，传播和积累一切有益于提高民族素质、推动经济发展、促进社会进步的思想道德、科学技术和文化知识，满足人民群众日益增长的精神文化需要。

第四条　国家新闻出版广电总局作为网络出版服务的行业主管部门，负责全国网络出版服务的前置审批和监督管理工作。工业和信息化部作为互联网行业主管部门，依据职责对全国网络出版服务实施相应的监督管理。

地方人民政府各级出版行政主管部门和各省级电信主管部门依据各自职责对本行政区域内网络出版服务及接入服务实施相应的监督管理工作并做好配合工作。

第五条　出版行政主管部门根据已经取得的违法嫌疑证据或者举报，对涉嫌违法从事网络出版服务的行为进行查处时，可以检查与涉嫌违法行为有关的物品和经营场所；对有证据证明是与违法行为有关的物品，可以查封或者扣押。

第六条 国家鼓励图书、音像、电子、报纸、期刊出版单位从事网络出版服务，加快与新媒体的融合发展。

国家鼓励组建网络出版服务行业协会，按照章程，在出版行政主管部门的指导下制定行业自律规范，倡导网络文明，传播健康有益内容，抵制不良有害内容。

第二章 网络出版服务许可

第七条 从事网络出版服务，必须依法经过出版行政主管部门批准，取得《网络出版服务许可证》。

第八条 图书、音像、电子、报纸、期刊出版单位从事网络出版服务，应当具备以下条件：

（一）有确定的从事网络出版业务的网站域名、智能终端应用程序等出版平台；

（二）有确定的网络出版服务范围；

（三）有从事网络出版服务所需的必要的技术设备，相关服务器和存储设备必须存放在中华人民共和国境内。

第九条 其他单位从事网络出版服务，除第八条所列条件外，还应当具备以下条件：

（一）有确定的、不与其他出版单位相重复的，从事网络出版服务主体的名称及章程；

（二）有符合国家规定的法定代表人和主要负责人，法定代表人必须是在境内长久居住的具有完全行为能力的中国公民，法定代表人和主要负责人至少1人应当具有中级以上出版专业技术人员职业资格；

（三）除法定代表人和主要负责人外，有适应网络出版服务范围需要的8名以上具有国家新闻出版广电总局认可的出版及相关专业技术职业资格的专职编辑出版人员，其中具有中级以上职业资格的人员不得少于3名；

（四）有从事网络出版服务所需的内容审校制度；

（五）有固定的工作场所；

（六）法律、行政法规和国家新闻出版广电总局规定的其他条件。

第十条 中外合资经营、中外合作经营和外资经营的单位不得从事网络出版服务。

网络出版服务单位与境内中外合资经营、中外合作经营、外资经营企业或境外组织及个人进行网络出版服务业务的项目合作，应当事前报国家新闻出版广电总局审批。

第十一条　申请从事网络出版服务，应当向所在地省、自治区、直辖市出版行政主管部门提出申请，经审核同意后，报国家新闻出版广电总局审批。国家新闻出版广电总局应当自受理申请之日起60日内，作出批准或者不予批准的决定。不批准的，应当说明理由。

第十二条　从事网络出版服务的申报材料，应该包括下列内容：

（一）《网络出版服务许可证申请表》；

（二）单位章程及资本来源性质证明；

（三）网络出版服务可行性分析报告，包括资金使用、产品规划、技术条件、设备配备、机构设置、人员配备、市场分析、风险评估、版权保护措施等；

（四）法定代表人和主要负责人的简历、住址、身份证明文件；

（五）编辑出版等相关专业技术人员的国家认可的职业资格证明和主要从业经历及培训证明；

（六）工作场所使用证明；

（七）网站域名注册证明、相关服务器存放在中华人民共和国境内的承诺。

本规定第八条所列单位从事网络出版服务的，仅提交前款（一）、（六）、（七）项规定的材料。

第十三条　设立网络出版服务单位的申请者应自收到批准决定之日起30日内办理注册登记手续：

（一）持批准文件到所在地省、自治区、直辖市出版行政主管部门领取并填写《网络出版服务许可登记表》；

（二）省、自治区、直辖市出版行政主管部门对《网络出版服务许可登记表》审核无误后，在10日内向申请者发放《网络出版服务许可证》；

（三）《网络出版服务许可登记表》一式三份，由申请者和省、自治区、直辖市出版行政主管部门各存一份，另一份由省、自治区、直辖市出版行政主管部门在15日内报送国家新闻出版广电总局备案。

第十四条　《网络出版服务许可证》有效期为5年。有效期届满，需继续从事网络出版服务活动的，应于有效期届满60日前按本规定第十一条的程序提出申请。出版行政主管部门应当在该许可有效期届满前作出是否准予延续的决定。批准的，换发《网络出版服务许可证》。

第十五条　网络出版服务经批准后，申请者应持批准文件、《网络出版服务许可证》到所在地省、自治区、直辖市电信主管部门办理相关手续。

第十六条 网络出版服务单位变更《网络出版服务许可证》许可登记事项、资本结构，合并或者分立，设立分支机构的，应依据本规定第十一条办理审批手续，并应持批准文件到所在地省、自治区、直辖市电信主管部门办理相关手续。

第十七条 网络出版服务单位中止网络出版服务的，应当向所在地省、自治区、直辖市出版行政主管部门备案，并说明理由和期限；网络出版服务单位中止网络出版服务不得超过180日。

网络出版服务单位终止网络出版服务的，应当自终止网络出版服务之日起30日内，向所在地省、自治区、直辖市出版行政主管部门办理注销手续后到省、自治区、直辖市电信主管部门办理相关手续。省、自治区、直辖市出版行政主管部门将相关信息报国家新闻出版广电总局备案。

第十八条 网络出版服务单位自登记之日起满180日未开展网络出版服务的，由原登记的出版行政主管部门注销登记，并报国家新闻出版广电总局备案。同时，通报相关省、自治区、直辖市电信主管部门。

因不可抗力或者其他正当理由发生上述所列情形的，网络出版服务单位可以向原登记的出版行政主管部门申请延期。

第十九条 网络出版服务单位应当在其网站首页上标明出版行政主管部门核发的《网络出版服务许可证》编号。

互联网相关服务提供者在为网络出版服务单位提供人工干预搜索排名、广告、推广等服务时，应当查验服务对象的《网络出版服务许可证》及业务范围。

第二十条 网络出版服务单位应当按照批准的业务范围从事网络出版服务，不得超出批准的业务范围从事网络出版服务。

第二十一条 网络出版服务单位不得转借、出租、出卖《网络出版服务许可证》或以任何形式转让网络出版服务许可。

网络出版服务单位允许其他网络信息服务提供者以其名义提供网络出版服务，属于前款所称禁止行为。

第二十二条 网络出版服务单位实行特殊管理股制度，具体办法由国家新闻出版广电总局另行制定。

第三章 网络出版服务管理

第二十三条 网络出版服务单位实行编辑责任制度，保障网络出版物内容合法。

网络出版服务单位实行出版物内容审核责任制度、责任编辑制度、责任校对制度等管理制度，保障网络出版物出版质量。

在网络上出版其他出版单位已在境内合法出版的作品且不改变原出版物内容的，须在网络出版物的相应页面显著标明原出版单位名称以及书号、刊号、网络出版物号或者网址信息。

第二十四条　网络出版物不得含有以下内容：

（一）反对宪法确定的基本原则的；

（二）危害国家统一、主权和领土完整的；

（三）泄露国家秘密、危害国家安全或者损害国家荣誉和利益的；

（四）煽动民族仇恨、民族歧视，破坏民族团结，或者侵害民族风俗、习惯的；

（五）宣扬邪教、迷信的；

（六）散布谣言，扰乱社会秩序，破坏社会稳定的；

（七）宣扬淫秽、色情、赌博、暴力或者教唆犯罪的；

（八）侮辱或者诽谤他人，侵害他人合法权益的；

（九）危害社会公德或者民族优秀文化传统的；

（十）有法律、行政法规和国家规定禁止的其他内容的。

第二十五条　为保护未成年人合法权益，网络出版物不得含有诱发未成年人模仿违反社会公德和违法犯罪行为的内容，不得含有恐怖、残酷等妨害未成年人身心健康的内容，不得含有披露未成年人个人隐私的内容。

第二十六条　网络出版服务单位出版涉及国家安全、社会安定等方面重大选题的内容，应当按照国家新闻出版广电总局有关重大选题备案管理的规定办理备案手续。未经备案的重大选题内容，不得出版。

第二十七条　网络游戏上网出版前，必须向所在地省、自治区、直辖市出版行政主管部门提出申请，经审核同意后，报国家新闻出版广电总局审批。

第二十八条　网络出版物的内容不真实或不公正，致使公民、法人或者其他组织合法权益受到侵害的，相关网络出版服务单位应当停止侵权，公开更正，消除影响，并依法承担其他民事责任。

第二十九条　国家对网络出版物实行标识管理，具体办法由国家新闻出版广电总局另行制定。

第三十条　网络出版物必须符合国家的有关规定和标准要求，保证出版物质量。

网络出版物使用语言文字，必须符合国家法律规定和有关标准规范。

第三十一条　网络出版服务单位应当按照国家有关规定或技术标准，配备应用必要的设备和系统，建立健全各项管理制度，保障信息安全、内容合法，并为出版行政主管部门依法履行监督管理职责提供技术支持。

第三十二条 网络出版服务单位在网络上提供境外出版物，应当取得著作权合法授权。其中，出版境外著作权人授权的网络游戏，须按本规定第二十七条办理审批手续。

第三十三条 网络出版服务单位发现其出版的网络出版物含有本规定第二十四条、第二十五条所列内容的，应当立即删除，保存有关记录，并向所在地县级以上出版行政主管部门报告。

第三十四条 网络出版服务单位应记录所出版作品的内容及其时间、网址或者域名，记录应当保存60日，并在国家有关部门依法查询时，予以提供。

第三十五条 网络出版服务单位须遵守国家统计规定，依法向出版行政主管部门报送统计资料。

第四章 监督管理

第三十六条 网络出版服务的监督管理实行属地管理原则。

各地出版行政主管部门应当加强对本行政区域内的网络出版服务单位及其出版活动的日常监督管理，履行下列职责：

（一）对网络出版服务单位进行行业监管，对网络出版服务单位违反本规定的情况进行查处并报告上级出版行政主管部门；

（二）对网络出版服务进行监管，对违反本规定的行为进行查处并报告上级出版行政主管部门；

（三）对网络出版物内容和质量进行监管，定期组织内容审读和质量检查，并将结果向上级出版行政主管部门报告；

（四）对网络出版从业人员进行管理，定期组织岗位、业务培训和考核；

（五）配合上级出版行政主管部门、协调相关部门、指导下级出版行政主管部门开展工作。

第三十七条 出版行政主管部门应当加强监管队伍和机构建设，采取必要的技术手段对网络出版服务进行管理。出版行政主管部门依法履行监督检查等执法职责时，网络出版服务单位应当予以配合，不得拒绝、阻挠。

各省、自治区、直辖市出版行政主管部门应当定期将本行政区域内的网络出版服务监督管理情况向国家新闻出版广电总局提交书面报告。

第三十八条 网络出版服务单位实行年度核验制度，年度核验每年进行一次。省、自治区、直辖市出版行政主管部门负责对本行政区域内的网络出版服务单位实施年度核验并将有关情况报国家新闻出版广电总局备案。年度核验内容包括网络出版服务单位的设立条件、登记项目、出版经营情况、出版质量、遵守法律规范、内部管理情况等。

第三十九条 年度核验按照以下程序进行：

（一）网络出版服务单位提交年度自检报告，内容包括：本年度政策法律执行情况，奖惩情况，网站出版、管理、运营绩效情况，网络出版物目录，对年度核验期内的违法违规行为的整改情况，编辑出版人员培训管理情况等；并填写由国家新闻出版广电总局统一印制的《网络出版服务年度核验登记表》，与年度自检报告一并报所在地省、自治区、直辖市出版行政主管部门；

（二）省、自治区、直辖市出版行政主管部门对本行政区域内的网络出版服务单位的设立条件、登记项目、开展业务及执行法规等情况进行全面审核，并在收到网络出版服务单位的年度自检报告和《网络出版服务年度核验登记表》等年度核验材料的45日内完成全面审核查验工作。对符合年度核验要求的网络出版服务单位予以登记，并在其《网络出版服务许可证》上加盖年度核验章；

（三）省、自治区、直辖市出版行政主管部门应于完成全面审核查验工作的15日内将年度核验情况及有关书面材料报国家新闻出版广电总局备案。

第四十条 有下列情形之一的，暂缓年度核验：

（一）正在停业整顿的；

（二）违反出版法规规章，应予处罚的；

（三）未按要求执行出版行政主管部门相关管理规定的；

（四）内部管理混乱，无正当理由未开展实质性网络出版服务活动的；

（五）存在侵犯著作权等其他违法嫌疑需要进一步核查的。

暂缓年度核验的期限由省、自治区、直辖市出版行政主管部门确定，报国家新闻出版广电总局备案，最长不得超过180日。暂缓年度核验期间，须停止网络出版服务。

暂缓核验期满，按本规定重新办理年度核验手续。

第四十一条 已经不具备本规定第八条、第九条规定条件的，责令限期改正；逾期仍未改正的，不予通过年度核验，由国家新闻出版广电总局撤销《网络出版服务许可证》，所在地省、自治区、直辖市出版行政主管部门注销登记，并通知当地电信主管部门依法处理。

第四十二条 省、自治区、直辖市出版行政主管部门可根据实际情况，对本行政区域内的年度核验事项进行调整，相关情况报国家新闻出版广电总局备案。

第四十三条 省、自治区、直辖市出版行政主管部门可以向社会公布年度核验结果。

第四十四条 从事网络出版服务的编辑出版等相关专业技术人员及其负责人应当符合国家关于编辑出版等相关专业技术人员职业资格管理的有关规定。

网络出版服务单位的法定代表人或主要负责人应按照有关规定参加出版行政主管部门组织的岗位培训，并取得国家新闻出版广电总局统一印制的《岗位培训合格证书》。未按规定参加岗位培训或培训后未取得《岗位培训合格证书》的，不得继续担任法定代表人或主要负责人。

第五章　保障与奖励

第四十五条　国家制定有关政策，保障、促进网络出版服务业的发展与繁荣。鼓励宣传科学真理、传播先进文化、倡导科学精神、塑造美好心灵、弘扬社会正气等有助于形成先进网络文化的网络出版服务，推动健康文化、优秀文化产品的数字化、网络化传播。

网络出版服务单位依法从事网络出版服务，任何组织和个人不得干扰、阻止和破坏。

第四十六条　国家支持、鼓励下列优秀的、重点的网络出版物的出版：

（一）对阐述、传播宪法确定的基本原则有重大作用的；

（二）对弘扬社会主义核心价值观，进行爱国主义、集体主义、社会主义和民族团结教育以及弘扬社会公德、职业道德、家庭美德、个人品德有重要意义的；

（三）对弘扬民族优秀文化，促进国际文化交流有重大作用的；

（四）具有自主知识产权和优秀文化内涵的；

（五）对推进文化创新，及时反映国内外新的科学文化成果有重大贡献的；

（六）对促进公共文化服务有重大作用的；

（七）专门以未成年人为对象、内容健康的或者其他有利于未成年人健康成长的；

（八）其他具有重要思想价值、科学价值或者文化艺术价值的。

第四十七条　对为发展、繁荣网络出版服务业作出重要贡献的单位和个人，按照国家有关规定给予奖励。

第四十八条　国家保护网络出版物著作权人的合法权益。网络出版服务单位应当遵守《中华人民共和国著作权法》《信息网络传播权保护条例》《计算机软件保护条例》等著作权法律法规。

第四十九条　对非法干扰、阻止和破坏网络出版物出版的行为，出版行政主管部门及其他有关部门，应当及时采取措施，予以制止。

第六章　法律责任

第五十条　网络出版服务单位违反本规定的，出版行政主管部门可以采取下列行政措施：

（一）下达警示通知书；

（二）通报批评、责令改正；

（三）责令公开检讨；

（四）责令删除违法内容。

警示通知书由国家新闻出版广电总局制定统一格式，由出版行政主管部门下达给相关网络出版服务单位。

本条所列的行政措施可以并用。

第五十一条　未经批准，擅自从事网络出版服务，或者擅自上网出版网络游戏（含境外著作权人授权的网络游戏），根据《出版管理条例》第六十一条、《互联网信息服务管理办法》第十九条的规定，由出版行政主管部门、工商行政管理部门依照法定职权予以取缔，并由所在地省级电信主管部门依据有关部门的通知，按照《互联网信息服务管理办法》第十九条的规定给予责令关闭网站等处罚；已经触犯刑法的，依法追究刑事责任；尚不够刑事处罚的，删除全部相关网络出版物，没收违法所得和从事违法出版活动的主要设备、专用工具，违法经营额 1 万元以上的，并处违法经营额 5 倍以上 10 倍以下的罚款；违法经营额不足 1 万元的，可以处 5 万元以下的罚款；侵犯他人合法权益的，依法承担民事责任。

第五十二条　出版、传播含有本规定第二十四条、第二十五条禁止内容的网络出版物的，根据《出版管理条例》第六十二条、《互联网信息服务管理办法》第二十条的规定，由出版行政主管部门责令删除相关内容并限期改正，没收违法所得，违法经营额 1 万元以上的，并处违法经营额 5 倍以上 10 倍以下罚款；违法经营额不足 1 万元的，可以处 5 万元以下罚款；情节严重的，责令限期停业整顿或者由国家新闻出版广电总局吊销《网络出版服务许可证》，由电信主管部门依据出版行政主管部门的通知吊销其电信业务经营许可或者责令关闭网站；构成犯罪的，依法追究刑事责任。

为从事本条第一款行为的网络出版服务单位提供人工干预搜索排名、广告、推广等相关服务的，由出版行政主管部门责令其停止提供相关服务。

第五十三条　违反本规定第二十一条的，根据《出版管理条例》第六十六条的规定，由出版行政主管部门责令停止违法行为，给予警告，没收违法所得，违法经营额1万元以上的，并处违法经营额5倍以上10倍以下的罚款；违法经营额不足1万元的，可以处5万元以下的罚款；情节严重的，责令限期停业整顿或者由国家新闻出版广电总局吊销《网络出版服务许可证》。

第五十四条 有下列行为之一的，根据《出版管理条例》第六十七条的规定，由出版行政主管部门责令改正，给予警告；情节严重的，责令限期停业整顿或者由国家新闻出版广电总局吊销《网络出版服务许可证》：

（一）网络出版服务单位变更《网络出版服务许可证》登记事项、资本结构，超出批准的服务范围从事网络出版服务，合并或者分立，设立分支机构，未依据本规定办理审批手续的；

（二）网络出版服务单位未按规定出版涉及重大选题出版物的；

（三）网络出版服务单位擅自中止网络出版服务超过180日的；

（四）网络出版物质量不符合有关规定和标准的。

第五十五条 违反本规定第三十四条的，根据《互联网信息服务管理办法》第二十一条的规定，由省级电信主管部门责令改正；情节严重的，责令停业整顿或者暂时关闭网站。

第五十六条 网络出版服务单位未依法向出版行政主管部门报送统计资料的，依据《新闻出版统计管理办法》处罚。

第五十七条 网络出版服务单位违反本规定第二章规定，以欺骗或者贿赂等不正当手段取得许可的，由国家新闻出版广电总局撤销其相应许可。

第五十八条 有下列行为之一的，由出版行政主管部门责令改正，予以警告，并处3万元以下罚款：

（一）违反本规定第十条，擅自与境内外中外合资经营、中外合作经营和外资经营的企业进行涉及网络出版服务业务的合作的；

（二）违反本规定第十九条，未标明有关许可信息或者未核验有关网站的《网络出版服务许可证》的；

（三）违反本规定第二十三条，未按规定实行编辑责任制度等管理制度的；

（四）违反本规定第三十一条，未按规定或标准配备应用有关系统、设备或未健全有关管理制度的；

（五）未按本规定要求参加年度核验的；

（六）违反本规定第四十四条，网络出版服务单位的法定代表人或主要负责人未取得《岗位培训合格证书》的；

（七）违反出版行政主管部门关于网络出版其他管理规定的。

第五十九条 网络出版服务单位违反本规定被处以吊销许可证行政处罚的，其法定代表人或者主要负责人自许可证被吊销之日起10年内不得担任网络出版服务单位的法定代表人或者主要负责人。

从事网络出版服务的编辑出版等相关专业技术人员及其负责人违反本规定，情节严重的，由原发证机关吊销其资格证书。

第七章　附　则

第六十条　本规定所称出版物内容审核责任制度、责任编辑制度、责任校对制度等管理制度，参照《图书质量保障体系》的有关规定执行。

第六十一条　本规定自 2016 年 3 月 10 日起施行。原国家新闻出版总署、信息产业部 2002 年 6 月 27 日颁布的《互联网出版管理暂行规定》同时废止。

互联网信息服务管理办法

第一条 为了规范互联网信息服务活动，促进互联网信息服务健康有序发展，制定本办法。

第二条 在中华人民共和国境内从事互联网信息服务活动，必须遵守本办法。

本办法所称互联网信息服务，是指通过互联网向上网用户提供信息的服务活动。

第三条 互联网信息服务分为经营性和非经营性两类。

经营性互联网信息服务，是指通过互联网向上网用户有偿提供信息或者网页制作等服务活动。

非经营性互联网信息服务，是指通过互联网向上网用户无偿提供具有公开性、共享性信息的服务活动。

第四条 国家对经营性互联网信息服务实行许可制度；对非经营性互联网信息服务实行备案制度。

未取得许可或者未履行备案手续的，不得从事互联网信息服务。

第五条 从事新闻、出版、教育、医疗保健、药品和医疗器械等互联网信息服务，依照法律、行政法规以及国家有关规定须经有关主管部门审核同意的，在申请经营许可或者履行备案手续前，应当依法经有关主管部门审核同意。

第六条 从事经营性互联网信息服务，除应当符合《中华人民共和国电信条例》规定的要求外，还应当具备下列条件：

（一）有业务发展计划及相关技术方案；

（二）有健全的网络与信息安全保障措施，包括网站安全保障措施、信息安全保密管理制度、用户信息安全管理制度；

（三）服务项目属于本办法第五条规定范围的，已取得有关主管部门同意的文件。

第七条 从事经营性互联网信息服务，应当向省、自治区、直辖市电信管理机构或者国务院信息产业主管部门申请办理互联网信息服务增值电信业务经营许可证（以下简称经营许可证）。

省、自治区、直辖市电信管理机构或者国务院信息产业主管部门应当自收到申请之日起60日内审查完毕，作出批准或者不予批准的决定。予以批准的，颁发经营许可证；不予批准的，应当书面通知申请人并说明理由。

申请人取得经营许可证后，应当持经营许可证向企业登记机关办理登记手续。

第八条　从事非经营性互联网信息服务，应当向省、自治区、直辖市电信管理机构或者国务院信息产业主管部门办理备案手续。办理备案时，应当提交下列材料：

（一）主办单位和网站负责人的基本情况；

（二）网站网址和服务项目；

（三）服务项目属于本办法第五条规定范围的，已取得有关主管部门的同意文件。

省、自治区、直辖市电信管理机构对备案材料齐全的，应当予以备案并编号。

第九条　从事互联网信息服务，拟开办电子公告服务的，应当在申请经营性互联网信息服务许可或者办理非经营性互联网信息服务备案时，按照国家有关规定提出专项申请或者专项备案。

第十条　省、自治区、直辖市电信管理机构和国务院信息产业主管部门应当公布取得经营许可证或者已履行备案手续的互联网信息服务提供者名单。

第十一条　互联网信息服务提供者应当按照经许可或者备案的项目提供服务，不得超出经许可或者备案的项目提供服务。

非经营性互联网信息服务提供者不得从事有偿服务。

互联网信息服务提供者变更服务项目、网站网址等事项的，应当提前30日向原审核、发证或者备案机关办理变更手续。

第十二条　互联网信息服务提供者应当在其网站主页的显著位置标明其经营许可证编号或者备案编号。

第十三条　互联网信息服务提供者应当向上网用户提供良好的服务，并保证所提供的信息内容合法。

第十四条　从事新闻、出版以及电子公告等服务项目的互联网信息服务提供者，应当记录提供的信息内容及其发布时间、互联网地址或者域名；互联网接入服务提供者应当记录上网用户的上网时间、用户帐号、互联网地址或者域名、主叫电话号码等信息。

互联网信息服务提供者和互联网接入服务提供者的记录备份应当保存60日，并在国家有关机关依法查询时，予以提供。

第十五条 互联网信息服务提供者不得制作、复制、发布、传播含有下列内容的信息：

（一）反对宪法所确定的基本原则的；

（二）危害国家安全，泄露国家秘密，颠覆国家政权，破坏国家统一的；

（三）损害国家荣誉和利益的；

（四）煽动民族仇恨、民族歧视，破坏民族团结的；

（五）破坏国家宗教政策，宣扬邪教和封建迷信的；

（六）散布谣言，扰乱社会秩序，破坏社会稳定的；

（七）散布淫秽、色情、赌博、暴力、凶杀、恐怖或者教唆犯罪的；

（八）侮辱或者诽谤他人，侵害他人合法权益的；

（九）含有法律、行政法规禁止的其他内容的。

第十六条 互联网信息服务提供者发现其网站传输的信息明显属于本办法第十五条所列内容之一的，应当立即停止传输，保存有关记录，并向国家有关机关报告。

第十七条 经营性互联网信息服务提供者申请在境内境外上市或者同外商合资、合作，应当事先经国务院信息产业主管部门审查同意；其中，外商投资的比例应当符合有关法律、行政法规的规定。

第十八条 国务院信息产业主管部门和省、自治区、直辖市电信管理机构，依法对互联网信息服务实施监督管理。

新闻、出版、教育、卫生、药品监督管理、工商行政管理和公安、国家安全等有关主管部门，在各自职责范围内依法对互联网信息内容实施监督管理。

第十九条 违反本办法的规定，未取得经营许可证，擅自从事经营性互联网信息服务，或者超出许可的项目提供服务的，由省、自治区、直辖市电信管理机构责令限期改正，有违法所得的，没收违法所得，处违法所得3倍以上5倍以下的罚款；没有违法所得或者违法所得不足5万元的，处10万元以上100万元以下的罚款；情节严重的，责令关闭网站。

违反本办法的规定，未履行备案手续，擅自从事非经营性互联网信息服务，或者超出备案的项目提供服务的，由省、自治区、直辖市电信管理机构责令限期改正；拒不改正的，责令关闭网站。

第二十条 制作、复制、发布、传播本办法第十五条所列内容之一的信息，构成犯罪的，依法追究刑事责任；尚不构成犯罪的，由公安机关、国家安全机关依照《中华人民共和国治安管理处罚条例》《计算机信息网络国际联网安全保护管理办法》等有关法律、行政法规的规定予以处罚；对经营性互联网信息服务提供者，并由发证机关责令停业整顿直至吊销经营许可证，通知企业登记机关；

对非经营性互联网信息服务提供者，并由备案机关责令暂时关闭网站直至关闭网站。

第二十一条　未履行本办法第十四条规定的义务的，由省、自治区、直辖市电信管理机构责令改正；情节严重的，责令停业整顿或者暂时关闭网站。

第二十二条　违反本办法的规定，未在其网站主页上标明其经营许可证编号或者备案编号的，由省、自治区、直辖市电信管理机构责令改正，处 5 000 元以上 5 万元以下的罚款。

第二十三条　违反本办法第十六条规定的义务的，由省、自治区、直辖市电信管理机构责令改正；情节严重的，对经营性互联网信息服务提供者，并由发证机关吊销经营许可证，对非经营性互联网信息服务提供者，并由备案机关责令关闭网站。

第二十四条　互联网信息服务提供者在其业务活动中，违反其他法律、法规的，由新闻、出版、教育、卫生、药品监督管理和工商行政管理等有关主管部门依照有关法律、法规的规定处罚。

第二十五条　电信管理机构和其他有关主管部门及其工作人员，玩忽职守、滥用职权、徇私舞弊，疏于对互联网信息服务的监督管理，造成严重后果，构成犯罪的，依法追究刑事责任；尚不构成犯罪的，对直接负责的主管人员和其他直接责任人员依法给予降级、撤职直至开除的行政处分。

第二十六条　在本办法公布前从事互联网信息服务的，应当自本办法公布之日起 60 日内依照本办法的有关规定补办有关手续。

第二十七条　本办法自公布之日起施行。

互联网新闻信息服务管理规定

第一章　总　则

第一条　为加强互联网信息内容管理，促进互联网新闻信息服务健康有序发展，根据《中华人民共和国网络安全法》《互联网信息服务管理办法》《国务院关于授权国家互联网信息办公室负责互联网信息内容管理工作的通知》，制定本规定。

第二条　在中华人民共和国境内提供互联网新闻信息服务，适用本规定。

本规定所称新闻信息，包括有关政治、经济、军事、外交等社会公共事务的报道、评论，以及有关社会突发事件的报道、评论。

第三条　提供互联网新闻信息服务，应当遵守宪法、法律和行政法规，坚持为人民服务、为社会主义服务的方向，坚持正确舆论导向，发挥舆论监督作用，促进形成积极健康、向上向善的网络文化，维护国家利益和公共利益。

第四条　国家互联网信息办公室负责全国互联网新闻信息服务的监督管理执法工作。地方互联网信息办公室依据职责负责本行政区域内互联网新闻信息服务的监督管理执法工作。

第二章　许　可

第五条　通过互联网站、应用程序、论坛、博客、微博客、公众账号、即时通信工具、网络直播等形式向社会公众提供互联网新闻信息服务，应当取得互联网新闻信息服务许可，禁止未经许可或超越许可范围开展互联网新闻信息服务活动。

前款所称互联网新闻信息服务，包括互联网新闻信息采编发布服务、转载服务、传播平台服务。

第六条　申请互联网新闻信息服务许可，应当具备下列条件：

（一）在中华人民共和国境内依法设立的法人；

（二）主要负责人、总编辑是中国公民；

（三）有与服务相适应的专职新闻编辑人员、内容审核人员和技术保障人员；

（四）有健全的互联网新闻信息服务管理制度；

（五）有健全的信息安全管理制度和安全可控的技术保障措施；

（六）有与服务相适应的场所、设施和资金。

申请互联网新闻信息采编发布服务许可的，应当是新闻单位（含其控股的单位）或新闻宣传部门主管的单位。

符合条件的互联网新闻信息服务提供者实行特殊管理股制度，具体实施办法由国家互联网信息办公室另行制定。

提供互联网新闻信息服务，还应当依法向电信主管部门办理互联网信息服务许可或备案手续。

第七条　任何组织不得设立中外合资经营、中外合作经营和外资经营的互联网新闻信息服务单位。

互联网新闻信息服务单位与境内外中外合资经营、中外合作经营和外资经营的企业进行涉及互联网新闻信息服务业务的合作，应当报经国家互联网信息办公室进行安全评估。

第八条　互联网新闻信息服务提供者的采编业务和经营业务应当分开，非公有资本不得介入互联网新闻信息采编业务。

第九条　申请互联网新闻信息服务许可，申请主体为中央新闻单位（含其控股的单位）或中央新闻宣传部门主管的单位的，由国家互联网信息办公室受理和决定；申请主体为地方新闻单位（含其控股的单位）或地方新闻宣传部门主管的单位的，由省、自治区、直辖市互联网信息办公室受理和决定；申请主体为其他单位的，经所在地省、自治区、直辖市互联网信息办公室受理和初审后，由国家互联网信息办公室决定。

国家或省、自治区、直辖市互联网信息办公室决定批准的，核发《互联网新闻信息服务许可证》。《互联网新闻信息服务许可证》有效期为三年。有效期届满，需继续从事互联网新闻信息服务活动的，应当于有效期届满三十日前申请续办。

省、自治区、直辖市互联网信息办公室应当定期向国家互联网信息办公室报告许可受理和决定情况。

第十条　申请互联网新闻信息服务许可，应当提交下列材料：

（一）主要负责人、总编辑为中国公民的证明；

（二）专职新闻编辑人员、内容审核人员和技术保障人员的资质情况；

（三）互联网新闻信息服务管理制度；

（四）信息安全管理制度和技术保障措施；

（五）互联网新闻信息服务安全评估报告；

（六）法人资格、场所、资金和股权结构等证明；

（七）法律法规规定的其他材料。

第三章 运 行

第十一条 互联网新闻信息服务提供者应当设立总编辑，总编辑对互联网新闻信息内容负总责。总编辑人选应当具有相关从业经验，符合相关条件，并报国家或省、自治区、直辖市互联网信息办公室备案。

互联网新闻信息服务相关从业人员应当依法取得相应资质，接受专业培训、考核。互联网新闻信息服务相关从业人员从事新闻采编活动，应当具备新闻采编人员职业资格，持有国家新闻出版广电总局统一颁发的新闻记者证。

第十二条 互联网新闻信息服务提供者应当健全信息发布审核、公共信息巡查、应急处置等信息安全管理制度，具有安全可控的技术保障措施。

第十三条 互联网新闻信息服务提供者为用户提供互联网新闻信息传播平台服务，应当按照《中华人民共和国网络安全法》的规定，要求用户提供真实身份信息。用户不提供真实身份信息的，互联网新闻信息服务提供者不得为其提供相关服务。

互联网新闻信息服务提供者对用户身份信息和日志信息负有保密的义务，不得泄露、篡改、毁损，不得出售或非法向他人提供。

互联网新闻信息服务提供者及其从业人员不得通过采编、发布、转载、删除新闻信息，干预新闻信息呈现或搜索结果等手段谋取不正当利益。

第十四条 互联网新闻信息服务提供者提供互联网新闻信息传播平台服务，应当与在其平台上注册的用户签订协议，明确双方权利义务。

对用户开设公众账号的，互联网新闻信息服务提供者应当审核其账号信息、服务资质、服务范围等信息，并向所在地省、自治区、直辖市互联网信息办公室分类备案。

第十五条 互联网新闻信息服务提供者转载新闻信息，应当转载中央新闻单位或省、自治区、直辖市直属新闻单位等国家规定范围内的单位发布的新闻信息，注明新闻信息来源、原作者、原标题、编辑真实姓名等，不得歪曲、篡改标题原意和新闻信息内容，并保证新闻信息来源可追溯。

互联网新闻信息服务提供者转载新闻信息，应当遵守著作权相关法律法规的规定，保护著作权人的合法权益。

第十六条 互联网新闻信息服务提供者和用户不得制作、复制、发布、传播法律、行政法规禁止的信息内容。

互联网新闻信息服务提供者提供服务过程中发现含有违反本规定第三条或前

款规定内容的，应当依法立即停止传输该信息、采取消除等处置措施，保存有关记录，并向有关主管部门报告。

第十七条　互联网新闻信息服务提供者变更主要负责人、总编辑、主管单位、股权结构等影响许可条件的重大事项，应当向原许可机关办理变更手续。

互联网新闻信息服务提供者应用新技术、调整增设具有新闻舆论属性或社会动员能力的应用功能，应当报国家或省、自治区、直辖市互联网信息办公室进行互联网新闻信息服务安全评估。

第十八条　互联网新闻信息服务提供者应当在明显位置明示互联网新闻信息服务许可证编号。

互联网新闻信息服务提供者应当自觉接受社会监督，建立社会投诉举报渠道，设置便捷的投诉举报入口，及时处理公众投诉举报。

第四章　监督检查

第十九条　国家和地方互联网信息办公室应当建立日常检查和定期检查相结合的监督管理制度，依法对互联网新闻信息服务活动实施监督检查，有关单位、个人应当予以配合。

国家和地方互联网信息办公室应当健全执法人员资格管理制度。执法人员开展执法活动，应当依法出示执法证件。

第二十条　任何组织和个人发现互联网新闻信息服务提供者有违反本规定行为的，可以向国家和地方互联网信息办公室举报。

国家和地方互联网信息办公室应当向社会公开举报受理方式，收到举报后，应当依法予以处置。互联网新闻信息服务提供者应当予以配合。

第二十一条　国家和地方互联网信息办公室应当建立互联网新闻信息服务网络信用档案，建立失信黑名单制度和约谈制度。

国家互联网信息办公室会同国务院电信、公安、新闻出版广电等部门建立信息共享机制，加强工作沟通和协作配合，依法开展联合执法等专项监督检查活动。

第五章　法律责任

第二十二条　违反本规定第五条规定，未经许可或超越许可范围开展互联网新闻信息服务活动的，由国家和省、自治区、直辖市互联网信息办公室依据职责责令停止相关服务活动，处一万元以上三万元以下罚款。

第二十三条　互联网新闻信息服务提供者运行过程中不再符合许可条件的，

由原许可机关责令限期改正；逾期仍不符合许可条件的，暂停新闻信息更新；《互联网新闻信息服务许可证》有效期届满仍不符合许可条件的，不予换发许可证。

第二十四条 互联网新闻信息服务提供者违反本规定第七条第二款、第八条、第十一条、第十二条、第十三条第三款、第十四条、第十五条第一款、第十七条、第十八条规定的，由国家和地方互联网信息办公室依据职责给予警告，责令限期改正；情节严重或拒不改正的，暂停新闻信息更新，处五千元以上三万元以下罚款；构成犯罪的，依法追究刑事责任。

第二十五条 互联网新闻信息服务提供者违反本规定第三条、第十六条第一款、第十九条第一款、第二十条第二款规定的，由国家和地方互联网信息办公室依据职责给予警告，责令限期改正；情节严重或拒不改正的，暂停新闻信息更新，处二万元以上三万元以下罚款；构成犯罪的，依法追究刑事责任。

第二十六条 互联网新闻信息服务提供者违反本规定第十三条第一款、第十六条第二款规定的，由国家和地方互联网信息办公室根据《中华人民共和国网络安全法》的规定予以处理。

第六章 附 则

第二十七条 本规定所称新闻单位，是指依法设立的报刊社、广播电台、电视台、通讯社和新闻电影制片厂。

第二十八条 违反本规定，同时违反互联网信息服务管理规定的，由国家和地方互联网信息办公室根据本规定处理后，转由电信主管部门依法处置。

国家对互联网视听节目服务、网络出版服务等另有规定的，应当同时符合其规定。

第二十九条 本规定自 2017 年 6 月 1 日起施行。本规定施行之前颁布的有关规定与本规定不一致的，按照本规定执行。

互联网视听节目服务管理规定

第一条 为维护国家利益和公共利益，保护公众和互联网视听节目服务单位的合法权益，规范互联网视听节目服务秩序，促进健康有序发展，根据国家有关规定，制定本规定。

第二条 在中华人民共和国境内向公众提供互联网（含移动互联网，以下简称互联网）视听节目服务活动，适用本规定。

本规定所称互联网视听节目服务，是指制作、编辑、集成并通过互联网向公众提供视音频节目，以及为他人提供上载传播视听节目服务的活动。

第三条 国务院广播电影电视主管部门作为互联网视听节目服务的行业主管部门，负责对互联网视听节目服务实施监督管理，统筹互联网视听节目服务的产业发展、行业管理、内容建设和安全监管。国务院信息产业主管部门作为互联网行业主管部门，依据电信行业管理职责对互联网视听节目服务实施相应的监督管理。

地方人民政府广播电影电视主管部门和地方电信管理机构依据各自职责对本行政区域内的互联网视听节目服务单位及接入服务实施相应的监督管理。

第四条 互联网视听节目服务单位及其相关网络运营单位，是重要的网络文化建设力量，承担建设中国特色网络文化和维护网络文化信息安全的责任，应自觉遵守宪法、法律和行政法规，接受互联网视听节目服务行业主管部门和互联网行业主管部门的管理。

第五条 互联网视听节目服务单位组成的全国性社会团体，负责制定行业自律规范，倡导文明上网、文明办网，营造文明健康的网络环境，传播健康有益视听节目，抵制腐朽落后思想文化传播，并在国务院广播电影电视主管部门指导下开展活动。

第六条 发展互联网视听节目服务要有益于传播社会主义先进文化，推动社会全面进步和人的全面发展、促进社会和谐。从事互联网视听节目服务，应当坚持为人民服务、为社会主义服务，坚持正确导向，把社会效益放在首位，建设社会主义核心价值体系，遵守社会主义道德规范，大力弘扬体现时代发展和社会进步的思想文化，大力弘扬民族优秀文化传统，提供更多更好的互联网视听节目服务，满足人民群众日益增长的需求，不断丰富人民群众的精神文化生活，充分发挥文化滋润心灵、陶冶情操、愉悦身心的作用，为青少年成长创造良好的网上空间，形成共建共享的精神家园。

第七条 从事互联网视听节目服务，应当依照本规定取得广播电影电视主管部门颁发的《信息网络传播视听节目许可证》（以下简称《许可证》）或履行备案手续。

未按照本规定取得广播电影电视主管部门颁发的《许可证》或履行备案手续，任何单位和个人不得从事互联网视听节目服务。

互联网视听节目服务业务指导目录由国务院广播电影电视主管部门商国务院信息产业主管部门制定。

第八条 申请从事互联网视听节目服务的，应当同时具备以下条件：

（一）具备法人资格，为国有独资或国有控股单位，且在申请之日前三年内无违法违规记录；

（二）有健全的节目安全传播管理制度和安全保护技术措施；

（三）有与其业务相适应并符合国家规定的视听节目资源；

（四）有与其业务相适应的技术能力、网络资源；

（五）有与其业务相适应的专业人员，且主要出资者和经营者在申请之日前三年内无违法违规记录；

（六）技术方案符合国家标准、行业标准和技术规范；

（七）符合国务院广播电影电视主管部门确定的互联网视听节目服务总体规划、布局和业务指导目录；

（八）符合法律、行政法规和国家有关规定的条件。

第九条 从事广播电台、电视台形态服务和时政类视听新闻服务的，除符合本规定第八条规定外，还应当持有广播电视播出机构许可证或互联网新闻信息服务许可证。其中，以自办频道方式播放视听节目的，由地（市）级以上广播电台、电视台、中央新闻单位提出申请。

从事主持、访谈、报道类视听服务的，除符合本规定第八条规定外，还应当持有广播电视节目制作经营许可证和互联网新闻信息服务许可证；从事自办网络剧（片）类服务的，还应当持有广播电视节目制作经营许可证。

未经批准，任何组织和个人不得在互联网上使用广播电视专有名称开展业务。

第十条 申请《许可证》，应当通过省、自治区、直辖市人民政府广播电影电视主管部门向国务院广播电影电视主管部门提出申请，中央直属单位可以直接向国务院广播电影电视主管部门提出申请。

省、自治区、直辖市人民政府广播电影电视主管部门应当提供便捷的服务，自收到申请之日起20日内提出初审意见，报国务院广播电影电视主管部门审批；国务院广播电影电视主管部门应当自收到申请或者初审意见之日起40日内作出许可或者不予许可的决定，其中专家评审时间为20日。予以许可的，向申请人颁发《许可证》，并向社会公告；不予许可的，应当书面通知申请人并说明理由。《许可证》应当载明互联网视听节目服务的播出标识、名称、服务类别等事项。

《许可证》有效期为3年。有效期届满，需继续从事互联网视听节目服务的，应于有效期届满前30日内，持符合本办法第八条规定条件的相关材料，向原发证机关申请办理续办手续。

地（市）级以上广播电台、电视台从事互联网视听节目转播类服务的，到省级以上广播电影电视主管部门履行备案手续。中央新闻单位从事互联网视听节目转播类服务的，到国务院广播电影电视主管部门履行备案手续。备案单位应在节目开播30日前，提交网址、网站名、拟转播的广播电视频道、栏目名称等有关备案材料，广播电影电视主管部门应将备案情况向社会公告。

第十一条　取得《许可证》的单位，应当依据《互联网信息服务管理办法》，向省（自治区、直辖市）电信管理机构或国务院信息产业主管部门（以下简称电信主管部门）申请办理电信业务经营许可或者履行相关备案手续，并依法到工商行政管理部门办理注册登记或变更登记手续。电信主管部门应根据广播电影电视主管部门许可，严格互联网视听节目服务单位的域名和IP地址管理。

第十二条　互联网视听节目服务单位变更股东、股权结构，有重大资产变动或有上市等重大融资行为的，以及业务项目超出《许可证》载明范围的，应按本规定办理审批手续。互联网视听节目服务单位的办公场所、法定代表人以及互联网信息服务单位的网址、网站名依法变更的，应当在变更后15日内向省级以上广播电影电视主管部门和电信主管部门备案，变更事项涉及工商登记的，应当依法到工商行政管理部门办理变更登记手续。

第十三条　互联网视听节目服务单位应当在取得《许可证》90日内提供互联网视听节目服务。未按期提供服务的，其《许可证》由原发证机关予以注销。如因特殊原因，应经发证机关同意。申请终止服务的，应提前60日向原发证机关申报，其《许可证》由原发证机关予以注销。连续停止业务超过60日的，由原发证机关按终止业务处理，其《许可证》由原发证机关予以注销。

第十四条　互联网视听节目服务单位应当按照《许可证》载明或备案的事项开展互联网视听节目服务，并在播出界面显著位置标注国务院广播电影电视主管部门批准的播出标识、名称、《许可证》或备案编号。

任何单位不得向未持有《许可证》或备案的单位提供与互联网视听节目服

务有关的代收费及信号传输、服务器托管等金融和技术服务。

第十五条 鼓励国有战略投资者投资互联网视听节目服务企业；鼓励互联网视听节目服务单位积极开发适应新一代互联网和移动通信特点的新业务，为移动多媒体、多媒体网站生产积极健康的视听节目，努力提高互联网视听节目的供给能力；鼓励影视生产基地、电视节目制作单位多生产适合在网上传播的影视剧（片）、娱乐节目，积极发展民族网络影视产业；鼓励互联网视听节目服务单位传播公益性视听节目。

互联网视听节目服务单位应当遵守著作权法律、行政法规的规定，采取版权保护措施，保护著作权人的合法权益。

第十六条 互联网视听节目服务单位提供的、网络运营单位接入的视听节目应当符合法律、行政法规、部门规章的规定。已播出的视听节目应至少完整保留60日。视听节目不得含有以下内容：

（一）反对宪法确定的基本原则的；

（二）危害国家统一、主权和领土完整的；

（三）泄露国家秘密、危害国家安全或者损害国家荣誉和利益的；

（四）煽动民族仇恨、民族歧视，破坏民族团结，或者侵害民族风俗、习惯的；

（五）宣扬邪教、迷信的；

（六）扰乱社会秩序，破坏社会稳定的；

（七）诱导未成年人违法犯罪和渲染暴力、色情、赌博、恐怖活动的；

（八）侮辱或者诽谤他人，侵害公民个人隐私等他人合法权益的；

（九）危害社会公德，损害民族优秀文化传统的；

（十）有关法律、行政法规和国家规定禁止的其他内容。

第十七条 用于互联网视听节目服务的电影电视剧类节目和其它节目，应当符合国家有关广播电影电视节目的管理规定。互联网视听节目服务单位播出时政类视听新闻节目，应当是地（市）级以上广播电台、电视台制作、播出的节目和中央新闻单位网站登载的时政类视听新闻节目。

未持有《许可证》的单位不得为个人提供上载传播视听节目服务。互联网视听节目服务单位不得允许个人上载时政类视听新闻节目，在提供播客、视频分享等上载传播视听节目服务时，应当提示上载者不得上载违反本规定的视听节目。任何单位和个人不得转播、链接、聚合、集成非法的广播电视频道、视听节目网站的节目。

第十八条 广播电影电视主管部门发现互联网视听节目服务单位传播违反本规定的视听节目，应当采取必要措施予以制止。互联网视听节目服务单位对含有违反本规定内容的视听节目，应当立即删除，并保存有关记录，履行报告义务，落实有关主管部门的管理要求。

互联网视听节目服务单位主要出资者和经营者应对播出和上载的视听节目内容负责。

第十九条　互联网视听节目服务单位应当选择依法取得互联网接入服务电信业务经营许可证或广播电视节目传送业务经营许可证的网络运营单位提供服务；应当依法维护用户权利，履行对用户的承诺，对用户信息保密，不得进行虚假宣传或误导用户、做出对用户不公平不合理的规定、损害用户的合法权益；提供有偿服务时，应当以显著方式公布所提供服务的视听节目种类、范围、资费标准和时限，并告知用户中止或者取消互联网视听节目服务的条件和方式。

第二十条　网络运营单位提供互联网视听节目信号传输服务时，应当保障视听节目服务单位的合法权益，保证传输安全，不得擅自插播、截留视听节目信号；在提供服务前应当查验视听节目服务单位的《许可证》或备案证明材料，按照《许可证》载明事项或备案范围提供接入服务。

第二十一条　广播电影电视和电信主管部门应建立公众监督举报制度。公众有权举报视听节目服务单位的违法违规行为，有关主管部门应当及时处理，不得推诿。广播电影电视、电信等监督管理部门发现违反本规定的行为，不属于本部门职责的，应当移交有权处理的部门处理。

电信主管部门应当依照国家有关规定向广播电影电视主管部门提供必要的技术系统接口和网站数据查询资料。

第二十二条　广播电影电视主管部门依法对互联网视听节目服务单位进行实地检查，有关单位和个人应当予以配合。广播电影电视主管部门工作人员依法进行实地检查时应当主动出示有关证件。

第二十三条　违反本规定有下列行为之一的，由县级以上广播电影电视主管部门予以警告、责令改正，可并处 3 万元以下罚款；同时，可对其主要出资者和经营者予以警告，可并处 2 万元以下罚款：

（一）擅自在互联网上使用广播电视专有名称开展业务的；

（二）变更股东、股权结构，或上市融资，或重大资产变动时，未办理审批手续的；

（三）未建立健全节目运营规范，未采取版权保护措施，或对传播有害内容未履行提示、删除、报告义务的；

（四）未在播出界面显著位置标注播出标识、名称、《许可证》和备案编号的；

（五）未履行保留节目记录、向主管部门如实提供查询义务的；

（六）向未持有《许可证》或备案的单位提供代收费及信号传输、服务器托管等与互联网视听节目服务有关的服务的；

（七）未履行查验义务，或向互联网视听节目服务单位提供其《许可证》或备案载明事项范围以外的接入服务的；

（八）进行虚假宣传或者误导用户的；

（九）未经用户同意，擅自泄露用户信息秘密的；

（十）互联网视听服务单位在同一年度内三次出现违规行为的；

（十一）拒绝、阻挠、拖延广播电影电视主管部门依法进行监督检查或者在监督检查过程中弄虚作假的；

（十二）以虚假证明、文件等手段骗取《许可证》的。

有本条第十二项行为的，发证机关应撤销其许可证。

第二十四条 擅自从事互联网视听节目服务的，由县级以上广播电影电视主管部门予以警告、责令改正，可并处3万元以下罚款；情节严重的，根据《广播电视管理条例》第四十七条的规定予以处罚。

传播的视听节目内容违反本规定的，由县级以上广播电影电视主管部门予以警告、责令改正，可并处3万元以下罚款；情节严重的，根据《广播电视管理条例》第四十九条的规定予以处罚。

未按照许可证载明或备案的事项从事互联网视听节目服务的或违规播出时政类视听新闻节目的，由县级以上广播电影电视主管部门予以警告、责令改正，可并处3万元以下罚款；情节严重的，根据《广播电视管理条例》第五十条之规定予以处罚。

转播、链接、聚合、集成非法的广播电视频道和视听节目网站内容的，擅自插播、截留视听节目信号的，由县级以上广播电影电视主管部门予以警告、责令改正，可并处3万元以下罚款；情节严重的，根据《广播电视管理条例》第五十一条之规定予以处罚。

第二十五条 对违反本规定的互联网视听节目服务单位，电信主管部门应根据广播电影电视主管部门的书面意见，按照电信管理和互联网管理的法律、行政法规的规定，关闭其网站，吊销其相应许可证或撤销备案，责令为其提供信号接入服务的网络运营单位停止接入；拒不执行停止接入服务决定，违反《电信条例》第五十七条规定的，由电信主管部门依据《电信条例》第七十八条的规定吊销其许可证。

违反治安管理规定的，由公安机关依法予以处罚；构成犯罪的，由司法机关依法追究刑事责任。

第二十六条 广播电影电视、电信等主管部门不履行规定的职责，或滥用职权的，要依法给予有关责任人处分，构成犯罪的，由司法机关依法追究刑事责任。

第二十七条　互联网视听节目服务单位出现重大违法违规行为的，除按有关规定予以处罚外，其主要出资者和经营者自互联网视听节目服务单位受到处罚之日起5年内不得投资和从事互联网视听节目服务。

第二十八条　通过互联网提供视音频即时通讯服务，由国务院信息产业主管部门按照国家有关规定进行监督管理。

利用局域网络及利用互联网架设虚拟专网向公众提供网络视听节目服务，须向行业主管部门提出申请，由国务院信息产业主管部门前置审批，国务院广播电影电视主管部门审核批准，按照国家有关规定进行监督管理。

第二十九条　本规定自2008年1月31日起施行。此前发布的规定与本规定不一致之处，依本规定执行。

信息网络传播权保护条例

第一条 为保护著作权人、表演者、录音录像制作者（以下统称权利人）的信息网络传播权，鼓励有益于社会主义精神文明、物质文明建设的作品的创作和传播，根据《中华人民共和国著作权法》（以下简称著作权法），制定本条例。

第二条 权利人享有的信息网络传播权受著作权法和本条例保护。除法律、行政法规另有规定的外，任何组织或者个人将他人的作品、表演、录音录像制品通过信息网络向公众提供，应当取得权利人许可，并支付报酬。

第三条 依法禁止提供的作品、表演、录音录像制品，不受本条例保护。

权利人行使信息网络传播权，不得违反宪法和法律、行政法规，不得损害公共利益。

第四条 为了保护信息网络传播权，权利人可以采取技术措施。

任何组织或者个人不得故意避开或者破坏技术措施，不得故意制造、进口或者向公众提供主要用于避开或者破坏技术措施的装置或者部件，不得故意为他人避开或者破坏技术措施提供技术服务。但是，法律、行政法规规定可以避开的除外。

第五条 未经权利人许可，任何组织或者个人不得进行下列行为：

（一）故意删除或者改变通过信息网络向公众提供的作品、表演、录音录像制品的权利管理电子信息，但由于技术上的原因无法避免删除或者改变的除外；

（二）通过信息网络向公众提供明知或者应知未经权利人许可被删除或者改变权利管理电子信息的作品、表演、录音录像制品。

第六条 通过信息网络提供他人作品，属于下列情形的，可以不经著作权人许可，不向其支付报酬：

（一）为介绍、评论某一作品或者说明某一问题，在向公众提供的作品中适当引用已经发表的作品；

（二）为报道时事新闻，在向公众提供的作品中不可避免地再现或者引用已经发表的作品；

（三）为学校课堂教学或者科学研究，向少数教学、科研人员提供少量已经发表的作品；

（四）国家机关为执行公务，在合理范围内向公众提供已经发表的作品；

（五）将中国公民、法人或者其他组织已经发表的、以汉语言文字创作的作品翻译成的少数民族语言文字作品，向中国境内少数民族提供；

（六）不以营利为目的，以盲人能够感知的独特方式向盲人提供已经发表的文字作品；

（七）向公众提供在信息网络上已经发表的关于政治、经济问题的时事性文章；

（八）向公众提供在公众集会上发表的讲话。

第七条 图书馆、档案馆、纪念馆、博物馆、美术馆等可以不经著作权人许可，通过信息网络向本馆馆舍内服务对象提供本馆收藏的合法出版的数字作品和依法为陈列或者保存版本的需要以数字化形式复制的作品，不向其支付报酬，但不得直接或者间接获得经济利益。当事人另有约定的除外。

前款规定的为陈列或者保存版本需要以数字化形式复制的作品，应当是已经损毁或者濒临损毁、丢失或者失窃，或者其存储格式已经过时，并且在市场上无法购买或者只能以明显高于标定的价格购买的作品。

第八条 为通过信息网络实施九年制义务教育或者国家教育规划，可以不经著作权人许可，使用其已经发表作品的片断或者短小的文字作品、音乐作品或者单幅的美术作品、摄影作品制作课件，由制作课件或者依法取得课件的远程教育机构通过信息网络向注册学生提供，但应当向著作权人支付报酬。

第九条 为扶助贫困，通过信息网络向农村地区的公众免费提供中国公民、法人或者其他组织已经发表的种植养殖、防病治病、防灾减灾等与扶助贫困有关的作品和适应基本文化需求的作品，网络服务提供者应当在提供前公告拟提供的作品及其作者、拟支付报酬的标准。自公告之日起 30 日内，著作权人不同意提供的，网络服务提供者不得提供其作品；自公告之日起满 30 日，著作权人没有异议的，网络服务提供者可以提供其作品，并按照公告的标准向著作权人支付报酬。网络服务提供者提供著作权人的作品后，著作权人不同意提供的，网络服务提供者应当立即删除著作权人的作品，并按照公告的标准向著作权人支付提供作品期间的报酬。

依照前款规定提供作品的，不得直接或者间接获得经济利益。

第十条 依照本条例规定不经著作权人许可、通过信息网络向公众提供其作品的，还应当遵守下列规定：

（一）除本条例第六条第一项至第六项、第七条规定的情形外，不得提供作者事先声明不许提供的作品；

（二）指明作品的名称和作者的姓名（名称）；

（三）依照本条例规定支付报酬；

（四）采取技术措施，防止本条例第七条、第八条、第九条规定的服务对象以外的其他人获得著作权人的作品，并防止本条例第七条规定的服务对象的复制行为对著作权人利益造成实质性损害；

（五）不得侵犯著作权人依法享有的其他权利。

第十一条 通过信息网络提供他人表演、录音录像制品的，应当遵守本条例第六条至第十条的规定。

第十二条 属于下列情形的，可以避开技术措施，但不得向他人提供避开技术措施的技术、装置或者部件，不得侵犯权利人依法享有的其他权利：

（一）为学校课堂教学或者科学研究，通过信息网络向少数教学、科研人员提供已经发表的作品、表演、录音录像制品，而该作品、表演、录音录像制品只能通过信息网络获取；

（二）不以营利为目的，通过信息网络以盲人能够感知的独特方式向盲人提供已经发表的文字作品，而该作品只能通过信息网络获取；

（三）国家机关依照行政、司法程序执行公务；

（四）在信息网络上对计算机及其系统或者网络的安全性能进行测试。

第十三条 著作权行政管理部门为了查处侵犯信息网络传播权的行为，可以要求网络服务提供者提供涉嫌侵权的服务对象的姓名（名称）、联系方式、网络地址等资料。

第十四条 对提供信息存储空间或者提供搜索、链接服务的网络服务提供者，权利人认为其服务所涉及的作品、表演、录音录像制品，侵犯自己的信息网络传播权或者被删除、改变了自己的权利管理电子信息的，可以向该网络服务提供者提交书面通知，要求网络服务提供者删除该作品、表演、录音录像制品，或者断开与该作品、表演、录音录像制品的链接。通知书应当包含下列内容：

（一）权利人的姓名（名称）、联系方式和地址；

（二）要求删除或者断开链接的侵权作品、表演、录音录像制品的名称和网络地址；

（三）构成侵权的初步证明材料。

权利人应当对通知书的真实性负责。

第十五条 网络服务提供者接到权利人的通知书后，应当立即删除涉嫌侵权的作品、表演、录音录像制品，或者断开与涉嫌侵权的作品、表演、录音录像制品的链接，并同时将通知书转送提供作品、表演、录音录像制品的服务对象；服务对象网络地址不明、无法转送的，应当将通知书的内容同时在信息网络上公告。

第十六条 服务对象接到网络服务提供者转送的通知书后，认为其提供的作品、表演、录音录像制品未侵犯他人权利的，可以向网络服务提供者提交书面说明，要求恢复被删除的作品、表演、录音录像制品，或者恢复与被断开的作品、表演、录音录像制品的链接。书面说明应当包含下列内容：

（一）服务对象的姓名（名称）、联系方式和地址；

（二）要求恢复的作品、表演、录音录像制品的名称和网络地址；

（三）不构成侵权的初步证明材料。

服务对象应当对书面说明的真实性负责。

第十七条　网络服务提供者接到服务对象的书面说明后，应当立即恢复被删除的作品、表演、录音录像制品，或者可以恢复与被断开的作品、表演、录音录像制品的链接，同时将服务对象的书面说明转送权利人。权利人不得再通知网络服务提供者删除该作品、表演、录音录像制品，或者断开与该作品、表演、录音录像制品的链接。

第十八条　违反本条例规定，有下列侵权行为之一的，根据情况承担停止侵害、消除影响、赔礼道歉、赔偿损失等民事责任；同时损害公共利益的，可以由著作权行政管理部门责令停止侵权行为，没收违法所得，非法经营额5万元以上的，可处非法经营额1倍以上5倍以下的罚款；没有非法经营额或者非法经营额5万元以下的，根据情节轻重，可处25万元以下的罚款；情节严重的，著作权行政管理部门可以没收主要用于提供网络服务的计算机等设备；构成犯罪的，依法追究刑事责任：

（一）通过信息网络擅自向公众提供他人的作品、表演、录音录像制品的；

（二）故意避开或者破坏技术措施的；

（三）故意删除或者改变通过信息网络向公众提供的作品、表演、录音录像制品的权利管理电子信息，或者通过信息网络向公众提供明知或者应知未经权利人许可而被删除或者改变权利管理电子信息的作品、表演、录音录像制品的；

（四）为扶助贫困通过信息网络向农村地区提供作品、表演、录音录像制品超过规定范围，或者未按照公告的标准支付报酬，或者在权利人不同意提供其作品、表演、录音录像制品后未立即删除的；

（五）通过信息网络提供他人的作品、表演、录音录像制品，未指明作品、表演、录音录像制品的名称或者作者、表演者、录音录像制作者的姓名（名称），或者未支付报酬，或者未依照本条例规定采取技术措施防止服务对象以外的其他人获得他人的作品、表演、录音录像制品，或者未防止服务对象的复制行为对权利人利益造成实质性损害的。

第十九条　违反本条例规定，有下列行为之一的，由著作权行政管理部门予以警告，没收违法所得，没收主要用于避开、破坏技术措施的装置或者部件；情节严重的，可以没收主要用于提供网络服务的计算机等设备；非法经营额5万元以上的，可处非法经营额1倍以上5倍以下的罚款；没有非法经营额或者非法经营额5万元以下的，根据情节轻重，可处25万元以下的罚款；构成犯罪的，依法追究刑事责任：

（一）故意制造、进口或者向他人提供主要用于避开、破坏技术措施的装置或者部件，或者故意为他人避开或者破坏技术措施提供技术服务的；

（二）通过信息网络提供他人的作品、表演、录音录像制品，获得经济利益的；

（三）为扶助贫困通过信息网络向农村地区提供作品、表演、录音录像制品，未在提供前公告作品、表演、录音录像制品的名称和作者、表演者、录音录像制作者的姓名（名称）以及报酬标准的。

第二十条 网络服务提供者根据服务对象的指令提供网络自动接入服务，或者对服务对象提供的作品、表演、录音录像制品提供自动传输服务，并具备下列条件的，不承担赔偿责任：

（一）未选择并且未改变所传输的作品、表演、录音录像制品；

（二）向指定的服务对象提供该作品、表演、录音录像制品，并防止指定的服务对象以外的其他人获得。

第二十一条 网络服务提供者为提高网络传输效率，自动存储从其他网络服务提供者获得的作品、表演、录音录像制品，根据技术安排自动向服务对象提供，并具备下列条件的，不承担赔偿责任：

（一）未改变自动存储的作品、表演、录音录像制品；

（二）不影响提供作品、表演、录音录像制品的原网络服务提供者掌握服务对象获取该作品、表演、录音录像制品的情况；

（三）在原网络服务提供者修改、删除或者屏蔽该作品、表演、录音录像制品时，根据技术安排自动予以修改、删除或者屏蔽。

第二十二条 网络服务提供者为服务对象提供信息存储空间，供服务对象通过信息网络向公众提供作品、表演、录音录像制品，并具备下列条件的，不承担赔偿责任：

（一）明确标示该信息存储空间是为服务对象所提供，并公开网络服务提供者的名称、联系人、网络地址；

（二）未改变服务对象所提供的作品、表演、录音录像制品；

（三）不知道也没有合理的理由应当知道服务对象提供的作品、表演、录音录像制品侵权；

（四）未从服务对象提供作品、表演、录音录像制品中直接获得经济利益；

（五）在接到权利人的通知书后，根据本条例规定删除权利人认为侵权的作品、表演、录音录像制品。

第二十三条　网络服务提供者为服务对象提供搜索或者链接服务，在接到权利人的通知书后，根据本条例规定断开与侵权的作品、表演、录音录像制品的链接的，不承担赔偿责任；但是，明知或者应知所链接的作品、表演、录音录像制品侵权的，应当承担共同侵权责任。

第二十四条　因权利人的通知导致网络服务提供者错误删除作品、表演、录音录像制品，或者错误断开与作品、表演、录音录像制品的链接，给服务对象造成损失的，权利人应当承担赔偿责任。

第二十五条　网络服务提供者无正当理由拒绝提供或者拖延提供涉嫌侵权的服务对象的姓名（名称）、联系方式、网络地址等资料的，由著作权行政管理部门予以警告；情节严重的，没收主要用于提供网络服务的计算机等设备。

第二十六条　本条例下列用语的含义：

信息网络传播权，是指以有线或者无线方式向公众提供作品、表演或者录音录像制品，使公众可以在其个人选定的时间和地点获得作品、表演或者录音录像制品的权利。

技术措施，是指用于防止、限制未经权利人许可浏览、欣赏作品、表演、录音录像制品的或者通过信息网络向公众提供作品、表演、录音录像制品的有效技术、装置或者部件。

权利管理电子信息，是指说明作品及其作者、表演及其表演者、录音录像制品及其制作者的信息，作品、表演、录音录像制品权利人的信息和使用条件的信息，以及表示上述信息的数字或者代码。

第二十七条　本条例自 2006 年 7 月 1 日起施行。

关于加强新闻采编人员网络活动管理的通知

各省、自治区、直辖市新闻出版局，新疆生产建设兵团新闻出版局，解放军总政治部宣传部新闻出版局，中央和国家机关各部委、各民主党派、各人民团体报刊主管单位，中央主要新闻单位：

网络是媒体新闻采编人员联络读者、获取信息、拓展传播效应的重要渠道。为充分发挥网络的积极作用，推动形成健康的新闻秩序，现就加强新闻采编人员使用网络信息、开通个人微博等网络活动管理通知如下：

一、牢牢把握正确舆论导向。新闻采编人员要坚持马克思主义新闻观，牢牢把握正确舆论导向，坚持团结稳定鼓劲、正面宣传为主的方针，积极利用传统媒体、新闻网站、博客、微博等载体传播主流信息，引导社会舆论，自觉抵制有害信息的渗透和传播，不引用、不报道未通过权威渠道核实的网络信息，不传播、不转载网上流言、传言或猜测性信息。

二、进一步规范新闻采编行为。严格落实中央宣传部等五部门联合下发的《关于进一步规范新闻采编工作的意见》，严格新闻单位采编活动和编审流程的管理，防止为片面追求轰动效应、发行数量、收听收视率而造成失实报道。未经批准，各类新闻单位均不得擅自使用境外媒体、境外网站的新闻信息产品。

三、进一步加强媒体新闻网站管理。新闻单位须加强新闻网站内容审核把关及新闻采编人员网络活动管理，要按照传统媒体刊发新闻报道的标准和流程，严格审核所属新闻网站发布的信息。禁止将网站及网站频道的新闻采编业务承包、出租或转让，禁止无新闻记者证人员以网站及网站频道名义采访或发稿。未经核实，新闻单位所办新闻网站不得擅自发布新闻线人、特约作者、民间组织、商业机构等提供的信息。

四、进一步加强博客和微博管理。新闻单位设立官方微博，须向其主管单位备案，并指定专人发布权威信息，及时删除有害信息。新闻采编人员设立职务微博须经所在单位批准，发布微博信息不得违反法律法规及所在媒体的管理规定，未经批准不得发布通过职务活动获得的各种信息。

五、加强和改进网络新闻舆论监督。新闻单位要不断加强和改进舆论监督，做到科学监督、依法监督、建设性监督，推动国家的方针政策落到实处，实现好、维护好、发展好基层和人民群众的切身利益。新闻采编人员不得利用舆论监督要挟基层单位和个人订阅报刊、投放广告、提供赞助。新闻采编人员不得在网络上发布虚假信息，未经所在新闻机构审核同意不得将职务采访获得的新闻信息刊发在境内外网站上。

各地新闻出版行政部门和各新闻媒体主管主办单位要切实履行属地管理、分级管理的职责，强化对本地媒体、所辖媒体和中央媒体在地方记者站、分支机构、新闻网站地方频道新闻采编人员及新闻业务的监管。对新闻采编人员以网络为平台牟取非法利益等行为，要坚决制止，依法严肃查处，并视情节限期或终身禁止其从事新闻采编工作。

国家新闻出版广电总局

2013 年 4 月 8 日

即时通信工具公众信息服务发展管理暂行规定

第一条 为进一步推动即时通信工具公众信息服务健康有序发展，保护公民、法人和其他组织的合法权益，维护国家安全和公共利益，根据《全国人民代表大会常务委员会关于维护互联网安全的决定》《全国人民代表大会常务委员会关于加强网络信息保护的决定》《最高人民法院最高人民检察院关于办理利用信息网络实施诽谤等刑事案件适用法律若干问题的解释》《互联网信息服务管理办法》《互联网新闻信息服务管理规定》等法律法规，制定本规定。

第二条 在中华人民共和国境内从事即时通信工具公众信息服务，适用本规定。

本规定所称即时通信工具，是指基于互联网面向终端使用者提供即时信息交流服务的应用。本规定所称公众信息服务，是指通过即时通信工具的公众账号及其他形式向公众发布信息的活动。

第三条 国家互联网信息办公室负责统筹协调指导即时通信工具公众信息服务发展管理工作，省级互联网信息内容主管部门负责本行政区域的相关工作。

互联网行业组织应当积极发挥作用，加强行业自律，推动行业信用评价体系建设，促进行业健康有序发展。

第四条 即时通信工具服务提供者应当取得法律法规规定的相关资质。即时通信工具服务提供者从事公众信息服务活动，应当取得互联网新闻信息服务资质。

第五条 即时通信工具服务提供者应当落实安全管理责任，建立健全各项制度，配备与服务规模相适应的专业人员，保护用户信息及公民个人隐私，自觉接受社会监督，及时处理公众举报的违法和不良信息。

第六条 即时通信工具服务提供者应当按照“后台实名、前台自愿”的原则，要求即时通信工具服务使用者通过真实身份信息认证后注册账号。

即时通信工具服务使用者注册账号时，应当与即时通信工具服务提供者签订协议，承诺遵守法律法规、社会主义制度、国家利益、公民合法权益、公共秩序、社会道德风尚和信息真实性等“七条底线”。

第七条 即时通信工具服务使用者为从事公众信息服务活动开设公众账号，应当经即时通信工具服务提供者审核，由即时通信工具服务提供者向互联网信息内容主管部门分类备案。

新闻单位、新闻网站开设的公众账号可以发布、转载时政类新闻，取得互联网新闻信息服务资质的非新闻单位开设的公众账号可以转载时政类新闻。其他公众账号未经批准不得发布、转载时政类新闻。

即时通信工具服务提供者应当对可以发布或转载时政类新闻的公众账号加注标识。

鼓励各级党政机关、企事业单位和各人民团体开设公众账号，服务经济社会发展，满足公众需求。

第八条　即时通信工具服务使用者从事公众信息服务活动，应当遵守相关法律法规。

对违反协议约定的即时通信工具服务使用者，即时通信工具服务提供者应当视情节采取警示、限制发布、暂停更新直至关闭账号等措施，并保存有关记录，履行向有关主管部门报告义务。

第九条　对违反本规定的行为，由有关部门依照相关法律法规处理。

第十条　本规定自公布之日起施行。

附录三　国内外知名体育类网站（频道）

世界知名体育网站（Alexa 排名前 20 体育网站）①

1. http：//www. espn. com
2. http：//www. goal. com
3. http：//www. espncricinfo. com
4. http：//www. sports. yahoo. com
5. http：//www. bleacherreport. com
6. http：//www. cricbuzz. com
7. http：//www. premierleague. com
8. http：//www. nfl. com
9. http：//www. livescore. com
10. http：//www. espn. com/mlb/
11. http：//www. skysports. com
12. http：//www. bbc. com/sport
13. http：//www. cbssports. com
14. http：//www. strava. com
15. http：//www. espn. com/nfl/
16. http：//www. deadspin. com
17. http：//www. flashscore. com
18. http：//www. bbc. com/sport/football
19. http：//football. fantasysports. yahoo. com
20. http：//www. nba. com

中国体育类网站或体育频道排名②

1. 新浪体育 http：//sports. sina. com. cn
2. 网易体育 http：// sports. 163. com

---

① Alexa 体育类网站排名 . http：//www. alexa. com/topsites/category/Top/Sports.

② 体育排名数据 . http：//www. iwebchoice. com/sitelist. aspx？ select = 3Months&classid = 11.

3. 虎扑体育 http：// hupu. com
4. 腾讯体育 http：//sports. qq. com
5. 体坛网 http：//titan24. com
6. 搜狐体育 http：//sports. sohu. com
7. 5U 体育 http：//www. 5usport. com
8. 凤凰体育 http：//sports. ifeng. com
9. 直播吧 https：//www. zhibo8. cc
10. 东方网体育 http：//sports. eastday. com
11. 7M 体育 http：//www. 7m. cn
12. 捷报比分网 http：//www. nowscore. com
13. 21CN 体育 http：//sports. 21cn. com
14. 新传宽频 http：//nubb. com
15. TOM 体育 http：//sports. tom. com
16. 上海热线体育 http：//sports. online. sh. cn
17. 华奥星空 http：//www. sports. cn
18. 环球网体育 http：//sports. huanqiu. com
19. 千龙体育 http：//sports. qianlong. com
20. 包卜体育 http：//www. bbboo. com

奥运项目协会网站

中国足球协会官方网站 http：//www. fa. org. cn/
中国篮球协会官方网站 http：//www. basketball. org. cn/
中国排球协会官方网站 http：//www. volleyball. org. cn/
中国网球协会官方网站 http：//www. tennis. org. cn/
中国体操协会官方网站 http：//cga. sport. org. cn/
中国射击协会官方网站 http：//www. shooting. org. cn/
中国射箭协会官方网站 http：//www. archerysport. org. cn/
中国击剑协会官方网站 http：//fencing. sport. org. cn/
中国手球协会官方网站 http：//handball. sport. org. cn/
中国举重协会官方网站 http：//www. cwa. org. cn/
中国柔道协会官方网站 http：//judo. sport. org. cn/
中国拳击协会官方网站 http：//boxing. sport. org. cn/
中国摔跤协会官方网站 http：//wrestling. sport. org. cn/
中国马术协会官方网站 http：//equestrian. sport. org. cn/

中国田径协会官方网站 http：//www. athletics. org. cn/
中国游泳协会官方网站 http：//swimming. sport. org. cn/
中国赛艇协会官方网站 http：//www. rowing. org. cn/
中国帆船协会官方网站 http：//sailboarding. sport. org. cn/
中国冰球协会官方网站 http：//icehockey. sport. org. cn/
中国滑冰协会官方网站 http：//skating. sport. org. cn/
中国滑雪协会官方网站 http：//www. skiing. org. cn/
中国自行车协会官方网站 http：//cycling. sport. org. cn/
中国乒乓球协会官方网站 http：//www. ctta. cn/
中国羽毛球协会官方网站 http：//www. cba. org. cn/
中国曲棍球协会官方网站 http：//hockey. sport. org. cn/
中国跆拳道协会官方网站 http：//www. taekwondo. org. cn/
中国皮划艇协会官方网站 http：//www. chncanoe. cn/
中国高尔夫协会官方网站 http：//www. golf. org. cn/
中国蹦床技巧协会官方网站 http：//trampoline. sport. org. cn/
中国铁人三项运动协会官方网站 http：//triathlon. sport. org. cn/
中国现代五项运动协会官方网站 http：//modernpentathlon. sport. org. cn/
中国艺术体操网 http：//rg. sport. org. cn/index. html
中国橄榄球协会官方网站 http：//rugby. sport. org. cn/

非奥运项目协会网站

中国汽车运动联合会官方网站 http：//www. autosports. org. cn/
中国武术协会网 http：//wushu. sport. org. cn/
中国象棋协会官方网站 http：//www. xiangqi. org. cn/
中国围棋协会官方网站 http：//www. weiqi. org. cn/
中国桥牌协会桥牌网 http：//bridge. sport. org. cn/
中国轮滑协会官方网站 http：//www. rollersports. cn/
中国门球协会官方网站 http：//www. gateball. cn/
中国信鸽协会官方网站 http：//www. crpa. cn/html/local/index. html
中国龙狮运动协会官方网站 http：//dragonlion. sport. org. cn/
中国台球协会官方网站 http：//www. cbsa. org. cn/
中国龙舟协会官方网站 http：//dragonboat. sport. org. cn/
中国登山协会官方网站 http：//cmasports. sport. org. cn/
中国拔河协会官方网站 http：//www. tugofwar. org. cn/

中国飞镖协会官方网站 http：//dart. sport. org. cn/
中国毽球协会网 http：//jianqiu. sport. org. cn/
中国掷球协会网 http：//boules. sport. org. cn/
中国健美协会官方网站 http：//www. cbba. net. cn/
中国滑水协会官方网站 http：//www. waterski. cn/
中国潜水运动协会网 http：//www. cua. cn/
中国风筝协会官方网站 http：//kite. sport. org. cn/
中国壁球协会官方网站 http：//squash. sport. org. cn/
中国垒球协会官方网站 http：//www. softball. org. cn/
中国棒球协会官方网站 http：//baseball. sport. org. cn/
中国钓鱼运动协会官方网站 http：//fish. sport. org. cn/
中国救生协会官方网站 http：//www. chinalifesaving. org. cn/
中国保龄球协会网 http：//bowling. sport. org. cn/
中国健美操协会官方网站 http：//www. caa. net. cn/
中国摩托艇运动协会网 http：//www. motorboat. cn/
中国国际象棋协会官方网站 http：//chess. sport. org. cn/
中国摩托运动协会网 http：//www. motorsports. org. cn/
中国体育舞蹈联合会官方网站 http：//www. dancesport. org. cn/
中国极限运动协会网 http：//www. b3. org. cn/
中国健身气功协会官方网站 http：//jsqg. sport. org. cn/
中国软式网球协会官方网站 http：//softtennis. sport. org. cn/
中国电子竞技运动网 http：//e－sports. sport. gov. cn/
中国老年体育协会官方网站 http：//chinalntx. sport. org. cn/
中国幼儿体操网 http：//www. youerticao. org. cn/
中国企业体育协会官方网站 http：//chinaqyty. sport. org. cn/index. html

参考文献

1. 匡文波．新媒体概论．北京：中国人民大学出版社，2012.
2. 石磊．新媒体概论．北京：中国传媒大学出版社，2009.
3. 怀特．战争的果实：军事冲突如何加速科技创新．卢欣渝，译．北京：生活·读书·新知三联书店，2009.
4. 安德鲁·基恩．网民的狂欢：关于互联网弊端的反思．丁德良，译．海口：南海出版公司，2010.
5. 鲍勃·富兰克林，等．新闻学关键概念．诸葛蔚东，等译．北京：北京大学出版社，2008.
6. 杜骏飞．网络新闻学．北京：中国广播出版社，2001.
7. 蒋晓丽．网络新闻编辑学．北京：高等教育出版社，2012.
8. 中国互联网络信息中心．中国互联网络发展状况统计报告（2001 年 7 月）.
9. 艾瑞咨询．中国 SNS 和微博用户行为研究报告简版（2011—2012）.
10. 李斌．全球新闻传播史（公元 1500—2000 年）．北京：清华大学出版社，2009.
11. 张德胜．体育媒体通论．广州：广东人民出版社，2006.
12. 中国互联网络信息中心．中国互联网络发展状况统计报告（2014 年 7 月）.
13. 郭庆光．传播学教程．北京：中国人民大学出版社，1999.
14. 陈力丹，易正林．传播学关键词．北京：北京师范大学出版社，2009.
15. 中国人民大学新闻学院新媒体研究所．中国网络媒体的未来．http：//tech. qq. com/a/20131122/015404. htm#p = 14.
16. 腾讯奥运新闻报道总量全面超越同行位居第一．http：//2008. qq. com/a/20080825/000584. htm.
17. 屠忠俊．网络传播概论．武汉：武汉大学出版社，2007.
18. 肖沛雄．新编传播学．广州：广东人民出版社，2006.
19. 国务院新闻办公室，信息产业部．互联网站从事登载新闻业务管理暂行规定．http：//www. gov. cn/gongbao/content/2001/content_132314. htm.
20. 国务院新闻办公室，信息产业部．互联网新闻信息服务管理规定．http：//www. gov. cn/flfg/2005 - 09/29/content_73270. htm.

21. 陈彤，曾祥雪．新浪之道：门户网站新闻频道的运营．福州：福建人民出版社，2005.

22. 艾瑞咨询．2013 年 8 月新闻门户网站行业数据．http：//media. iresearch. cn/portal/20130925/213597. shtml.

23. 新闻记者证换发将结束　商业网站没有新闻采访权．http：//wz. people. com. cn/GB/139014/146259/11003078. html.

24. 周群．国内商业门户网站新闻来源状况调查：以新浪、网易为例．今传媒，2012（3）.

25. 张轶骁．中国大陆信息化水平全球排第 78. 新京报，2013－10－09（B10）.

26. 中华人民共和国国家统计局．2010 年第六次全国人口普查主要数据公报（第 1 号）．http：//www. stats. gov. cn/tjfx/jdfx/t20110428_402722253. htm.

27. 蔡铭泽．新闻传播学．广州：暨南大学出版社，2007.

28. 郝勤．体育新闻学．北京：高等教育出版社，2004.

29. 王林，饶艳．体育新闻的起源及特征．武汉体育学院学报，2005（5）.

30. 张宏伟．中国体育新闻史研究．苏州：苏州大学，2008.

31. 刘斌．体育新闻学．北京：中国传媒大学出版社，2010.

32. 樊海峰，郭忠云．体育新闻传播的媒体形态演变．青年记者，2012（10）.

33. 张珂，张云，石磊．当代体育与大众传媒．北京：中国传媒大学出版社，2011.

34. 电视机普及与“863 计划”．http：//news. 163. com/special/00014DRO/worldcup86. html.

35. 爱德华多·加莱亚诺．足球往事：那些阳光与阴影下的美丽和忧伤．张俊，译．桂林：广西师范大学出版社．2010.

36. Martyn Ziegler. New premier league TV deal promises ? 100m prize money for next season′s title winners. http：//www. telegraph. co. uk/sport/football/competitions/premier－league/10072297/New－Premier－League－TV－deal－promises－100m－prize－money－for－next－seasons－title－winners. html.

37. 金鹏飞．国际奥委会生财有道　转播赞助两项收入持续增加．http：//www. chinanews. com/ty/2012/07－25/4058381. shtml.

38. 彭兰．中国网络媒体的第一个十年．北京：清华大学出版社，2005.

39. 吴涛．世界杯网络传播发展回顾及前景展望．体育成人教育学刊，2008（4）.

40. 王晓东．奥运会网络传播发展的历史回顾及前景展望．武汉体育学院学报，2006（5）.

41. 李刚．新浪网体育新闻传播研究．郑州：郑州大学，2013.

42. 央视世界杯转播能赚多少钱？．http：//www. bwchinese. com/article/1013507. html.

43. 德国绝杀阿根廷夺冠　世界杯多屏收视创新高．http：//www. csm. com. cn/index. php/Home/News/show/id/347. html.

44. 丁松涛．奥运影响下的中国体育受众变化趋势分析．收视中国，2012（11）．

45. 中国互联网络信息中心．中国互联网络发展状况统计报告（2014 年 1 月）．

46. 艾瑞咨询．平板电脑调研·用户习惯 & 行为．http：//www. iresearch. cn/.

47. 北京赛诺市场研究有限责任公司．手机新闻客户端用户研究报告（2013 年 12 月）．

48. 谢睿，卿丹．搜狐发力移动端　欲申请虚拟运营商牌照．南方都市报，2014 - 01 - 15（GC09）．

49. 易观智库．体育品牌大年即将来临　体育 App 迎来契机．http：//weibo. com/1716314577.

50. 中国互联网络信息中心．2014 年中国社交类应用用户行为研究报告．

51. 刘明华，徐泓，张征．新闻写作教程．北京：中国人民大学出版社，2002.

52. 奥运报道：一场关于记者的战争．http：//www. jizhezhan. net/sharedetail. php？ id = 681.

53. 易剑东．大型赛事报道与媒体运行．杭州：浙江大学出版社，2008.

54. 中超联赛有限责任公司赛事运行部．中国足球协会超级联赛赛事新闻组织运行手册，2011.

55. 许可．独家专访孔卡：必离开中国　我与恒大的 N 个真相．http：//sports. qq. com/a/20130830/000199_ all. htm#page1.

56. 滨岩．梅西中文微博的秘密．http：//p. t. qq. com/longweibo/index. php？lid = 3926021140505907675.

57. 董璐．传播学核心理论与概念．北京：北京大学出版社，2008.

58. 足球反腐首批案件一审宣判．中央电视台新闻直播间，2012 - 02 - 16. http：//video. sina. com. cn/p/sports/c/v/2012 - 02 - 16/104861667373. html.

59. 李乐．快讯：阿里巴巴 12 亿收购恒大足球俱乐部 50% 股权．http：//weibo. com/1650111241/B7zaavbP2.

60. 布鲁斯·加里森，马克·塞伯加克．体育新闻报道．郝勤，译．北京：华夏出版社，2002.

61. 李良荣．新闻学概论．上海：复旦大学出版社，2013.

62. 万晓红．我国门户网站体育新闻传播模式的创新：以新浪、搜狐和网易体育频道为例．现代传播，2010（11）．

63. 揭秘网易体育编辑：做有态度的媒体人．http：//sports. 163. com/13/0402/11/8RF2KN6C00051CCL_all. html#p = 8RDL8TRP00D80005.

64. 赵金．向大型新闻综合门户网站突破：访大众传媒股份有限公司（大众网）董事长林忠礼．青年记者，2011（2）．

65. 亚运代表团官员抨击新华社记者：简直是颠倒黑白．http：//yayun2010. sina. com. cn/o/2010 – 11 – 16/04405311293. shtml.

66. 卢晓华．人民日报体育新闻版主编李中文访谈实录．http：//media. people. com. cn/GB/35928/36356/3306301. html.

67. 李建国，吕树庭，董新光．社会体育．北京：人民体育出版社，2004.

68. 栾轶玫．新媒体新论．北京：人民出版社，2012.

69. 党西民．网络报纸收费现状及发展趋势．青年记者，2013（3）．

70. 郭全中，郭凤娟．新媒体背景下传统媒体的战略转型．青年记者，2013（3）.

71. 刘娟．专业体育网站体坛网的传播特色探析．东南传播，2009（11）．

72. 艾瑞咨询．中国在线视频行业季度监测报告简版 2013Q1.

73. 2012 年美国网络视频研究报告．http：//info. sundaysky. com/Portals/165863/docs/sundaysky – 2012_state_of_online_video_report – 12 – 03 – 2012. pdf.

74. 阮伟，钟秉枢．体育蓝皮书：中国体育产业发展报告（2013）．北京：社会科学文献出版社，2013.

75. 中国互联网络信息中心．2011 年中国网民网络视频应用研究报告（2012 年 3 月）．

76. 中国互联网络信息中心．2012 年中国网民网络视频应用研究报告（2013 年 5 月）．

77. 中国互联网络信息中心．2013 年中国网民网络视频应用研究报告（2014 年 6 月）．

78. 庞井君．中国视听新媒体发展报告（2013 版）．北京：社会科学文献出版社，2013.

79. 中文互联网数据研究资讯中心．中国网络视频蓝皮书．http：//www. 199it. com/archives/48882. html.

80. 郜书锴．英美网络体育视频的奥运机遇．中国新闻出版报，2008 – 10 – 06.

81. 崔文花．体育视频长线营销．http：//a. iresearch. cn/new/20130618/202272. shtml.

82. 王婷婷，吴位娜．搜狐：门户网站的网络视频战略．中国视听新媒体发展报告．北京：社会科学文献出版社，2011.

83. 红树．在线观看将成为美国家庭观看电视主流．http：//tech. sina. com. cn.

84. 易观智库．2013－互联网多屏同源研究专题．

85. 江和平．尊重并保护奥运电视转播权．中国广播电视学刊，2008（5）．

86. 翟烜．国家版权局：网站非法转播奥运将被关闭．http：//news. xinhuanet. com/legal/2008－08/17/content_9429952. htm.

87. 阎晓宏．关于我国当前版权工作的几个问题．中国新闻出版报，2008－08－07.

88. 国家广播电影电视总局令第39号．http：//www. gov. cn/gongbao/content/2005/content_64200. htm.

89. 互联网著作权行政保护办法．http：//www. sipo. gov. cn/zcfg/flfg/bq/bmgz/200804/t20080403_369311. html.

90. 中华人民共和国国务院令（第634号）．http：//www. gov. cn/zwgk/2013－02/08/content_2330133. htm.

91. 国家广播电影电视总局，中华人民共和国信息产业部令（第56号）. http：//www. gov. cn/flfg/2007－12/29/content_847230. htm.

92. 关于严禁通过互联网非法转播奥运赛事及相关活动的通知．http：//www. gov. cn/zwgk/2008－06/26/content_1028230. htm.

93. 郎朗．CNTV“独享”新媒体转播权　视频网站情断奥运营销?. http://www. 21cbh. com/HTML/2011－9－29/3NMDcyXzM2OTE3NQ. html.

94. 黄融．央视垄断世界杯直播权引发各方非议　一枝独“秀”的背后．南方都市报，2014－06－25（GB04）．

95. 刘津．博客传播．北京：清华大学出版社，2008.

96. 中国互联网络信息中心．2008—2009中国博客市场及博客行为研究报告.

97. 中国互联网络信息中心．中国互联网络发展状况统计报告（2013年1月）．

98. DCCI微博报告：新浪腾讯网易位列前三．http：//www. 199it. com/archives/59302. html.

99. GMR Marketing. Sports and social media. http：//www. 199it. com/archives/24405. html? 1348302908.

100. AFP. China microbloggers post almost 400m Olympic messages. http：//sports. sina. com. cn/o/2012－08－15/12276191348. shtml.

101. 易观智库，爱调研．数说2012伦敦奥运会．http：//www. 199it. com/ar-

chives/68333. html.

102. 胡卫夕，宋逸．微博营销．北京：机械工业出版社，2011.

103. 保罗·莱文森．新新媒介．何道宽，译．上海：复旦大学出版社，2012.

104. 喻国明，欧亚，张佰明，王斌．微博：一种新传播形态的考察．北京：人民日报出版社，2011.

105. DCCI 互联网数据中心．2012 中国微博蓝皮书．

106. 中国互联网络信息中心．中国互联网络发展状况统计报告（2016 年 7 月）.

107. 艾瑞咨询．2016 年中国网络新媒体用户研究报告（简版）.

108. CIC& 新浪合作微博白皮书：微博引领的中国社会化商业发展与变革．

109. 胡正荣．传播学总论．北京：北京广播学院出版社，1997.

110. 张德胜．体育与新闻传播关系研究．国家体育总局 2005 年体育社会科学研究项目．

111. 王岗．体育的文化真实．北京：北京体育大学出版社，2007.

112. 卢元镇．新浪微博“真实的卢元镇”. http：//weibo. com/u/2734747685.

113. 新浪成为伦敦奥运网民首选互动观赛平台．http：//tech. sina. com. cn/i/2012 –07 –28/18367440021. shtml.

114. 新浪微博开创奥运新时代．http：//2012. sina. com. cn/z/weibolondon.

115. 席佳琳．中国网民为叶诗文辩护．http：//www. ftchinese. com/story/001045791.

116. CNN. Forget Twitter, in China it's the Weibo Olympics. http：//tech. sina. com. cn/i/2012 –08 –02/21217460092. shtml.

117. Iabuk. Sport consumption on social media doubles. http：//www. iabuk. net/news/sport – consumption – on – social – media – doubles.

118. 吕树庭，卢元镇．体育社会学教程．北京：高等教育出版社，1995.

119. Triton Digital. Survey finds that consumers trust traditional media more than digital. http：//www. editorandpublisher. com/TopStories/Article/Survey-Finds-that-Consumers-Trust-Traditional-Media-More-Than-Digital.

120. 中文互联网数据资讯中心．美国南加州大学：调查显示美国网民更信赖政府网站和大型媒体．http：//www. 199it. com/archives/20363. html.

121. 孙冕．《新周刊》与传统期刊的数字化之路．传媒，2007（5）.

122. 新浪微博数据中心．2011 年度媒体微博研究报告．

123. 人民网舆情监测室．2012 年新浪媒体微博报告．

124. 王伟．浅议新媒体时代中国环境新闻报道特点：从 PM2. 5“成名”说起．新传媒，2012（2）.

125. 王晖辉．纸媒转型三大难题的思考．中国记者，2012（10）．

126. 向霜．腾讯鏖战伦敦奥运战术：借力产品　独占冠军资源．http：//www. donews. com/original/201208/1406662. shtm.

127. 王晓东．体育赛事营销传播．北京：北京体育大学出版社，2011.

128. 侯晋龙．体育赛事营销的本质及营销观念创新研究．北京体育大学学报，2006（5）．

129. 一批传播谣言的互联网站被依法查处．http：//news. xinhuanet. com/politics/2012－03/30/c_122911337. htm.

130. 新浪微博公告．http：//weibo. com/z/notice20120331.

131. 张涛甫．十年百条虚假新闻的样本分析：《新闻记者》“年度十大假新闻”评选十年分析报告之一．新闻记者，2011（5）．

132. 体坛周报微信．【神级科普】能让邓小平典当衣服买门票的比赛究竟是哪一场？．http：//mp. weixin. qq. com/s？——biz = MjM5NTE2NDM5Mg = = &mid = 200972320&idx = 1&sn = c98c9f422bfb11f4cd9d38df18b64086&scene = 1&from = singlemessage&isappinstalled = 0#rd.

133. 刘志向．中国足球近日掀起扫赌风暴．辽沈晚报，2009－11－04（B12）．

134. 吴海民．媒体变局：报纸的蛋糕缩小了（一）——报业的未来走势和京华时报的战略选择．中国报业，2005（11）．

135. 郝洪军．足坛打黑出重拳　数十人正接受警方调查！．http：//blog. sina. com. cn/s/blog_47131f5f0100fgqu. html.

136. 郝洪军．球事儿：中国足坛反赌打黑第一现场．北京：中国三峡出版社，2010.